G. AIMARD

LE
ROBINSON
DES
ALPES

Librairie Blériot
HENRI GAUTIER, S^r
55, Quai des
Grands Augustins
PARIS

BIBLIOTHÈQUE

DE VOYAGES, DE CHASSES ET D'AVENTURES

A L'USAGE DE LA JEUNESSE ET DES GENS DU MONDE

PUBLIÉE SOUS LA DIRECTION

DE M. VICTOR TISSOT

BIBLIOTHÈQUE

DE VOYAGES, DE CHASSES ET D'AVENTURES

VOLUMES EN VENTE :

LES ENFANTS DES BOIS, par le capitaine Meyne Reid. 1 vol. in-12.............................. 2 fr.

LE TUEUR DE DAIMS, par Fenimore Cooper. 1 vol. in-12.............................. 2 fr.

DE PARIS A BERLIN, par Victor Tissot. 1 vol. in-12.. 2 fr.

LA BAIE D'HUDSON, par le capitaine Meyne Reid. 1 vol. in-12.............................. 2 fr.

LE CHEF BLANC, par le capitaine Meyne Reid. 1 vol. in-12.............................. 2 fr.

LES CHASSEURS DE CHEVELURES, par le capitaine Meyne Reid. 1 vol. in-12.............................. 2 fr.

MES PONTONS, par Louis Garneray. 1 vol. in-12..... 2 fr.

VOYAGES, AVENTURES ET COMBATS, par Louis Garneray. 1 vol. in-12.............................. 2 fr.

A LA RECHERCHE D'UNE COLONIE, par Rowcroft. 1 vol. in-12.............................. 2 fr.

PRISONNIER DES NOIRS, par Rowcroft. 1 vol. in-12... 2 fr.

A TOUTES VOILES, par Fenimore Cooper. 1 vol. in-12. 2 fr.

Imp. Georges Jacob, — Orléans.

Le douloureux convoi reprit le chemin de la ferme
(page 20).

GUSTAVE AIMAR

LE ROBINSON
DES ALPES

PARIS

LIBRAIRIE BLÉRIOT

HENRI GAUTIER, SUCCESSEUR

55, QUAI DES GRANDS-AUGUSTINS, 55

LE ROBINSON DES ALPES

CHAPITRE PREMIER

Où notre héros Marcel Sauvage entre en scène sans le savoir
ni même s'en douter.

Les touristes et les voyageurs admirent avec un enthousiasme que nous partageons, et qui n'est que juste, les sites pittoresques de la belle vallée du Graisivaudan et les splendeurs peut-être un peu théâtrales de la Grande-Chartreuse et de son Désert. Mais le département de l'Isère est riche en surprises et en merveilles naturelles de toute sorte, peu appréciées par les rudes montagnards de ces contrées, depuis longtemps blasés sur les paysages grandioses de leur pays.

A une assez courte distance de Grenoble, et blottie pour ainsi dire entre la vallée du Graisivaudan et le massif de la Grande-Chartreuse, se trouve la vallée d'Entremont, dominée et enserrée de tous les côtés par de majestueuses montagnes, boisées de la base au faîte, et dont les plus imposantes sont : l'*Alpette*, le *Haut-du-*

Seuil et l'*Anse-du-Guiers*, où le torrent du *Guiers-Vif* prend sa source.

Rien ne saurait rendre le saisissement admiratif que l'on éprouve en pénétrant dans cette vallée, au merveilleux spectacle qui se présente subitement aux regards : jamais la puissante nature n'a prodigué avec plus de profusion ses sublimes beautés. Qu'on en juge.

Un entassement de rochers abrupts, produit par quelque cataclysme antédiluvien qui l'a fait subitement jaillir des entrailles de la terre, s'élève en amphithéâtre à une hauteur prodigieuse, se creuse en demi-cercle, et, coupé du haut en bas par une énorme fissure, se sépare en deux parties s'avançant à droite et à gauche, comme le pourtour d'un cirque romain. Au fond de ce sublime décor, d'une étrangeté et d'une sauvagerie grandioses, indicibles, apparaissent blanchissantes d'écume quatre cascades superposées, se précipitant perpendiculairement avec une furie échevelée et un fracas effrayant d'une hauteur de plus de trois cents mètres.

Cette masse énorme d'eau est le *Guiers-Vif*, qui s'échappe en mugissant des profondes et mystérieuses cavernes dans lesquelles se cache sa source.

Après cette descente effarée du haut de la montagne, le torrent se calme peu à peu, devient rivière, fuit alors sous les glayeuls en babillant gaiement sur un lit de cailloux, forme les plus capricieux méandres, traverse toute la vallée, passe au double village de Saint-Pierre-d'Entremont-France et Saint-Pierre-d'Entremont-Savoie, puis, après avoir traversé des gorges d'une sauvagerie épouvantable, se réunit au *Guiers-Mort* un peu au-dessous du double village d'*Entre-Deux-Guiers* et des *Échelles-de-Savoie*. Les deux torrents réunis coulent ensemble le long de la riche vallée de Miribel, qu'ils fertilisent, et vont se perdre dans le Rhône, à Saint-Genix, au sud de Belley, après avoir traversé Pont-de-Beauvoisin et parcouru cinquante kilomètres.

C'est dans ce coin si beau, si pittoresque et si ignoré du département de l'Isère, que commence notre récit.

En 1832, un des plus vastes domaines de la vallée de Miribel, qui appartenait, disait-on, de temps immémorial à une noble et ancienne famille de Grenoble, avait été pris à loyer pour vingt ans par un habitant de *Saint-Laurent-du-Pont*, village placé au bas de la gorge d'où descend le Guiers-Mort et que suivent les touristes qui se rendent au couvent de la Grande-Chartreuse.

Le propriétaire de ce domaine jusque-là n'en avait tiré d'autre parti que d'y chasser à de rares intervalles, car la contrée, comme toute terre laissée en friche, était très giboyeuse. Il consentit facilement à le louer pour une somme modique à Jacques Chrétien, — tel était le nom du cultivateur de Saint-Laurent-du-Pont, — et à en tirer ainsi chaque année un bénéfice minime, à la vérité, mais effectif et assuré.

Jacques Chrétien était jeune encore ; il avait trente-deux ans à peine. C'était un honnête homme, laborieux, intelligent, industrieux, et, comme tous les paysans, il avait la passion de la terre. Depuis longtemps déjà, il nourrissait dans son cœur l'ambition secrète de s'établir à son compte. Jacques Chrétien épousa une fille de Saint-Pierre-d'Entremont (France), jolie, honnête, qu'il aimait depuis longtemps et qui s'appelait Jeanne Pierron. Le père de Jeanne, riche fermier de Saint-Pierre, connaissant et appréciant les qualités de son gendre, donna trois mille francs en dot à sa fille, et, de plus, se chargea de tous les frais du mariage et de la noce. Un bonheur n'arrive jamais seul. Jacques Chrétien redoubla d'efforts afin de faire face à tous les frais de son nouveau ménage. Ces frais étaient assez lourds, car sa femme lui avait, au bout d'un an, donné une fille, ce qui l'avait comblé de joie, mais, en même temps, avait augmenté ses charges. Un dimanche, au sortir de la messe, en rentrant chez lui avec sa femme qui tenait son enfant âgé de deux mois dans ses bras, il vit avec surprise, en ouvrant sa porte, un homme qu'il ne reconnut pas d'abord, parce qu'il était penché sur le berceau de la fillette, qu'il balançait doucement. L'homme se retourna au bruit : Jacques Chrétien poussa un cri de joie en apercevant son visage. L'étranger, à peu près de même âge que le paysan, était un de ses plus vieux amis. Nés tous deux à Saint-Laurent-du-Pont, ils avaient joué, enfants, ensemble et s'aimaient comme deux frères ; depuis huit ans, ils ne s'étaient pas vus. Michel Sauvage, l'ami que Chrétien retrouvait à l'improviste, était fils d'un gros fermier ; celui-ci lui avait fait donner une excellente éducation à Grenoble, et, ses études terminées, l'avait fait entrer en qualité de contre-maître dans une des premières fabriques de soieries de Lyon. C'était la première fois, depuis huit ans, que Michel Sauvage revenait à Saint-Laurent-du-Pont, où il se proposait de terminer quelques affaires à propos de la succession de son père, mort six mois auparavant. Les deux hommes, heureux de se revoir, tombèrent dans les bras l'un de l'autre ; puis Jacques Chrétien présenta sa femme à son ami. Le paysan, d'abord un peu interloqué par le costume bourgeois de Michel, se laissa enfin aller à la bonhomie franche de celui-ci ; il alla tirer dans le cellier un pot de vin du crû, et on causa le verre à la main.

Pendant que les deux hommes causaient et trinquaient, la ménagère allait et venait, rangeant tout dans la salle.

— Qu'est-ce que tu faisais donc, quand Jeanne et moi nous sommes arrivés ? dit Jacques.

— Je regardais le berceau de ta fille, et je me disais qu'il était bien large pour un seul enfant.

— Le fait est que deux y tiendraient à l'aise, répondit Jacques en riant.

— Ils y sont, et pas gênés du tout, fit la jeune femme avec un charmant sourire d'intelligence à Michel.

— Hein ? qu'est-ce que tu dis donc là, Jeannette ? demanda Jacques, en regardant son ami comme s'il avait mal entendu.

La jeune femme, sans répondre, se pencha en souriant sur le berceau ; elle se releva presque aussitôt, et, se retournant avec ce sourire ineffable des mères dont, seules, elles ont le secret :

— Les voici, dit-elle. Quel est le tien ?

Jacques Chrétien resta ébahi, la bouche ouverte, les yeux écarquillés et pleins de larmes. Jeannette tenait un enfant à chaque bras, deux chérubins roses, qui souriaient et tétaient à pleine bouche.

— Tous les deux sont à moi ! s'écria Jacques avec attendrissement. Tu me le laisseras, n'est-ce pas Michel ?

— Oh ! maintenant que vous me l'avez donné, vous ne me le reprendrez point, Monsieur Michel ! dit la jeune femme d'une voix câline.

— Mes amis, répondit Michel avec attendrissement ; vous comblez mes désirs. Sa mère est malheureusement d'une santé délicate ; elle ne peut le nourrir. J'ai pris l'enfant, et je suis venu tout droit chez vous, comptant sur notre vieille amitié, Jacques, et certain que ta femme et toi vous n'hésiteriez plus à me rendre ce service.

— C'est à nous que tu rends service, répondit vivement le brave homme. Tu as eu là une bonne pensée. Je t'en remercie.

— Et moi aussi, ajouta Jeannette avec sentiment, en mettant un baiser au front de l'enfant. — Quel âge a-t-il ?

— Deux mois.

— Juste comme le mien, s'écria Jacques. Le doigt de Dieu est là. Ils seront frère et sœur.

— Et il se nomme ? demanda la jeune femme.

— Marcel. Dès ce moment, l'enfant fut adopté par le

jeune ménage. Michel resta quelques jours à Saint-Laurent-du-Pont. Un soir, après le souper, il annonça à ses amis qu'il avait réglé ses affaires, et qu'il comptait repartir pour Lyon le lendemain matin.

Tout en faisant ses affaires et en visitant ses anciens amis du village, Michel avait fait adroitement parler l'un et l'autre, sans jamais interroger personne directement, sur le compte de son ami. Tout se sait dans les petits endroits ; la vie y est en plein jour ; nul ne peut rien faire et presque rien penser sans que cela soit presque aussitôt connu de tout le monde.

Ajoutons, à la louange du jeune ménage, que chacun sembla s'accorder à faire son éloge. Jacques et sa femme étaient grandement considérés par tous leurs voisins, les plus riches comme les plus pauvres ; on vantait l'honnêteté de la jeune femme, la façon dont elle tenait la maison et savait s'acquitter de sa tâche ; quant à Jacques, c'était, au dire de tout le monde, un rude travailleur que rien ne rebutait. Adroit, habile, intelligent, d'une probité à toute épreuve, sa seule ambition, nous l'avons dit, était de prendre une ferme à son compte ; mais, malheureusement, il fallait beaucoup d'argent pour cela, et, bien qu'il eût certainement des économies, elles ne suffisaient pas pour lui permettre de réaliser son rêve.

Michel savait ce qu'il lui importait de savoir ; sa résolution fut prise aussitôt.

Il était riche comparativement. Il résolut de prêter son capital à Jacques Chrétien et de réaliser ainsi le rêve de son ami. En conséquence, il écrivit à Lyon à son notaire, lui donna ses instructions et attendit sa réponse. Cette réponse était arrivée la veille du jour où il avait résolu de quitter Saint-Laurent-du-Pont. Le notaire avait parfaitement compris ses intentions et s'y était conformé en tous points.

Donc, ce soir-là, après le dîner, lorsque Jeannette se

fut retirée, les deux hommes restèrent en face l'un de l'autre, la bouteille entre eux deux et la pipe à la bouche. Michel entama la question.

Il connaissait son ami de longue date, et il savait comment le prendre. Ce n'était pas tout de lui offrir un prêt de trente-cinq mille francs ; il fallait le lui faire accepter.

Michel, son acte notarié à la main, lui expliqua avec soin toutes les clauses, et, après de longs débats, il réussit enfin à prouver à son ami que non seulement ils trouvaient tous deux dans cet acte toutes les garanties mutuelles nécessaires, mais encore il le convainquit que c'était lui, Michel, qui faisait une bonne affaire, et que Jacques lui rendait un grand service en acceptant son argent.

Une fois ces deux points arrêtés, Jacques signa joyeusement l'acte notarié, et Michel lui remit, séance tenante, trente-cinq mille francs, qui, joints à ce que possédait déjà le fermier, lui complétaient une somme ronde de quarante mille francs. Le lendemain, Michel Sauvage repartit pour Lyon. Lorsque Jacques raconta à sa femme ce qui s'était passé entre lui et son ami, celle-ci ne fut pas un instant dupe de l'ingénieuse supercherie de Michel ; elle le remercia et le bénit du fond du cœur, et, prenant dans ses bras l'enfant de leur ami, elle l'embrassa plusieurs fois avec cet emportement de la reconnaissance qui assurait à l'innocent une mère dévouée.

Quinze jours plus tard, Jacques signait son bail du domaine de Miribel et faisait commencer les travaux de la ferme.

Tout marcha à la fois, déboisements, défrichements, plantations, maison, écuries, remises et étables pour les vaches et les moutons, ainsi que les granges et les hangards.

La maison s'éleva rapidement, et trois mois suffirent pour terminer tous les bâtiments.

Au bout d'un an, la ferme était en plein rapport.

Puis, tout le monde fut heureux à la ferme *des Alouettes*. C'était le nom qu'on lui avait donné.

CHAPITRE II

Comment Jacques Chrétien prouva à son ami qu'il n'avait pas eu tort de vouloir travailler à son compte.

On était en 1837 ; cinq ans s'étaient écoulés depuis le jour béni où, grâce à la générosité de son ami Michel Sauvage, Jacques Chrétien avait enfin atteint le but secret de son ambition, en prenant à bail le vaste domaine laissé en friche par un propriétaire insouciant, dans la belle et fertile vallée de Miribel.

Pendant ces cinq années, bien des choses s'étaient passées, que nous résumerons en quelques lignes. A force de courage, de patience, de travail et d'activité, Jacques Chrétien, labourant une terre neuve, grasse et riche, avait réussi à augmenter dans de telles conditions l'importance de son exploitation, que les produits de la ferme des Alouettes étaient recherchés non seulement sur les marchés de l'Isère, mais encore dans le département du Rhône et les autres départements voisins.

Le fermier, voyant la fortune lui sourire et se sentant devenir peu à peu un gros cultivateur, comprit que l'éducation presque sommaire qu'il avait tant bien que mal reçue à l'école communale de Saint-Laurent-du-

Pont était plus qu'insuffisante et que, sans instruction, il n'arriverait jamais à rien de sérieux et de solide. Il résolut de combler cette lacune en s'instruisant assez pour réparer le temps perdu et en acquérant ces connaissances théoriques qui lui manquaient et dont il avait vu avec un vif intérêt l'application dans d'importantes fermes des départements limitrophes.

Ce projet aussitôt conçu, il le mit à exécution. Cette fois encore ce fut à Michel Sauvage, son ami, qu'il résolut de s'adresser et il partit pour Lyon. Michel, lui aussi, avait grandi : depuis deux ou trois ans il avait cessé d'être un simple employé intéressé dans la fabrique où son père l'avait placé. Un des associés de la maison s'étant retiré des affaires après fortune faite, Michel l'avait remplacé ; il avait la signature, et la fabrique avait modifié sa raison locale de cette façon : *Michel Sauvage, Paquet et C*^ie. Ses affaires avaient prospéré ; l'ancien employé était conseiller général du Rhône et il entrevoyait la députation dans un avenir prochain.

Lorsque le fermier arriva à Lyon, le négociant le reçut la main tendue et le sourire aux lèvres.

Le brave Jacques n'avait pas de fausse honte. Il était ignorant, à la vérité, mais comme cela n'était pas de sa faute, il n'avait pas à en rougir devant son ami. D'ailleurs il avait la sérieuse intention de s'instruire, et c'était justement pour s'entendre à ce sujet avec Michel qu'il avait tout exprès fait le voyage de Lyon. La démarche était louable sous tous les rapports et il s'en expliqua en quelques mots nettement et franchement.

— A la bonne heure ! lui dit Michel Sauvage, en lui serrant la main ; voilà qui est parlé ! Cette résolution est des plus honorables. Tu comprends et tu vois que ton manque de savoir t'arrête à chaque pas quand il s'agit d'améliorations à opérer. Tu veux t'instruire, tu as raison, mon ami ! C'est là une excellente pensée !

— Merci ! mais crois-tu que je réussirai ? demanda le fermier avec hésitation. C'est bien difficile, n'est-ce pas ?

— Non ! Pour toi, ce sera très facile au contraire ; c'est une affaire d'un ou deux mois à peine. De plus, tu t'instruiras sans, pour ainsi dire, y penser.

Jacques Chrétien hocha la tête d'un air de doute.

— Laisse-moi terminer, dit vivement son ami. Ce point n'est pas discutable. Ton seul tort, et tu ne pouvais l'éviter, c'est d'employer les mêmes moyens d'exploitation que ceux dont, il y a cent ans, se servaient les cultivateurs nos pères, moyens primitifs, longs, inefficaces et surtout dispendieux, à cause de la main-d'œuvre qui te coûte le plus clair de tes bénéfices.

— C'est vrai ! malheureusement, vrai à la lettre !

— Ce qui prouve que tu es intelligent, c'est que tu as compris la cause du mal, et que tu as cherché en t'instruisant à y porter remède. Tu vas acheter quelque livres qui te mettront au courant des progrès accomplis dans l'agriculture, et en deux mois je réponds que tu auras comblé cette lacune dans ton esprit.

Quelques mois plus tard, ainsi que l'avait prédit Michel Sauvage, la métamorphose était complète. A force de volonté, de ténacité et de courage, Jacques était devenu un autre homme. Pour couronner sa bonne action, le fabricant, sans en rien dire à son ami, lui fit cadeau de tous les nouveaux engins qu'il avait appris à utiliser, mais qu'il n'était pas encore assez riche pour acquérir en une seule fois.

Un beau matin tous ces outils arrivèrent à la ferme dans plusieurs charrettes. Ce fut avec un cri de reconnaissance et en versant des larmes de joie, que Jacques Chrétien ouvrit la lettre d'envoi que lui remit le charretier et dans laquelle son ami lui annonçait l'arrivée de ce cadeau.

Dix-huit mois après, l'expérience était faite, le succès

avait été complet. Jacques n'en croyait pas ses yeux, bien qu'il eût consciencieusement appliqué les procédés nouveaux de draînage et de culture qu'il avait appris en si peu de temps. La ferme des Alouettes était maintenant non seulement une grande et belle exploitation agricole, mais déjà une petite ferme modèle dans toute l'acception du mot.

La plaine de Miribel était devenue un centre agricole, grâce à la ténacité intelligente du fermier des Alouettes.

Marcel Sauvage, l'enfant adoptif du fermier, car son père avait tenu à le laisser à la ferme, où sa santé se fortifiait au milieu de l'air pur des montagnes, était adoré par Jacques et sa femme. L'enfant, toujours à l'air, au vent, au soleil et à la pluie, poussait comme un champignon ; il avait cinq ans à peine et paraissait en avoir le double, tant il était grand, alerte, vigoureux. Il faisait l'admiration de son père, lorsque celui-ci, profitant des quelques instants de répit que lui donnaient ses affaires, accourait avec sa femme pour embrasser son fils et passer deux ou trois jours près de lui. Ces bonnes visites n'étaient pas rares : Mme Sauvage faisait à la ferme de plus longs séjours, elle restait quelquefois un mois et même six semaines. L'air sain de la vallée de Miribel était favorable à sa santé, et puis elle était si heureuse près de son enfant !

A l'époque où nous reprenons notre récit, Mme Sauvage, atteinte, disait-on, d'une maladie de langueur, était venue, par ordre de son médecin, se fixer à la ferme, où elle buvait du lait de chèvre ; trois mois s'écoulèrent sans amener de mieux dans l'état de la jeune femme, et elle s'affaiblissait de plus en plus, sans causes apparentes.

Deux ans auparavant, Mme Sauvage, mère pour la seconde fois, avait donné le jour à une charmante fille qui avait reçu le nom de Claire. La pauvre enfant en naissant était si frêle et si chétive, qu'il semblait impossible qu'elle vécût. Mme Paquet, femme de l'associé de Michel Sauvage, avait voulu servir de mère à la chère petite, que Mme Sauvage, dans l'état maladif dans lequel elle se trouvait, ne savait à qui confier.

Les deux dames habitaient ensemble la ferme où leurs maris venaient souvent les retrouver.

La fillette, au contact de l'air vif de la vallée, avait repris des forces ; sa santé était devenue excellente et son frère l'adorait.

Un soir, après avoir réuni les trois enfants auprès d'elle et avoir dit d'une voix faible la naïve prière qu'elle se plaisait à leur faire répéter chaque jour, et les avoir embrassés avec une ferveur plus grande que d'habitude, elle se sentit un peu lasse et témoigna le désir de se reposer. Mme Paquet emmena les enfants, dont le babillage aurait pu troubler son sommeil. La jeune femme suivit ses enfants du regard avec une indicible tristesse ; quand la porte se fut refermée sur eux, un sanglot souleva sa poitrine.

— Mon Dieu ! murmura-t-elle, ayez pitié d'eux !

Elle ferma les yeux et s'endormit. Après avoir aidé Jeannette à coucher les enfants et à les endormir, Mme Paquet se hâta de revenir auprès de son amie ; elle s'approcha du lit sur la pointe du pied pour s'assurer qu'elle reposait et se pencha vers elle ; la malade souriait, ses yeux étaient demi-clos. Mme Paquet lui mit un baiser au front ; les lèvres de la malade s'entr'ouvrirent : — « Adieu ! Michel ! » s'écria-t-elle, d'une voix faible. Un souffle passa sur le visage de Mme Paquet. Elle jeta un cri horrible et s'évanouit.

La malade était morte sans souffrances, comme une lampe qui s'éteint, faute d'huile.

Au cri de Mme Paquet, tout le monde accourut. En un instant la ferme fut sens dessus dessous.

Malgré l'heure avancée de la nuit, Jacques voulut aller prévenir son ami. Après avoir remis un peu d'ordre dans la ferme profondément troublée par cet événement douloureux que les métayers et les serviteurs de la ferme avaient profondément ressenti, le brave fermier sella lui-même son meilleur cheval, l'enfourcha et partit d'un train à faire cinq lieues à l'heure.

La mission dont il s'était chargé dans un premier mouvement était extrêmement délicate.

Le fermier marcha pendant toute la nuit, mais les forces humaines ont des limites. Le jour se levait, et Pierre, moralement et physiquement brisé par la fatigue, de plus en plus indécis sur la façon dont il s'acquitterait de sa pénible mission, constata que son cheval n'en pouvait plus et se décida, bien malgré lui, à prendre quelques instants de repos.

— Je suis pressé de me rendre à Lyon, dit-il à l'aubergiste, qui le connaissait; mon cheval et moi nous avons trotté toute la nuit, nous avons besoin de repos; je vais m'étendre sur ce banc, roulé dans ma limousine, et à sept heures vous m'éveillerez pour déjeûner.

On l'éveilla le lendemain.

Après avoir bien mangé et bien bu, Jacques poussa un hum! de satisfaction; il se sentait un tout autre homme, ces deux heures de sommeil, complétées par un solide déjeûner, lui avaient rendu tout son courage et sa confiance en lui-même.

Il alluma sa pipe, ordonna d'une voix de stentor de seller son cheval, et il appela l'aubergiste. Celui-ci accourut à ce pressant appel; le fermier paya la dépense de son cheval et la sienne, et après avoir serré amicalement la main du cabaretier, il se dirigeait vers la porte lorsqu'un bruit de pas se fit entendre dans l'escalier qui, de la salle, conduisait aux chambres du premier étage. Jacques Chrétien se retourna machinalement.

Il s'arrêta, comme frappé de la foudre, en laissant échapper un cri de surprise. Sa pipe se brisa sur le sol sans qu'il y prît garde. Il lui semblait voir un fantôme.

— Michel ! murmura-t-il.

— Jacques ! toi, ici ! s'écria son ami en pâlissant.

— Oui, répondit-il.

— Où vas-tu donc ?

Les traits du fermier se contractèrent sous le poids d'une émotion terrible.

— J'allais te chercher, balbutia-t-il d'une voix presque inintelligible.

— Me chercher, reprit Michel, tu allais me chercher ? Il est donc arrivé un malheur à la ferme ?

— Oui ! répondit Jacques, en éclatant en sanglots. — Il lui était impossible de se contenir davantage... — Oui ! un affreux malheur !

— A toi ?

Le fermier hocha négativement la tête.

— Alors...? demanda Michel d'une voix étranglée, c'est donc...?

— Oui !

— Oh ! s'écria-t-il avec un accent de douleur impossible à rendre, Louise ! c'est Louise, n'est-ce pas ?

— Oui, oui ! balbutia machinalement Jacques.

— Louise, ma femme ! Elle est donc morte ?

— Hélas ! murmura le fermier en se cachant la tête dans les mains et tombant accablé sur un banc.

Michel était terrible à voir ; une douleur désespérée convulsait ses traits livides ; ses yeux sans regard semblaient vouloir sortir de leurs orbites ; la raison et la folie luttaient avec fureur dans son cerveau ; il répétait machinalement d'une voix sourde et d'un ton qui faisait mal :

— Louise est morte !... morte !...

Le fermier releva la tête et regarda son ami. La folie venait ; elle envahissait peu à peu le cerveau de Michel. Soudain Jacques se redressa. Il remplit un verre d'eau glacée et le présentant à son ami :

— Bois ! lui dit-il d'une voix dure.

Michel prit machinalement le verre, qu'il vida d'un

trait. Jacques épiait son visage avec une sollicitude anxieuse. Un profond soupir souleva la poitrine de Michel, qui passa, d'un geste fébrile, sa main sur son front. Soudain il éclata en sanglots et un torrent de larmes coula de ses yeux.

— Louise! Louise, morte! murmurait-il d'une voix brisée par la douleur.

— Il est sauvé, pensa le fermier, et s'adressant à son ami : Oui, Louise est morte ; mais il te reste deux enfants pour lesquels tu dois vivre !

— C'est vrai ! j'ai deux enfants, dit-il d'une voix hachée. Hélas ! Hélas ! que vont-ils devenir, maintenant qu'ils n'ont plus de mère ?

— Elle priera pour eux dans le ciel, et toi, tu les protègeras sur la terre.

— Moi! fit-il avec un mouvement de désespoir.

— Oui, toi ! D'ailleurs Louise te les a confiés. Ne désires-tu pas que je te dise comment elle est morte ?

— Oh ! si ! je le désire. Dis-le-moi, Jacques, mon ami, dis moi tout, j'ai besoin de tout savoir.

— Hé bien, viens, montons dans ta chambre. Là, tu sauras tout.

— Oui ! oui ! allons !...

Michel voulut s'élancer ; mais au premier pas qu'il fit, il trébucha et tomba sans connaissance dans les bras de son ami. Celui-ci l'enleva, monta l'escalier et le coucha sur son lit, aidé par l'aubergiste, ému par cette poignante douleur.

Jacques s'installa au chevet de son ami et expédia aussitôt deux courriers, l'un à M. Paquet, l'associé de Michel, l'autre à l'un des médecins en renom de Lyon. Le médecin arriva vers onze heures. Michel avait un instant repris connaissance, mais il était bientôt tombé dans un sommeil presque léthargique. Le docteur se fit raconter ce qui s'était passé. Il hocha la tête à plusieurs reprises, d'un air de mauvais augure.

— C'est très grave, dit-il. S'il ne s'agissait que d'une maladie ordinaire, peut-être en aurais-je vite raison. Mais ici c'est le moral qui est attaqué, l'âme est profondément atteinte. La cure sera longue, très longue, et encore je ne réponds de rien. Ne laissez pas le malade ici. Faites-le transporter dans votre ferme, là il sera bien. J'irai l'y voir ; ne craignez rien pour le trajet, son esprit est dans un état tel qu'il ne s'apercevra même pas du voyage. Faites-le partir au plus vite.

— Je vous obéirai, Monsieur, répondit le fermier, mais je vous en supplie, ne quittez pas notre malheureux ami jusqu'à ce qu'il soit installé chez moi. Que ferais-je s'il lui arrivait quelque chose pendant le trajet?

— Vous êtes le fermier des Alouettes, n'est-ce pas?

— Oui, monsieur, et l'homme que vous voyez là, inerte, est mon ami, mon frère, et plus que cela, mon bienfaiteur. C'est à lui, après Dieu, que je dois tout ; il a fait de moi un homme, et, de plus, il m'a rendu riche par le travail.

— C'est bien, monsieur, répondit le médecin avec émotion. Je savais déjà à peu près votre histoire, vous n'êtes pas un étranger pour moi. Je ferai tout pour vous être agréable. Je vous accompagnerai, bien que je ne prévoie aucun accident, mais je tiens à vous rassurer, et je ne quitterai votre ami qu'après lui avoir donné tous les soins qu'exige son état.

— Je vous remercie du fond du cœur, monsieur.

Jacques loua une carriole à l'aubergiste, la disposa de façon à ce que le malade y fût installé le mieux possible et qu'il ne souffrît pas des cahots. Puis, quelques instants plus tard, le douloureux convoi, escorté par le médecin et le fermier, reprit lentement le chemin de la ferme, où il arriva sans encombre, une heure après le coucher du soleil. Le malade fut transporté dans sa chambre, et le docteur, après avoir fait certaines prescriptions, s'installa à son chevet et passa près de lui la nuit entière. Le len-

demain, le corps de Louise fut ramené à Lyon par
M. Paquet, et enterré dans un caveau de famille. Michel
était encore plongé dans ce sommeil léthargique qui, la
veille, s'était emparé de lui. Il ignorait donc tout ce qui
s'était passé à la ferme depuis que Jacques l'y avait
ramené. Son état restait inquiétant.

CHAPITRE III

Comment Michel Sauvage partit pour l'Amérique et confia son fils Marcel à Jacques Chrétien.

PENDANT un mois, le malade resta entre la vie et la
mort.

Les diagnostics pathologiques de la maladie dérou-
taient complètement les médecins. Plusieurs consulta-
tions des meilleurs et des plus renommés docteurs de
Lyon eurent lieu, sans qu'ils parvinssent à se mettre
d'accord.

Le docteur Cavalier, qui le premier avait donné ses
soins au malade, résolut, en désespoir de cause, de
laisser agir la nature, tout en surveillant attentivement
les symptômes et les accidents qui pourraient se produire. Ce cas extraordinaire intéressait singulièrement le
savant praticien. Il s'était pour ainsi dire fixé à la ferme,
afin d'épier plus facilement son malade, et de pouvoir
ainsi mettre aussitôt à profit les moindres changements
qui surgiraient à l'improviste.

L'attente fut longue : mais, ainsi que l'avait prévu

l'habile médecin, la nature, si puissante dans les organisations jeunes et riches, livrée à elle-même, déploya toutes ses forces, fit son travail mystérieux, et enfin, une crise heureuse eut lieu.

Michel Sauvage était sauvé.

Un voile de mélancolie s'était répandu sur ses traits; il semblait s'être concentré en lui-même et ne vivre qu'avec ses pensées : il parlait peu, par phrases courtes, brèves, heurtées; une profonde indifférence paraissait diriger toutes ses actions, même les plus importantes; de profondes rides s'étaient creusées sur son front et aux commissures de ses lèvres pâlies, sur lesquelles un rictus nerveux avait figé un sourire triste, presque navrant.

Dès que ses forces furent suffisamment revenues, il résolut de suivre le conseil du docteur Cavalier, et de retourner à Lyon au plus vite afin d'y reprendre ses occupations habituelles et sa vie active. Il pourrait ainsi donner le change aux pensées douloureuses qui le hantaient sans cesse et qui sûrement, s'il s'y abandonnait, lui causeraient une rechûte, dont cette fois il ne se relèverait pas.

— Vous le voulez, dit-il au médecin. Soit ! je vous obéirai, docteur !... et il ajouta, avec ce sourire qui faisait tant de mal à ses amis : Je dois vous donner cette marque de déférence pour tout ce que vous avez fait pour moi. Séance tenante, il prit affectueusement congé de Jacques et de sa femme, embrassa son fils Marcel avec une tendresse douloureuse, et, montant dans la voiture du docteur, il partit avec lui pour Lyon.

Au moment du départ, Jacques, en lui serrant la main, lui avait demandé s'il le reverrait bientôt. Michel avait répondu avec une expression singulière :

— Bientôt tu me reverras; oui, sois tranquille !

Ces quelques mots et la façon dont ils avaient été prononcés avaient donné fort à penser au brave fermier.

— Il rumine quelque projet mystérieux, murmurait-il entre ses dents, en hochant tristement la tête et suivant du regard la voiture, qui s'éloignait au grand trot à travers les méandres des sentiers qui sillonnaient la plaine.

Plusieurs mois s'écoulèrent, pendant lesquels Michel écrivit deux ou trois fois à son ami. Ces lettres, généralement courtes, étaient empreintes d'une tristesse toujours croissante. Le temps, au lieu de cicatriser la blessure morale du fabricant, semblait au contraire la rendre plus poignante et plus douloureuse. Dans chacune de ses lettres se trouvait un paragraphe spécialement relatif à l'éducation qu'il voulait que Jacques donnât à son fils Marcel.

« Mon grand malheur, disait-il, est d'avoir été élevé par une mère trop faible, trop aimante, et surtout douée d'une sensibilité et d'une faiblesse nerveuse qui la laissaient sans force contre les plus petites et les plus vulgaires contrariétés de la vie. Ma mère m'adorait, je lui rendais son affection au centuple, elle était ma confidente, mon refuge contre tous mes chagrins d'enfant, mais sa tendresse excessive pour moi la trompait et la faisait aveugle ; j'étais, dans toute la force du mot, un enfant gâté. Au lieu de réagir contre la sensibilité nerveuse et la faiblesse qui étaient en moi, elle me consolait, pleurait avec moi et, sans même s'en douter, tuait dans mon cœur ce germe de virilité de l'âme et cette énergie morale sans lesquelles rien n'est possible dans la vie. »

Michel Sauvage brodait constamment sur ce thème, revenant sans cesse sur cette faiblesse, cause de son incurable découragement et contre laquelle il ne se sentait même pas la force de réagir. Puis tout à coup, il cessa d'écrire. Deux mois s'écoulèrent sans que Jacques reçût aucune nouvelle de son ami ; son inquiétude était grande ; malheureusement les travaux de la ferme absorbaient tous ses instants et exigeaient impérieusement sa présence ; on était en pleine récolte.

Cependant, Jacques, ne pouvant résister à l'inquiétude qui lui serrait le cœur, avait résolu de se rendre à tous risques à Lyon, afin de voir son ami et de connaître enfin les motifs de son long silence. Il comptait partir le lendemain, au lever du soleil, lorsque, le soir, en revenant de faire une visite minutieuse dans la plaine, afin de donner des ordres à ses chefs ouvriers sur ce qui devrait être fait pendant son absence, il aperçut, en descendant de cheval, Michel debout sur le seuil de la porte de la ferme.

La joie de Jacques fut vive ; les deux amis tombèrent dans les bras l'un de l'autre.

La première émotion calmée, Jacques examina son ami et fut effrayé de l'état dans lequel il le vit. Michel n'était plus que l'ombre de lui-même ; il avait en quelques mois vieilli de dix ans. Ses cheveux, si noirs et si abondants, s'étaient éclaircis et mélangés de beaucoup de fils argentés. Sa maigreur était extrême ; des rides profondes sillonnaient son front ; son regard s'était éteint, et ses traits émaciés, d'une teinte plombée, avaient une expression de douleur et de désespérance qui faisait peine à voir.

— Tu me trouves bien changé, n'est-ce pas, Jacques? dit-il avec un sourire morne.

— Bah ! s'écria le fermier, en essayant de sourire, ce n'est rien ! L'air de la ville ne te vaut rien, voilà tout ! Tu es un paysan comme moi, Michel ; après huit jours passés ici, il n'y paraîtra plus ; tu seras fort et gai comme une alouette.

— Oui, je le crois, ami Jacques, répondit-il en hochant la tête, malheureusement, cela est impossible.

— Impossible, pourquoi ?

— Pour une foule de raisons, mon ami, que je te dirai et que tu comprendras.

— Ainsi, tu n'es venu que pour quelques heures ?
dit le fermier avec désappointement.

— A mon grand regret, crois-le bien, mon ami !
Nous souperons ensemble, nous causerons, car c'est
principalement pour causer avec toi que je suis venu,
et demain, au point du jour, je repartirai.

— Si tôt que cela ?

— Hélas ! oui, mon ami. Tu le sais, les affaires
n'attendent pas. Je dois être au Havre dans dix jours au
plus tard et je n'ai devant moi que le temps strictement
nécessaire.

— Au Havre ! s'écria le fermier avec surprise, quelles
affaires peux-tu avoir là ?

— Je t'expliquerai tout cela, sois tranquille.

Voyant que c'était de la part de son ami un parti pris
de ne rien dire, Jacques n'insista pas davantage, craignant de lui déplaire et il l'introduisit dans sa demeure.

Michel se montra affectueux et presque gai avec
Jeannette. Il témoigna beaucoup de tendresse à Marcel,
qu'il fit placer près de lui à table, et avec lequel il rit
et plaisanta pendant tout le dîner, se faisant enfant lui-
même pour se mettre mieux à la portée de l'intelligence
à peine éclose encore du bambin.

Celui-ci était radieux. Jamais il n'avait vu son père si
gai et si aimable pour lui.

Jacques et Jeannette voyaient tout ce manége avec
une secrète appréhension ; ils sentaient instinctivement
que cette exubérance de joie était forcée, qu'elle était
sur les lèvres et à peine au cœur ; ils devinaient qu'elle
cachait un problème dont la solution leur échappait, et
plus le dîner avançait, plus leur inquiétude devenait vive.

Lorsque le moment de coucher les enfants arriva,
Michel prit son fils sur ses genoux, l'embrassa à plusieurs reprises, les larmes aux yeux, le serrant nerveu-
sement entre ses bras et lui répétant à plusieurs reprises d'une voix entrecoupée de sanglots :

— Marcel, n'oublie jamais ton père ! Aime-le bien, car il t'aime plus que tu ne peux le comprendre encore.

— Oh ! je t'aime aussi, mon papa ! répondait l'enfant, lui rendant caresse pour caresse.

— Oui, aime-moi bien ! reprenait Michel, et, quoi qu'il arrive, ne m'oublie jamais.

— Jamais, mon papa ! Maman Jeannette, papa Jacques toi et maman Louise qui est au ciel, je vous aimerai toujours et jamais je ne vous oublierai. Tu verras, mon papa, combien je serai sage afin que tu sois content de moi.

— Cher enfant ! s'écria Michel en l'étouffant de baisers ! Tu me le promets, n'est-ce pas, tu ne m'oublieras pas ?

— T'oublier, mon papa ! Cela serait-il possible ? Je t'aime trop, fit l'enfant en redoublant de caresses, et je travaillerai bien pour te contenter.

— Oui, oui ! fit le père d'une voix étranglée par les sanglots. Oui, travaille, sois sage et surtout deviens un homme comme ton papa Jacques.

— Et comme toi, mon papa ! parce que tu es bon. Je te le promets.

Michel embrassa une fois encore son enfant, dont il semblait avoir une peine étrange à se séparer, et il le remit à Jeannette en lui disant :

— Va dormir, Marcel, et souviens-toi, cher enfant, de ta promesse.

Le fermier, resté seul avec Michel, fumait mélancoliquement sa pipe en fixant un regard triste et inquiet sur son ami, sans oser lui dire un mot, sachant trop bien que les grandes douleurs ne peuvent être consolées que par la sympathie et le silence. Après quelques instants, la fermière rentra.

— Votre chambre est prête, Monsieur Michel, lui dit-elle doucement.

Michel releva la tête et essaya de sourire.

— Merci, ma bonne Jeanne, dit-il affectueusement ; cette émotion m'a brisé, mais je ne me retirerai pas encore. J'ai à causer avec votre mari et avec vous, si bonne et si indulgente. Asseyez-vous là entre nous deux. Je tiens à ce que vous entendiez ce que je vais dire.

La jeune femme prit son rouet, car jamais elle ne restait inactive, et s'assit entre les deux hommes.

— Michel passa la main sur son front comme pour chasser les derniers nuages qui obscurcissaient son esprit, sourit, et s'adressant à Jacques d'un ton de bonne humeur :

— Verse à boire, ami Jacques, dit-il.

Il alluma un cigare et trinqua avec son ami.

— Écoute-moi, reprit-il, en reposant sur la table le verre dans lequel il avait à peine trempé ses lèvres. Malgré lui, sa tristesse reprit le dessus et ce fut avec une certaine hésitation et la voix un peu tremblante qu'il continua, bien qu'il fît de visibles efforts pour paraître gai et indifférent.

— Tu as sans doute entendu parler, ami Jacques, des États-Unis de l'Amérique du Nord. C'est une nation nouvelle encore, mais industrieuse, intelligente, audacieuse, et qui marche à pas de géants dans la voie du progrès. Rien ne l'arrête ni ne la décourage dans la ligne qu'elle s'est tracée dès le début ; elle a juré de se suffire à elle-même et de s'affranchir ainsi du patronage commercial de la vieille Europe.

— Oui, j'ai entendu parler de cela, répondit Jacques ; à mon avis les Américains ont raison d'essayer de ne plus être tributaires des nations européennes ; mais je ne vois pas ce qui, dans tout cela, peut te porter ombrage, à toi, Michel !

— Ombrage, à moi ? Mais je pense absolument comme toi à ce sujet, ami Jacques, et j'applaudis de tout mon cœur aux progrès accomplis par les Américains.

— Eh bien, alors ?

— Tu vas me comprendre. Les Américains viennent d'entreprendre la sériciculture sur une grande échelle. Non contents d'élever des vers à soie, ils ont fondé plusieurs fabriques de soierie qui sont en pleine activité et produisent, dit-on, de fort belles étoffes. Le commerce de Lyon s'est tout naturellement ému de cette concurrence qui se dresse tout à coup devant lui ; les fabricants se sont réunis, une commission a été formée et un des membres de cette commission a été désigné pour se rendre aux États-Unis, y étudier les procédés employés par les Américains et s'assurer *de visu* que ces procédés ne font courir aucun risque à la fabrication lyonnaise.

— Et naturellement, dit Jacques avec une ironie triste, le choix est tombé sur toi et tu vas partir pour les États-Unis ?

— Oui, mon ami, dans dix jours je m'embarquerai au Havre pour me rendre à New-York, dit-il en détournant les yeux.

Jacques allait répondre, mais sa femme lui fit un signe du doigt et elle dit à Michel :

— Pourquoi ne pas nous parler franchement, Monsieur Michel ? lui dit-elle d'un air peiné. Pourquoi essayer de nous donner le change, à nous qui vous aimons et avons droit à toute votre confiance ? C'est vous, vous seul, Monsieur, qui avez insisté pour que cette mission vous fût confiée... vous voulez partir, quitter la France, où vous avez tant souffert, et où vous souffrez encore. Si ce prétexte vous avait manqué, vous en auriez trouvé certainement un autre ; vous vouliez partir à tout prix ; cette occasion s'est offerte à vous, vous l'avez aussitôt saisie au passage.

— Hé bien oui ! je l'avoue, ma bonne Jeanne, vous avez raison, c'est moi, moi seul, qui ai voulu partir.

— Sans doute avec la résolution arrêtée de ne jamais revenir, n'est-ce pas, Michel ? dit Jacques avec reproche.

— Non, mes bons amis, s'écria-t-il vivement ; cette pensée n'est jamais entrée dans mon cœur. Je ne reviendrai que lorsque je me sentirai assez fort pour braver impunément, ou du moins sans des douleurs trop grandes, les poignants souvenirs qui, ici, se dressent à chaque pas devant moi.

— Oui, cela est possible, dit Jacques en regardant sa femme.

— Mais, dit la fermière, il me semble que, si long que soit un voyage en Amérique, il ne peut se prolonger au delà de quelques mois, un an au plus, quand on a un but déterminé pour ce voyage.

— Mon véritable but, ma chère Jeanne, répondit vivement Michel, est ma guérison morale. Or, des années peuvent s'écouler avant qu'elle soit complète.

— Des années ! s'écria-t-elle en joignant les mains, et vos enfants : votre fils, votre fille, que vous aimez tant, que deviendront-ils, pendant cette longue absence ?

— J'ai tout prévu et réglé afin qu'ils n'aient pas à en souffrir. Rassurez-vous, mes amis, quand on entreprend un voyage comme celui que je vais faire, on prend certaines précautions ordonnées par la prudence, car on sait quand on part et on ignore quand on reviendra. D'ailleurs, on peut être à l'improviste surpris par la mort.

— Oh ! s'écria le fermier.

— Que dites-vous donc là, Monsieur Michel ? fit Jeannette avec reproche.

— Ne craignez rien, mes amis, dit-il avec un sourire triste. Le suicide, à mes yeux, est un crime et une lâcheté. La douleur peut me tuer, mais jamais, je vous le jure, la pensée ne me viendra de hâter cette mort. Je n'en parle donc que comme d'un évènement possible et qu'un homme honnête doit toujours prévoir afin d'y être préparé. J'ai fait un testament dans lequel je te nomme, Jacques, tuteur de mon fils, dont M. Paquet sera le subrogé tuteur. Ma fille restera dans la famille de mon associé, M. Paquet, que je nomme son tuteur. Lui et toi vous êtes mes meilleurs et mes plus sûrs amis. Trois cent mille francs placés sur première hypothèque par mon notaire seront partagés entre mon fils et ma fille à l'époque de leur majorité ; cette somme augmentera des intérêts accumulés jusque-là et se trouvera à peu près double. Je te laisserai en sus une somme de dix mille francs destinée à l'éducation de mon fils, éducation que tu dirigeras comme il te plaira, pourvu que tu en fasses un honnête homme, énergique, travailleur et capable de soutenir sans se laisser abattre, la rude bataille de la vie, ce que je n'ai pas eu, moi, la force de faire, parce que j'ai été gâté par un bonheur facile et que je n'ai pas, peu à peu, appris à dompter la douleur. Tu vois où cela m'a conduit. Je ne veux pas qu'il en soit de même pour mon fils.

— Je te promets, Michel. dit le fermier avec une profonde émotion, que je tenterai l'impossible pour faire de Marcel un homme et je réussirai, j'en suis sûr ; pars donc sans regrets et reviens-nous guéri pour toi-même et surtout pour tes enfants.

— Je tâcherai, mon ami, dit Michel en serrant affectueusement la main du fermier ; et qui sait ? peut-être cette existence étrange à laquelle je vais être condamné opérera-t-elle cette cure que tous mes amis s'accordent à déclarer impossible en France.

— Reverrez-vous votre fils avant votre départ ? lui demanda la fermière.

— Non ! Je lui ai fait mes adieux ce soir. Si je le voyais, ma résolution pourrait faiblir, peut-être n'aurai-je plus le courage de me séparer de lui et il importe que je parte. J'ai envoyé tous mes bagages à Grenoble, car je ne veux pas m'arrêter à Lyon, où de chers souvenirs et la vue de ma fille risqueraient de me faire renoncer à ce voyage. Je quitterai la ferme au lever du jour ; mon départ de Grenoble est fixé à dix heures du matin.

— Eh bien ! je t'accompagnerai, dit le fermier avec un sourire triste ; je veux qu'en quittant ton pays, le dernier visage que tu voies soit celui d'un ami.

— Merci, Jacques, répondit Michel avec émotion. Tu ne pouvais me faire un plus grand plaisir.

Le lendemain, à l'heure dite, Michel Sauvage quitta la ferme en compagnie du fermier. À midi, Jacques était de retour.

— Eh bien ! lui demanda sa femme avec inquiétude.

— Il est parti en nous recommandant son fils, répondit Jacques. Hélas, pauvre Michel. le reverrons-nous ?

— Oui, j'en ai le pressentiment, s'écria vivement la jeune femme.

— Le ciel t'entende ! répartit-il en hochant la tête. Voilà notre pauvre Marcel orphelin.

— Non, puisque nous lui restons, s'écria-t-elle ; au lieu d'un enfant, nous en aurons deux.

— Voilà tout ! Tu as raison, femme ; d'ailleurs ne l'avions-nous pas adopté déjà ? Il n'y a donc rien de changé. Maintenant, fais-moi déjeûner vivement, femme, tout cela m'a bouleversé ; je meurs de faim ; dépêche-toi, le travail presse et il faut que j'aille surveiller nos ouvriers.

Le mari et la femme reprirent leur vie habituelle sans se préoccuper davantage de cette adoption définitive de l'enfant sur lequel, depuis sa naissance, ils avaient constamment veillé.

Douze jours plus tard, Michel Sauvage s'embarquait au Havre à bord du trois-mâts *le Destin* en charge pour New-York. Le soir même, *le Destin* mettait sous voiles et disparaissait en haute mer, vigoureusement drossé par une brise carabinée de l'Est-Nord-Est.

CHAPITRE IV

Quelle fut l'éducation que Jacques Chrétien donna à son fils
adoptif, et ce qu'il en advint.

JACQUES Chrétien était avant tout homme de devoir ; il comprenait l'immense responsabilité que faisait peser sur lui la promesse faite à son ami ; il avait résolu d'accomplir dans toute sa rigueur la lourde tâche qu'il avait acceptée ; mais modeste comme tous les hommes véritablement intelligents et honnêtes, redoutant surtout de ne pas avoir bien compris les intentions de Michel Sauvage, il prit le parti de demander conseil à M. Paquet et à Mᵉ Corbon, le notaire, tous deux instruits, pleins d'expérience et amis dévoués de Michel.

Précisément l'échéance du fermier était arrivée : il était surpris que son ami, lors de leur dernière entrevue, ne lui eût rien dit à ce sujet, mais supposant qu'il avait probablement donné des instructions particulières à son notaire, à propos des arrérages de la ferme, Jacques saisit cette occasion pour se rendre à Lyon afin d'arrêter avec les deux amis de Michel, une ligne de conduite au sujet de l'éducation de l'enfant. Il se proposait en même temps de s'informer des arrangements pris par son ami à propos du bail des Alouettes et de la somme qu'il restait devoir lui-même sur le prêt qui lui avait été fait.

La pensée ne vint pas un seul instant au fermier de lire le testament que son ami lui avait laissé en partant ; il considérait ce papier comme un dépôt qui lui avait été confié et qu'il devait conserver cacheté comme il l'avait reçu ; il l'avait, en conséquence, serré dans un tiroir secret de son armoire et ne s'en était plus occupé. Un matin il monta à cheval, muni d'une lourde sacoche remplie de l'argent échu du fermage ; il emportait en outre une couple de billets de mille francs destinés à diminuer sa dette. La première visite du fermier fut donc pour le notaire. Me Corbon le reçut de la façon la plus cordiale, le fit asseoir, s'informa du résultat de la récolte et lui demanda d'un ton affable à quelle heureuse circonstance il devait le plaisir de sa visite.

— Bon, dit le fermier en riant, vous devez bien le deviner.

— Moi ! pas le moins du monde, répondit le notaire.

— Hum ! Cependant nous sommes à la Saint-Martin.

— Eh bien ?

— Dame, n'est-ce pas à la Saint-Martin que se règlent les fermages ?

— Je ne dis pas non, répondit le notaire toujours souriant, mais malheureusement vous n'êtes pas mon fermier, ni celui d'aucun de mes clients, que je sache.

— Oh ! oh ! maître Corbon, reprit Jacques d'un ton de bonne humeur, permettez-moi de vous dire que, pour un notaire, vous me semblez beaucoup manquer de mémoire.

— Moi ! fit le notaire sur le même ton. Oh ! par exemple, Monsieur Chrétien, vous êtes le premier qui m'ayez jamais fait semblable reproche ; au contraire, bien des gens se plaignent que j'en ai trop.

— Allons, vous voulez rire. Ne suis-je pas le fermier des Alouettes, dont le propriétaire est M. Michel Sauvage ? La preuve, c'est que je vous apporte ma redevance et deux mille francs en plus sur la somme que je reste lui devoir sur les trente-cinq mille francs qu'il m'a prêtés pour m'établir. N'est-ce pas vous, Me Corbon, qui avez rédigé les deux actes ?

— Je me le rappelle parfaitement, cher Monsieur Jacques.

— Eh bien alors ! reprit le fermier en riant et tirant sa sacoche de l'une des poches de son énorme lévite.

— Bon, bon, cher Monsieur, n'allons pas si vite, s'il vous plait, et faites-moi le plaisir de remettre vos écus dans votre poche, où ils sont très bien. Vous ne me devez rien.

— Comment, je ne vous dois rien ! Est-ce que vous n'êtes plus le notaire de M. Michel Sauvage ?

— Pardon, vous n'avez donc pas lu le testament que vous a confié notre ami commun avant son départ ?

— Moi, pourquoi l'aurais-je lu, Monsieur ? Un dépôt ne doit-il pas rester intact dans les mains de celui qui le reçoit ?

— Certes, mais ici le cas n'est pas le même, puisque, ainsi qu'il m'en avait prévenu, M. Michel Sauvage doit vous avoir non seulement autorisé, mais engagé à lire ce testament.

— C'est ce qu'il a fait effectivement, mais je n'ai pas cru devoir suivre ce conseil.

— Vous avez eu tort, cher Monsieur Jacques, reprit le notaire ; cela vous aurait d'abord évité une course d'une trentaine de lieues pour venir m'apporter un argent que vous ne me devez pas et que, par conséquent, je ne puis recevoir. D'autre part, vous auriez vu combien notre ami commun vous aime, a confiance en vous, et a pris à cœur vos intérêts avant d'entreprendre ce long voyage, dont il reviendra, je l'espère, mais qui cependant peut être fatal. En un mot, M. Michel Sauvage vous fait, pour le présent, remise de vos fermages pendant toute la durée de son absence et, en cas de mort, il vous lègue la propriété de la ferme des Alouettes, ainsi que la somme d'argent qu'il vous a prêtée. Ces dons ont pour but de vous remercier des soins que vous avez donnés et donnerez encore à son fils Marcel, dont il vous recommande instamment de surveiller l'éducation.

— Oh ! quant à cela, il peut être tranquille, je le lui ai promis et je ferai de mon mieux. Je comptais même vous demander conseil à ce sujet, car malheureusement, si mes intentions sont bonnes, mes connaissances sont bornées.

— Vous n'avez besoin des conseils de personne, cher Monsieur Jacques ; vous avez un sens droit qui vous guidera plus sûrement que tous les avis que moi ou M. Paquet pourrions vous donner. Notre ami Michel savait bien ce qu'il faisait en vous chargeant de l'éducation de son fils ; il ne pouvait mieux choisir. Rassurez-vous donc et agissez à votre guise. Tout ce que vous ferez sera bien fait.

— Enfin ! dit le fermier, comme un homme qui se résigne, puisque vous et M. Paquet pensez que cela doit être ainsi...

— C'est non seulement l'avis de M. Paquet et le mien, mais encore celui de tous les amis de M. Michel Sauvage.

— Alors, à la grâce de Dieu ! J'essaierai... Mais vous savez que Michel m'a laissé une somme de dix mille francs pour servir à l'instruction de son fils?

— Je le sais.

— Que vais-je faire de tout cet argent? Je ne puis cependant pas l'accepter.

— Vous auriez tort de le refuser, ce serait aller contre les volontés de notre ami, et peut-être plus tard serait-il blessé d'apprendre que vous avez méconnu ses bonnes intentions.

— Le croyez-vous? demanda-t-il, en se grattant le front.

— J'en suis sûr.

Le notaire avait fait prévenir M. Paquet, le fabricant arriva la main tendue ; les trois hommes déjeûnèrent ensemble et causèrent des raisons qui avaient amené Jacques à Lyon. M. Paquet partagea l'opinion du notaire; Jacques fut donc contraint de consentir à ce qu'ils voulaient; le jour même il repartit pour *les Alouettes*, roulant certain projet dans sa tête.

Son plan était tout dressé ; si malheureusement son ami mourait pendant son voyage, il accepterait le legs généreux qu'il lui faisait dans son testament ; mais pour rien au monde, il n'aurait consenti à profiter des fermages et de la somme que Michel lui avait prêtée. Le notaire refusant péremptoirement de recevoir cet argent, Jacques prit un terme moyen. Il résolut d'acheter chaque année avec le produit des fermages et la somme destinée à éteindre sa dette des pièces de terre au nom de Marcel, de les faire valoir et de les donner à son fils adoptif quand sonnerait l'heure de la majorité. Il créerait ainsi au jeune homme, sans rien dire, une belle propriété agricole que celui-ci exploiterait ensuite au mieux de ses intérêts.

Ayant ainsi mis sa conscience en repos et sauvegardé les intérêts de son pupille et les siens propres, il rentra à la ferme tout heureux d'avoir trouvé cette combinaison qui arrangeait tout. Michel, quand il reviendrait, serait libre de modifier les choses à sa fantaisie ; mais il n'aurait pas de reproches à lui adresser.

Le système d'éducation adopté par Jacques fut des plus simples ; avant de s'occuper du moral, il voulut développer le physique du jeune homme en le rendant fort, adroit, leste et hardi. A huit ans, Marcel paraissait en avoir douze, tant il était habile à tous les exercices du corps. Il était grand, élancé, possédait une vigueur extraordinaire pour son âge ; son adresse et sa dextérité étaient véritablement incroyables. Son père adoptif était émerveillé de ses progrès en toutes choses. Quand Marcel eut douze ans, Jacques avait découvert à Saint-Laurent-du-Pont un jeune homme de vingt-deux à vingt-trois ans, orphelin et pauvre, mais possédant une instruction profonde. Il se nommait Pierre Morin et vivait misérablement dans ce village perdu. Le fermier l'alla trouver et lui fit ses conditions : il s'agissait d'instruire Marcel, non pas en le faisant asseoir sur le banc des écoles, le brave Jacques trouvait cette méthode déplorable, mais en faisant avec lui de longues courses à travers le massif montagneux, et surtout en faisant se dérouler sans cesse sous les yeux de l'élève le grand et magnifique spectacle de la nature, en fatiguant le corps et laissant l'esprit actif, sain, et en état de bien comprendre.

Pierre Morin comprit les explications un peu confuses du fermier et promit de s'y conformer. Sûr d'avance du bon résultat de ce système d'éducation toute pratique, il ne demanda que cinq ans pour obtenir le succès désiré.

— C'est bien, dit le fermier, vous serez logé, nourri, chauffé à la ferme ; vous recevrez deux vêtements par an et 1,000 fr. d'appointement. A la fin de la cinquième année, si je suis satisfait du résultat acquis, vous toucherez 5,000 fr. de gratification.

Pierre Morin accepta les larmes aux yeux. Ces propositions généreuses le sauvaient pour le présent et lui ouvraient l'avenir.

Marcel et Pierre Morin furent bientôt au mieux ensemble. Le jeune professeur était redevenu presque un enfant pour se mettre à la portée de celui qu'il était chargé d'instruire ; il voulait devenir l'ami de son élève afin que ses leçons lui parussent plus agréables. Hâtons-nous de constater que Marcel n'était pas complétement illettré. Jeannette, la fermière, avait, pendant les longues veillées d'hiver, appris à son fils adoptif à lire, à écrire et à compter, sans que celui-ci en éprouvât le moindre ennui ou la moindre fatigue, lui donnant des leçons pour ainsi dire en jouant. Dès que Marcel avait su lire, la fermière lui avait donné des livres à sa portée, à la fois amusants et instructifs. Un grand désir de savoir s'était alors emparé de ce jeune esprit ainsi préparé à recevoir toutes les impressions qui lui seraient données et à profiter de tout ce qui lui serait expliqué clairement.

Les leçons commencèrent sans que Marcel soupçonnât que son nouvel ami Pierre Morin fût placé près de lui comme professeur.

Alors les habitants de la ferme eurent sous les yeux le spectacle à la fois le plus singulier et le plus intéressant ; les leçons commençaient au lever du soleil et ne se terminaient qu'au moment où l'on se couchait. Tout était prétexte à enseignement ; on étudiait en labourant, en hersant, en semant, en arrangeant une roue, en piquant les bœufs de l'aiguillon, en gardant les moutons, en pansant les chevaux, en nageant, en chassant, en faisant de longues courses dans les montagnes. Bref, pas une minute n'était perdue, et cependant le travail de la ferme allait toujours.

Cinq années bien employées avaient produit un résultat admirable, grâce aux principes solides et aux notions justes qu'il avait reçues. Marcel, dont l'instruction était presque terminée, devinait facilement ce qu'il ignorait encore. Il causait et discutait avec son professeur durant leurs longues courses à travers les montagnes, courses qui se prolongeaient souvent pendant plusieurs jours. Alors les deux montagnards, faits à toutes les intempéries des saisons et dont le corps était de fer, campaient où la nuit les surprenait ; assis en face l'un de l'autre, devant un feu de pin, ils mangeaient de bon appétit les produits de leur chasse ou de leur pêche, les fruits des forêts et les herbes comestibles, cresson de fontaine et oseille des prés. Ils parlaient alors de mille sujets intéressants, car il y a toujours quelque chose à apprendre quand on a devant soi la nature grandiose des hautes altitudes, ou la fertilité inépuisable des vallées. Ils revenaient ensuite gaîment à la ferme, riant et causant toujours, précédés en éclaireur par une magnifique chienne du Mont-Saint-Bernard, âgée d'un an à peine, cadeau précieux de M. Paquet, que Marcel avait élevée et à laquelle il avait donné, sans doute par antiphrase, le nom de *Petiote*, c'est-à-dire *toute petite*, car cet admirable animal était presque aussi gros qu'un lion.

Petiote s'était attachée à Marcel, couchait au pied de son lit et ne le quittait jamais. Marcel, de son côté, avait une vive affection pour la bonne bête.

Le jeune homme avait seize ans maintenant. Son père, parti pour l'Amérique depuis douze ans, n'avait jamais donné de ses nouvelles. Tout le monde le croyait mort. Marcel seul, bien qu'il eût à peu près oublié son visage, espérait toujours le revoir et soutenait avec une inébranlable conviction que son père vivait et qu'il reviendrait. Depuis trois ans, la gentille Mariette, la fille de Jacques et de Jeannette, avait été mise dans une excellente pension de Grenoble, où elle terminait son éducation. Elle venait de temps en temps passer quelques jours aux *Alouettes*. Ces courts séjours comblaient de joie les deux enfants, qui s'aimaient comme frère et sœur. Telle était la situation de nos peu nombreux personnages au moment où notre récit va entrer dans une phase nouvelle et très intéressante pour Marcel Sauvage.

On était en 1849, vers la fin du mois de mai. On vit un jour arriver à la ferme un homme d'une taille élevée, portant de grands cheveux et une longue barbe qui commençaient à grisonner. Il portait à peu près le costume des montagnards savoisiens; mais par-dessus ses vêtements il s'enveloppait frileusement dans un large et épais burnous de couleur marron, dont le capuchon habituellement relevé sur sa tête laissait difficilement voir ses traits aux lignes sévères, pâles et émaciées. Il portait en bandoullière une espèce de grande musette en toile écrue, en forme de carnier, remplie, disait-on, de mille choses disparates, plantes sèches, flacons de formes bizarres, remplis de liqueurs multicolores, instruments étranges, boîte oblongue en peau de chagrin, fermée à clé. Tout cela le faisait considérer comme un rebouteux et un sorcier par les superstitieux paysans qu'il rencontrait dans la plaine et sur la montagne. Il s'appuyait en marchant sur un de ces longs et solides bâtons de houx terminés par une forte pointe d'acier, et qui sont d'un si grand secours pour les voyageurs qui parcourent les régions abruptes et montagneuses.

Personne ne savait ni d'où venait, ni qui était ce singulier personnage. On ne lui connaissait pas de demeure, mais on supposait qu'il devait être domicilié en Savoie aux environs du village des Échelles. Loin d'ailleurs d'être à charge à ceux qu'il visitait, il leur était souvent utile, soit en donnant un bon conseil, soit en distribuant des médicaments aux malades pauvres, soit même quelquefois en glissant quelque pièce blanche dans la main des nécessiteux.

Tout le monde l'aimait et le respectait malgré ses allures étranges et un peu mystérieuses ; comme on ne savait rien de certain sur son compte et qu'on ignorait jusqu'à son nom, les paysans, quand ils parlaient de lui entre eux, le nommaient *l'homme au burnous* à cause du singulier manteau dans lequel il s'enveloppait. Cette qualification n'avait pas tardé à être généralement adoptée, et bientôt l'étranger ne fut plus désigné autrement. Depuis son apparition dans le pays, l'homme au burnous n'était pas encore venu du côté de la ferme *des Alouettes*. Plusieurs fois, Marcel l'avait rencontré, pendant ses longues courses dans les montagnes ; il avait même, en le voyant herboriser, échangé quelques mots avec lui, de sorte qu'il existait une espèce de connaissance, sinon de liaison, entre eux. Un matin on vit cet homme arriver à la ferme.

Selon son habitude, il était enveloppé soigneusement dans son burnous, marchait très vite et faisait de grandes enjambées en s'appuyant sur son bâton ferré. Jacques Chrétien accueillit le mystérieux personnage d'une façon hospitalière et cordiale ; il le fit déjeûner avec lui, puis, à la surprise générale, le fermier s'enferma avec l'homme au burnous, et tous deux eurent une conversation qui se prolongea pendant plusieurs heures, et à la suite de laquelle Jacques, malgré tous ses efforts pour se contenir, laissa voir sur son visage une émotion singulière.

L'homme au burnous partit comme il était venu ; mais à compter de ce moment, il fit des visites de plus en plus fréquentes à la ferme, dont il devint, pour ainsi dire, un des commensaux ordinaires, de sorte que l'on s'accoutuma à le voir et que, s'il tardait quelque peu à paraître, on s'inquiétait de son absence. Le fermier le voyait toujours arriver avec joie et semblait même lui témoigner une certaine déférence, dont on s'était d'abord un peu étonné, mais qui, avec le temps, finit par sembler toute naturelle.

Dès la première visite de l'homme au burnous à la ferme, Marcel s'était senti une vive sympathie pour cet homme singulier ; cette sympathie se changea rapidement de part et d'autre en une profonde amitié. Bien souvent l'énigmatique étranger rencontrait, tantôt d'un côté, tantôt de l'autre, Marcel et Pierre Morin ; il se joignait à eux, et tous trois faisaient ensemble de longues excursions dans les montagnes. Pendant ces promenades, l'homme au burnous, quand l'occasion s'en présentait, déployait avec une bonhomie presque touchante une connaissance singulière des choses, une solide et vaste érudition, dont il ne faisait pas parade, mais qui profitait grandement à Marcel et lui ouvrait des aperçus et des horizons nouveaux. L'homme au burnous ne venait pas une seule fois à la ferme sans apporter à son jeune camarade — c'est ainsi qu'il nommait Marcel — quelque bon livre que celui-ci dévorait et qui devenait ainsi le prétexte de longues et intéressantes causeries, toujours avantageuses pour le jeune homme. Un matin, Pierre Morin, Marcel et Petiote s'étaient mis gaîment en route dans le but de rencontrer l'homme au burnous, qui, contrairement à ses habitudes, n'avait pas depuis près de quinze jours paru aux Alouettes. Cette longue absence inquiétait Marcel et les autres habitants de la ferme. Jacques Chrétien lui-même semblait soucieux de rester si longtemps sans nouvelles de son singulier visiteur. Marcel et Pierre Morin causaient, ainsi qu'ils le faisaient toujours, lorsque tout à coup Petiote donna de la voix avec fureur et s'avança en faisant des bonds immenses, du côté du Guiers-Mort, dont les promeneurs n'étaient éloignés que d'une portée de pistolet, au plus. En ce moment, le torrent subissait une de ces crues violentes si communes au printemps dans tous les cours d'eau qui descendent des montagnes ; son murmure habituel s'était déjà transformé en un grondement, et les eaux grossissantes bouillonnaient en franchissant avec rage les quartiers de roche qui s'opposaient à leur passage. Marcel, en levant la tête, aux abois stentoriens de sa chienne, aperçut l'homme au burnous engagé dans un gué de la rivière ; or, à ce moment, ce gué n'était plus praticable à cause de l'impétuosité du courant. Ce fait avait sans doute échappé à l'homme au burnous absorbé par ses pensées. Le danger était grand et terrible. Marcel s'élança vers la rivière en criant et faisant des gestes pour attirer l'attention du vieillard et le faire ainsi retourner sur ses pas. Malheureusement le mugissement des eaux rendit inutile ses avertissements, qui ne furent pas entendus. Soudain il poussa un cri de terreur et se précipita en avant en redoublant de vitesse. Le vieillard, s'apercevant sans doute tout à coup du danger qu'il courait, avait essayé de regagner la rive d'où il était parti, mais une pierre minée par les eaux avait roulé sous son pied. Marcel le vit battre pendant un instant l'air de ses bras, puis perdre l'équilibre, tomber à la renverse dans la rivière écumante et disparaître sous les flots.

En ce moment le jeune homme arrivait sur la rive : se débarrassant en un tour de main de tout ce qui pouvait le gêner, il se jeta résolûment à l'eau. La chienne l'avait précédé ; l'intelligente Petiote avait plongé et elle reparaissait faisant de vigoureux efforts pour amener à la rive le vieillard, qu'elle avait happé par son vêtement.

L'homme au burnous avait perdu connaissance. Marcel nagea vers lui et le saisit de façon à maintenir la tête hors de l'eau, en le poussant doucement vers la rive. Mais ce n'était pas là chose facile à cause du courant rapide de la rivière et des tourbillons impétueux que faisaient entre les amas de roches entassées les eaux furieuses du torrent. D'autre part, les berges rocheuses et à pic n'offraient guère prise au courageux nageur. Cependant, grâce à ses efforts combinés avec ceux de sa vaillante chienne, il parvint à déposer à terre le corps inanimé du malheureux vieillard.

Il était temps : les forces de Marcel étaient complètement épuisées ; vingt fois il avait failli être englouti par les eaux ; il tomba sur l'herbe, à demi évanoui auprès de l'homme qu'il avait si bravement sauvé.

Après s'être vigoureusement secouée, en poussant deux ou trois cris joyeux, Petiote s'était mise à lécher le visage de son maître, tandis que Pierre Morin prodiguait ses soins à l'homme au burnous. Marcel revint presque aussitôt à lui et il se joignit à Morin pour secourir le vieillard.

Après un quart d'heure d'angoisses, Marcel eut la joie de voir le noyé donner quelques signes de vie et finalement ouvrir les yeux.

— Cher enfant !... tels furent les premiers mots qu'il prononça avec une indicible expression de tendresse et de reconnaissance. C'est à vous que je dois la vie, je ne l'oublierai pas.

— A moi, et surtout à Petiote, répondit le jeune homme en riant. Sans son aide, je crois que nous serions restés tous deux au fond de la rivière.

— Nous voilà tout mouillés, dit gaîment Marcel. Il faut nous sécher à la ferme. Croyez-vous pouvoir marcher jusque-là? Voici votre bâton que Petiote, qui pense à tout, vient d'aller repêcher. D'ailleurs nous vous soutiendrons.

— Oh! je suis fort maintenant! répondit le bonhomme en se levant. Le trajet est court, je le ferai facilement; du reste, un bain dans cette saison, quoiqu'un peu froid, n'est pas trop désagréable, quand le premier moment de surprise est passé.

— On vient à notre aide, dit Pierre Morin.

— Hé bien! allons au-devant de nos sauveurs, dit en riant l'homme au burnous; de cette façon nous leur prouverons que nous sommes bien vivants.

Et ils se mirent gaîment en route. De la ferme, très rapprochée du Guiers-Mort, Jacques Chrétien avait entendu les cris et s'était aperçu de l'accident; il arrivait en toute hâte avec quelques valets de ferme, pour porter secours aux noyés.

Le retour de Marcel à la ferme fut un véritable triomphe; son père et sa mère adoptifs l'embrassaient et le félicitaient à l'envi de son généreux dévoûment; ils pleuraient de joie et lui prodiguaient les plus douces caresses, que le jeune homme, toujours riant, partageait impartialement avec Petiote, dont il ne cessait de célébrer les louanges.

Quant à l'homme au burnous, profondément touché de ce que le jeune homme avait fait pour lui, il lui témoigna dès ce moment la plus vive affection et le traita comme s'il avait été son fils.

Mais d'autres évènements n'allaient pas tarder à surgir, qui devaient changer en quelques heures la situation jusque-là si heureuse du jeune homme.

CHAPITRE V

Comment Marcel et l'homme au burnous quittèrent les Alouettes pour faire un voyage d'agrément et ce qui s'ensuit.

Depuis l'accident terrible dont il avait failli être victime en traversant le Guiers-Mort, l'homme au burnous s'était pris d'une singulière affection pour Marcel Sauvage. Trois et même quatre fois par semaine, on le voyait arriver aux Alouettes, où il était accueilli de la façon la plus cordiale par le fermier, sa femme, ses ouvriers et ses valets de ferme.

Pierre Morin avait été nommé, grâce à la protection de Jacques Chrétien et d'autres de ses amis, régisseur général d'une immense exploitation agricole, située dans les environs de Grenoble. Cette propriété appartenait à un des plus riches agronomes du département de l'Isère, qui, grâce à sa philanthropie éclairée, avait rendu et rendait encore de très grands services au pays. Marcel avait vu partir son excellent professeur avec un mélange de tristesse et de joie.

Du reste, la joie ne tarda pas à l'emporter dans son cœur sur la tristesse, grâce à l'homme au burnous, qui s'était, de son propre mouvement, chargé de remplacer Pierre Morin près de lui et de terminer cette éducation si bien dirigée et qui, d'ailleurs, avait, depuis longtemps déjà, passé de la théorie à la pratique. En effet, Jacques Chrétien, le jour où son fils adoptif avait accompli sa dix-septième année, avait célébré cet anniversaire par un grand repas, ainsi que c'est la coutume dans ces contrées où les plus humbles comme les plus riches professent un culte pour la gastronomie. Il y avait réuni tous les employés de la ferme, métayers, pasteurs, valets et ouvriers, sans oublier l'homme au burnous, qu'il avait fait asseoir à sa droite, entre lui et sa femme.

Au dessert, le fermier posa la main sur l'épaule de Marcel, placé à sa gauche, et, après avoir trinqué à la santé du héros de la fête, il l'avait solennellement nommé sous-directeur de la ferme des Alouettes, aux appointements de deux mille cinq cents francs par an, avec cinq pour cent dans les bénéfices de l'exploitation.

Cette nomination, devenue nécessaire à cause des agrandissements successifs faits par le fermier, fut accueillie avec des cris de joie par tous les assistants. Ceux-ci, en effet, avaient eu mainte occasion d'apprécier la bonté de cœur du jeune homme, son intelligence et ses vastes capacités ; quand on considérait l'âge encore si tendre du nouveau sous-directeur, on pressentait que son expérience ne ferait qu'augmenter chaque jour.

Le lendemain, Marcel entra en fonctions, et la ferme reprit son aspect accoutumé. Mais bientôt l'influence intelligente et sympathique du jeune sous-directeur se fit sentir, et Jacques Chrétien se félicita de jour en jour davantage du choix qu'il avait fait pour lui venir en aide. Quelques mois se passèrent ainsi.

Le jeune homme avait formé certains plans d'amélioration qu'il se proposait d'appliquer dans la ferme. Il les exposa à l'homme au burnous, les discuta avec lui et lui montra les lettres qu'il recevait de Pierre Morin. Ces plans étaient bons, avantageux et d'une exécution facile. Mais Marcel ne voulait rien risquer sans avoir la certitude de réussir. Il lui fallait, pour cela, aller passer quelques jours auprès de son ancien professeur, s'identifier avec ces améliorations si prônées, les faire siennes et pouvoir ainsi les appliquer sans tâtonnements et avec une certitude de succès.

L'homme au burnous approuva les hésitations du jeune homme; il le félicita de sa modestie et l'engagea vivement à confier à son père adoptif ses projets, qui auraient sans aucun doute son approbation. Il lui promit d'user de sa propre influence pour appuyer sa requête, et d'être son compagnon de route jusqu'à l'exploitation dont Pierre Morin était régisseur. Tous deux resteraient là dix ou quinze jours, ainsi que, dans chacune de ses lettres, l'ancien et aimé professeur le demandait.

La requête de Marcel fut favorablement accueillie par Jacques Chrétien. Il remit à son fils adoptif l'argent nécessaire pour acquérir les graines et les outils dont il trouverait à propos d'enrichir la ferme, lui recommanda surtout de ne pas faire d'économies mal entendues et de profiter de son voyage à la ville pour remonter sa garde-robe.

Le lendemain, au lever du soleil, Marcel, après avoir embrassé à plusieurs reprises ceux qui lui tenaient lieu de famille, quitta la ferme en compagnie de l'homme au burnous.

La distance entre les Alouettes et Grenoble est de sept ou huit heures, suivant l'itinéraire qu'on choisit. La voie la plus commode eût été de passer par Saint-Laurent-du-Pont et Voiron. La plus courte était de remonter le Guiers-Mort jusqu'au Désert et de descendre à la ville par le Sappey. On renonça à la première voie parce qu'elle était la moins pittoresque, à la seconde parce que les deux voyageurs, l'ayant faite cent fois, la connaissaient à fond. Ils choisirent un chemin plus long et résolurent de se diriger sur Grenoble en passant par Saint-Jean-d'Entremont, l'Alpette et la vallée du Graisi-

vaudan. Des citadins auraient reculé devant cet itinéraire, qui ne parut qu'une promenade agréable aux deux
vigoureux montagnards, accoutumés à courir par monts
et par vaux, à travers les chemins les plus difficiles. Ils
étaient d'ailleurs convenus de faire le trajet à pied, le
sac sur le dos, afin de jouir, dans toute leur splendeur,
des accidents pittoresques de la route et des admirables
paysages qui se dérouleraient sous leurs yeux comme
un magique caléidoscope.

Ce n'avait pas été sans un serrement de cœur secret
que le jeune homme s'était éloigné de la ferme. C'était
la première fois qu'il entreprenait un si long voyage et
qu'il allait faire une absence si prolongée. Il se sentait,
malgré lui, en proie à une sourde tristesse, et un caractère moins bien trempé eût vu là un sombre pressentiment. Il avait une religion trop éclairée et un esprit
trop ferme pour se laisser aller à ces faiblesses ; il réagit contre une tristesse que rien ne justifiait, et, après
quelques pas, il reprit toute sa gaîté sereine. Tout à
coup, de formidables aboiements se firent entendre ; il
tourna la tête et aperçut, arrivant à pleine course,
Petiote, sa belle chienne du Saint-Bernard, qu'il n'avait
pas voulu emmener, et qu'il avait attachée à son départ.
La pauvre bête avait tant pleuré en voyant s'éloigner
son maître, que Jacques Chrétien s'était senti ému et lui
avait rendu la liberté. Dans le premier moment, le jeune
homme voulut renvoyer l'animal à la ferme ; il lui in-
tima même l'ordre de retourner sur ses pas d'un ton
sec et fâché, que jamais, jusqu'alors, il n'avait pris avec
elle. Mais la bonne bête se roula en pleurant à ses pieds.
Elle fixait sur lui un regard si suppliant et si doux qu'il
ne put y résister. Comme son père adoptif, il se laissa
attendrir et céda d'autant plus volontiers que son compagnon de route prit parti pour Petiote et intercéda vivement en sa faveur.

— C'est bien, mademoiselle, dit Marcel en la flattant

doucement ; puisque notre vieil ami le désire ; vous me suivrez, mais soyez sage !

— Vous avez raison de pardonner à Petiote, dit en souriant l'homme au burnous. Il ne faut jamais dédaigner même les plus humbles dévoûments. L'amitié d'un pauvre chien est souvent plus précieuse que celle d'un homme.

— Oh ! mon vieil ami, dit gaîment le jeune homme, vous n'êtes pas, il me semble, en veine de tendresse pour l'humanité !

— C'est que ma vie est déjà longue, répondit le vieillard en hochant la tête ; j'ai appris à connaître les hommes, et, pour un bon sujet, j'en ai trouvé cent de foncièrement mauvais. Le chien, c'est autre chose ! il suit son instinct, qui est fait de noblesse et de dévoûment. Vous comprendrez plus tard cette vérité ; l'expérience, cette rude maîtresse, vous fera connaître les péripéties de cette impitoyable bataille de la vie : là, chacun combat pour soi, prêt à tout faire pour écraser l'adversaire qui lui fait ombre !... Le chien, lui, si doux, si bon, si dévoué, a fait dire en riant à un grand penseur fantaisiste : « Ce qu'il y a de meilleur dans l'homme, c'est le chien. » Si quelque jour, ce dont Dieu vous garde, mon jeune camarade, vous avez besoin du dévoûment de Petiote, vous reconnaîtrez l'exactitude de cet aphorisme.

— Je l'admets dès à présent, mon vieil ami, dit en riant le jeune homme. Mais voyez donc quel admirable paysage.

Un silence complet s'établit alors entre eux. Peu après avoir quitté le village d'Entre-deux-Guiers, ils avaient, en suivant le Guiers-Vif, atteint la base des hautes montagnes entre lesquelles il s'est tracé son cours. Ils s'étaient alors engagés dans un véritable sentier de chèvres, où ils avaient besoin de toute leur adresse et d'une attention soutenue pour ne pas perdre l'équilibre et ne pas rouler au fond de l'abîme, qu'ils côtoyaient à une hauteur vertigineuse.

Ce sentier, car le nom de route ne pouvait lui être appliqué, se nommait le *Grand-Frou* (Grand-affreux) et longeait la crête des montages aux pieds desquelles coule le torrent.

Les deux compagnons s'étaient donc engagés sur ce chemin abrupte, dont ils sortirent sains et saufs, grâce à leur adresse, à leur agilité de montagnards et surtout aux longs bâtons ferrés sur lesquels ils s'appuyaient. Quant à Petiote, elle courait en avant avec une désinvolture aussi grande que si elle eût trotté en rase campagne. Après avoir gagné, non sans fatigue, le village et la vallée d'Entremont, les voyageurs s'engagèrent dans d'étroits sentiers qui grimpent en lacets le long de l'Alpette ; puis ils descendirent du côté de la riche et plantureuse vallée du Graisivaudan, dont l'aspect, véritablement enchanteur, arrachait à Marcel des cris d'enthousiasme.

Ils s'arrêtèrent alors, car ils reconnurent qu'il leur était matériellement impossible d'arriver à Grenoble avant la nuit close.

— Que pensez-vous, dit l'homme au burnous à Marcel, de cette charmante maisonnette avec ses volets en sapin *tout flambants neufs*, et dont les murs disparaissent sous les rameaux feuillus d'un immense pied de vigne ; vous voyez, là, ce délicieux réduit qui s'élève à mi-côte et qui se chauffe aux derniers rayons du soleil couchant ?

— Sur ma foi, mon ami, son aspect me semble réjouissant, bien qu'elle soit loin d'être la plus somptueuse de la vallée.

— Alors, allons frapper à sa porte.

La maisonnette n'était éloignée que d'une portée de fusil au plus. Quelques minutes suffisaient pour s'y rendre. Plus Marcel se rapprochait de cette demeure, plus il la trouvait à son gré. Les habitations ont leur physionomie comme les hommes. Les unes ont l'aspect sinistre ; elles font naître un sentiment de crainte et de répulsion et semblent suer le meurtre ; d'autres sont tristes, gourmées, hautaines ; d'autres encore sont gaies, joyeuses ; beaucoup respirent l'honnêteté, le calme et la bonté. Celle vers laquelle se dirigeaient les voyageurs appartenait à cette dernière catégorie.

— On doit être bon et hospitalier, dans cette maison, ne put s'empêcher de dire Marcel.

Au moment où ils allaient frapper, la porte s'ouvrit toute grande, et une femme, jeune et belle encore, parut, le sourire sur les lèvres, un enfant dans les bras et un autre marmot blond et rose pendu à son tablier. Un magnifique chien du Mont-Saint-Bernard semblait lui servir de garde du corps.

En apercevant le vieillard, le chien s'élança joyeusement vers lui, remuant la queue en signe d'allégresse ; puis, il alla souhaiter une bienvenue amicale à Petiote.

— Je vous ai vus arriver, dit la jeune femme d'une voix douce et mélodieuse, en échangeant à la dérobée un regard d'intelligence avec le vieillard. Vous coucherez et vous souperez ici avec votre ami, n'est-ce pas ? Mon mari ne me pardonnerait pas de vous avoir laissé aller plus loin.

— Nous resterons, puisque cela vous fait tant de plaisir, dit gracieusement l'homme au burnous. Je ne veux pas qu'à cause de moi vous soyez grondée par Jérôme, ma bonne Magdeleine !

— Merci, monsieur, dit-elle avec sentiment. Vous êtes bon, comme toujours... Mais entrez donc !

— C'est bien, répondit le compagnon de Marcel en posant un doigt sur ses lèvres ; moi aussi, croyez-le, je suis heureux de vous voir, surtout si tout marche à votre gré.

En parlant ainsi, le vieillard et son jeune ami avaient pénétré dans la maison hospitalière.

En un tour de main, la jeune femme avait remis le plus jeune de ses enfants dans son berceau, posé l'autre à terre, sur une peau d'ours, où il se roulait joyeusement avec les deux énormes molosses, puis elle avait débarrassé les deux hommes de leurs sacs et de leurs bâtons, avait remis du bois au feu et installé commodément les voyageurs de chaque côté de l'âtre, tout en répondant à la dernière question du vieillard.

— C'est une bénédiction, monsieur ; tout nous réussit ; mon homme ne sait à qui entendre, tant on le demande de tous les côtés.

— Tant mieux ; cela me fait plaisir, dit le vieillard. Jérôme est un honnête homme, un laborieux ouvrier. Vous méritez tous deux le bien qui vous arrive.

— Oh ! nous savons à qui nous devons attribuer ce bonheur constant, dit la jeune femme en jetant un regard où brillaient des larmes de reconnaissance sur l'homme au burnous.

— Est-ce que votre homme est absent ? se hâta de demander le vieillard.

— Il ne tardera pas à rentrer, dit-elle avec un certain embarras. Il est allé tirer un coup de fusil dans la montagne ; le gibier est à foison en ce moment, et.....

— Très bien ! dit le vieillard en interrompant sans cérémonie la jeune femme ; faites vos affaires sans vous occuper de nous, Magdeleine ; nous attendrons le retour de votre homme en nous chauffant devant cette bonne flambée de sapin.

— C'est ça ! dit-elle gaîment, je vais préparer vos chambres.

Elle prit le bagage des voyageurs et sortit, joyeuse.

— Eh bien ? demanda le vieillard à Marcel, quand ils furent seuls. Que pensez-vous de la façon dont on nous a reçus, mon jeune camarade ?

— Je suis dans l'enchantement, tout simplement. Jamais je n'ai vu une réception aussi franche et aussi cordiale. Tout ici respire la joie et le contentement. Certes! la demeure est modeste, les meubles de peu de valeur, mais tout est propre, soigné et entretenu avec soin. Si le mari est un ouvrier laborieux, la femme doit être une excellente ménagère.

— Vous la jugez bien, mon ami! C'est une douce et digne créature ; le ménage de ces braves gens est le plus uni que je connaisse. Bien que très pauvres, ils trouvent encore le moyen de soulager de plus pauvres qu'eux, et cela sans ostentation, naturellement poussés par leur bon cœur, aussi tous les habitants de la vallée les estiment et les respectent.

— Messieurs, vos chambres sont prêtes à vous recevoir, dit la jeune femme en rentrant dans la pièce ; vous n'avez plus que quelques minutes à attendre pour vous mettre à table. Mon homme sera bientôt ici ; je l'ai, d'en haut, aperçu descendant la montagne. Il a fait, je crois, une excellente chasse, car son carnier est gonflé de gibier.

— Mais, ma bonne Magdeleine, cela était inutile. Cette soupe aux choux qui chante dans l'âtre et qui embaume la maison, ce jambon fumé, nous auraient suffi amplement.

— C'est possible, monsieur, reprit-elle avec un sourire affectueux ; mais cela ne nous suffit pas, à nous ! Les hôtes qui entrent dans une maison sont les envoyés de Dieu ! Ils doivent être traités en conséquence. D'ailleurs, ces provisions étaient nécessaires, car, certainement, nous ne vous laisserons pas partir demain sans avoir déjeûné.

— Oh! c'est impossible, se récria l'homme au burnous ; nous voulons arriver de bonne heure à Grenoble.

— Bah! rien n'empêche! D'ailleurs, vous causerez de cela avec mon homme. Tenez! justement, le voici !

En effet, au même instant, la porte s'ouvrit, et le mari entra, gaillardement et l'air joyeux.

Jérôme était un grand et solide montagnard, taillé en athlète, âgé de trente-cinq à trente-six ans au plus, aux cheveux blonds et à la barbe fauve, dont la physionomie ouverte et franche respirait la bonté et la force.

— Salut, monsieur... et votre compagnie, dit-il, avec une légère hésitation, bien qu'avec une entière franchise, en soulevant le bonnet de laine qui couvrait sa tête et saluant les étrangers avec bonne humeur ! Soyez les bien arrivés dans ma pauvre maison, et restez-y le plus longtemps possible, si vous tenez tant soit peu à nous être agréables. Et, se tournant vers sa femme, il ajouta en lui tendant son carnier :

— Tiens, femme, il y a là deux lièvres et un chapelet de grives et de gélinottes. Vois à nous fricasser quelque chose en un tour de main, pour honorer nos hôtes pendant que je mettrai le couvert et que je descendrai à la cave.

Après avoir embrassé ses enfants, le brave homme se mit en mesure de dresser la table avec un soin et une attention qui témoignaient de son désir de plaire à ses hôtes.

Magdeleine avait disparu, emportant le carnier, et, une demi-heure plus tard, on se mettait à table.

Magdeleine avait accompli des miracles. Le repas fut excellent. Il y avait surtout un petit vin un peu vert, mais fort bon, et qui, au dire de Jérôme, se laissait boire comme du petit lait.

Le dîner se prolongea assez tard, et il fut convenu que les voyageurs déjeûneraient avant de partir, mais que, pour réparer le temps perdu, Jérôme conduirait dans sa carriole ses hôtes jusqu'à Grenoble.

Le lendemain, après un matinal et plantureux déjeûner, l'homme au burnous et Marcel prirent affectueusement congé de leur charmante hôtesse, qui semblait les voir partir avec peine ; puis ils s'installèrent dans la carriole. Jérôme fouetta son cheval, et ils s'éloignèrent au grand trot dans la direction de la ville, précédés de Petiote, qui galopait en avant.

Le trajet était court, la route belle et toute pleine de senteurs balsamiques des fleurs printanières. Le cheval était vigoureux ; un peu avant onze heures, ils atteignirent Grenoble. Jérôme s'arrêta devant l'auberge du *Soleil d'or*, dont le propriétaire était son ami.

Les voyageurs descendirent ; on but un coup ; puis, l'homme au burnous et Marcel firent leurs adieux à Jérôme, qui repartit aussitôt pour regagner sa maisonnette.

Les deux compagnons laissèrent leurs sacs à l'auberge, afin d'être plus dispos et plus libres de leurs mouvements, et ils commencèrent à visiter la ville ; l'homme au burnous servait de cicérone à son jeune compagnon.

Nos touristes se promenèrent pendant plus de trois heures à travers les rues, et admirèrent les monuments.

Marcel s'extasia sans restriction à la vue de la vieille église de Saint-Laurent, bâtie au XIe siècle, et que la bizarrerie des sculptures extérieures de son abside fait prendre pour un ancien temple d'Esculape. Il admira l'église Saint-André et sa tour carrée de trente mètres de hauteur. Il visita le palais de justice et fut surtout ravi en regardant les tableaux que renferme le musée. Le théâtre, l'hôtel de la banque, l'école d'artillerie, l'hospice, la place Grenette et son château-d'eau, la place Saint-André avec sa belle statue de Bayard mourant, attirèrent successivement son attention et forcèrent son admiration.

Marcel ne se serait jamais fatigué, et sa curiosité était encore loin d'être satisfaite, quand l'homme au burnous lui fit observer, doucement et à plusieurs reprises, que la journée s'avançait, et qu'ils avaient encore près de deux lieues à faire avant d'arriver au lieu de leur destination.

Le jeune homme céda enfin avec un soupir de regret aux instances réitérées de son ami, et ils reprirent le chemin de l'auberge du *Soleil d'or*. En passant devant un libraire, Marcel, voulant emporter un souvenir de la ville à laquelle il se promettait de faire prochainement une nouvelle visite, acheta un manuel pratique d'agriculture, quelques mains de papier, des plumes, de l'encre et une demi-douzaine de crayons. Après avoir fait une légère collation, car cette longue promenade leur avait donné de l'appétit, les deux hommes reprirent leurs sacs et leurs bâtons ferrés et se remirent en route.

Le trajet se fit gaîment, en causant ; et, un peu avant cinq heures, ils virent apparaître à quelques centaines de mètres en avant d'eux un immense bâtiment d'apparence grandiose, bordé à droite et à gauche de hautes murailles qui s'étendaient si loin qu'on n'en apercevait pas le bout.

— Nous voici arrivés, dit l'homme au burnous en désignant le bâtiment avec son bâton.

— Déjà ! répondit naïvement le jeune homme. Comme le temps a passé vite !

Comme ils étaient arrivés devant un guichet percé dans une haute et massive porte cochère, l'homme au burnous saisit le marteau, le souleva et le laissa retomber à deux ou trois reprises différentes. Le guichet s'ouvrit aussitôt.

— Que désirez-vous, messieurs ? demanda poliment un homme âgé d'une quarantaine d'années, et qui se tenait debout sur le seuil d'une charmante maisonnette. Mais, avant que les voyageurs eussent eu le temps de répondre, il poussa un cri de surprise, aussitôt réprimé par un geste rapide de l'homme au burnous, et ôta respectueusement sa casquette.

— Nous désirons parler à M. Pierre Morin, le régisseur de ce domaine, reprit Marcel, qui n'avait pas remarqué l'espèce d'entente si rapidement établie entre son compagnon de route et le concierge.

— Si voulez me suivre, messieurs, reprit ce dernier en s'inclinant, j'aurai l'honneur de vous conduire moi-même près de M. le Régisseur.

Le concierge ferma la porte de sa maisonnette et précéda les deux visiteurs.

CHAPITRE VI

Dans lequel il est prouvé qu'en voyage, si l'on sait où l'on veut aller, on ignore très souvent où l'on arrive.

Le concierge se dirigea, suivi par les deux voyageurs, vers un immense bâtiment composé de plusieurs corps de logis séparés entre eux par de vastes cours. Ce bâtiment, qu'on appelait la ferme ou l'exploitation, renfermait les écuries, les étables, la laiterie, les pressoirs, la buanderie, les fours, les magasins, les granges, etc., etc., le tout établi dans des conditions parfaites d'hygiène et de confort.

A peine si les ouvriers, entièrement absorbés par leur besogne, jetaient un regard sur les nouveaux venus qui passaient près d'eux.

Marcel n'avait jamais rien vu de pareil au spectacle qui se déroulait sous ses yeux. Il n'avait pas encore imaginé une telle activité et un tel déploiement de moyens matériels et intellectuels, mis, d'une façon si simple, au service d'une pensée unique de bien-être et de progrès.

Pour la première fois, l'immense puissance de l'industrie et du commerce, qui concentrent toutes les forces vives de la nature et de la science dans le but d'enrichir une nation et d'établir sa prépondérance sur des bases indestructibles, lui apparaissait. Ses yeux s'ouvraient, son cerveau bouillait ; il était en proie à une admiration qu'il n'essayait même pas de dissimuler. Du reste, cela lui aurait été impossible. Il restait immobile et stupéfait devant ces machines-outils, dont la plupart lui étaient inconnues et destinées à remplacer le travail manuel et à accomplir en une heure la tâche que vingt hommes laborieux, remplis de vigueur, n'auraient pu faire en un jour. Il pensait à la modeste ferme des Alouettes, en progrès elle aussi pourtant, mais dont les moyens d'action restreints s'oubliaient ici. Il comprenait que quinze jours passés dans cette magnifique exploitation lui révèleraient un monde nouveau et donneraient un corps aux pensées qui, depuis longtemps déjà fermentaient dans son esprit.

Au centre d'un magnifique jardin maraîcher s'élevait une maison assez grande, composée de deux étages surmontés de mansardes et affectant la forme d'un pavillon d'une architecture simple, mais pleine de goût. C'est vers cette maison que le guide conduisait les deux voyageurs. Après avoir monté les quelques marches d'un élégant perron double fait de cette pierre rose des Alpes qui de loin ressemble à du marbre, les voyageurs pénétrèrent dans la maison, dont la porte, ouverte à deux battants, semblait inviter à entrer. Ils firent quelques pas dans un vaste corridor, puis le concierge ouvrit une porte et leur dit ces deux mots :

— C'est ici.

Il se rangea de côté et introduisit les visiteurs dans

un grand cabinet de travail où plusieurs jeunes gens écrivaient, les uns debout devant des pupitres Tronchin, les autres assis à des tables chargées de papiers et de registres. Les voyageurs ne firent que traverser cette pièce, le concierge s'arrêta devant une seconde porte, qu'il ouvrit en s'inclinant.

Marcel et l'homme au burnous entrèrent.

Ils se trouvèrent alors dans un second cabinet, moins vaste que le premier, simplement, mais confortablement meublé. Un homme était assis derrière une table-bureau encombrée de papiers de toute sorte et écrivait d'un air affairé. Au bruit de la porte se refermant, cet homme leva la tête. C'était Pierre Morin. En apercevant Marcel, il poussa un cri de joie, jeta sa plume, se leva, et se hâta d'aller au-devant de lui. Marcel eut peine à le reconnaître. En effet, Pierre Morin était bien changé, ce n'était plus le même homme ; en quelques mois, il s'était, pour ainsi dire, transfiguré.

Marcel avait en face de lui un homme aux traits mâles et accentués, dont le regard rayonnant d'intelligence respirait la bonté, la confiance en soi, la certitude de sa valeur.

— Te voilà donc arrivé enfin, mon ami ! dit Pierre Morin en embrassant Marcel ! Je suis bien heureux de te voir. J'espère que tu resteras quelque temps avec moi, n'est-ce pas ?... Mais réponds-moi donc, embrasse-moi ! Est-ce que tu ne m'aimes plus ?

— Oh ! peux-tu le penser ? s'écria Marcel en l'embrassant avec effusion. Mais... il hésita.

Pierre Morin sourit.

— Je devine, s'écria-t-il gaîment. Je suis donc bien changé, que tu hésites à me reconnaître ? Croirais-tu par hasard qu'en changeant de position et de fortune j'aie pu changer de cœur ? Détrompe-toi, Marcel ; je suis toujours le même : je t'aime peut être aujourd'hui plus que je ne t'ai jamais aimé. Puis-je oublier que c'est à Jacques Chrétien, ton brave père adoptif, et par conséquent à toi, que je dois ce que je suis maintenant. Aussi, quoi qu'il advienne, lui et toi vous serez toujours mes meilleurs amis.

— A la bonne heure ! Je te reconnais, Pierre. J'ai eu tort de douter de toi. Que veux-tu ? je ne suis qu'un paysan dégrossi, ne sachant rien du monde ; ton costume et tes manières élégantes m'avaient intimidé ; mais c'est fini, embrasse-moi encore une fois pour me prouver que tu ne m'en veux pas.

— Oh ! de grand cœur, s'écria Pierre Morin, en le serrant dans ses bras. Tu me restes, n'est-ce pas ?

— Oui ! Je viens exprès pour passer une quinzaine de jours avec toi.

— Bon ! je ne discute pas en ce moment ; plus tard, nous verrons à te retenir plus longtemps. Quelle bonne idée tu as eue d'amener Petiote ! Je suis tout heureux de revoir cette fidèle compagne de nos belles excursions.

— Notre vieil ami que tu vois, reprit Marcel en désignant l'homme au burnous, et grâce à qui je suis venu jusqu'ici, car mon ignorance absolue des chemins m'aurait rendu la course impossible, te dira que mon absence des Alouettes ne peut se prolonger au delà de quinze jours ou trois semaines au plus. On a besoin de moi là-bas.

— En effet, dit le vieillard, Jacques Chrétien serait inquiet si son fils adoptif tardait trop à revenir.

— S'il en est ainsi, je n'insiste pas davantage. Ta chambre t'attend depuis longtemps, Marcel, reprit le régisseur. Je t'ai installé près de moi afin que nous puissions causer tout à notre aise, comme nous le faisions là-bas, à la ferme, tu sais ?

— Oh ! je n'ai rien oublié, je te remercie de cette attention. Et notre ami, où le mettras-tu ?

— Où il lui plaira ! D'ailleurs, ajouta le régisseur en

souriant, il n'est pas embarrassé, tout le monde le connaît et l'aime ici.

— Ne vous inquiétez pas de moi, reprit l'homme au burnous, je ne puis rester. Je repartirai ce soir même après le souper pour les Alouettes. Je veux prévenir Jacques Chrétien qu'il n'attende pas Marcel avant un mois et lui raconter les épisodes de notre excursion.

— C'est cela ! dit joyeusement Pierre Morin. Sois tranquille, Marcel, ce mois ne sera pas perdu pour toi.

— Je le sais bien ; dit Marcel, d'après ce que j'ai vu, rien qu'en traversant les bâtiments d'exploitation, j'ai reconnu combien je suis encore ignorant.

En ce moment la conversation fut interrompue par une cloche dont le son grave annonçait la cessation des travaux. Le soleil venait de disparaître sous l'horizon.

Les trois hommes se levèrent. Le souper terminé, l'homme au burnous, après une courte causerie, s'assura que Marcel serait confortablement installé dans une chambre communiquant à celle de Pierre Morin ; puis il prit congé du régisseur et de Marcel, qui le chargea d'une foule de compliments pour son père et sa mère adoptifs ainsi que pour tous les habitants des Alouettes. Le vieillard reprit son bâton ferré et son sac et quitta la ferme.

Marcel avait remarqué que, pendant le trajet assez long qu'ils avaient fait pour atteindre la porte de la ferme, tous les valets, les ouvriers et les employés quels qu'ils fussent de l'exploitation qu'ils avaient rencontrés sur leur chemin s'étaient découverts devant l'homme au burnous et l'avaient salué avec l'apparence du plus grand respect. Ce fait singulier avait surpris le jeune homme qui, revenant en compagnie de Pierre Morin, lui en fit l'observation. Le régisseur eut un bon sourire.

— C'est vrai, dit-il, tout le monde l'aime et le res-pecte ici. Il n'est personne de nous qui n'ait reçu quelque service de l'homme au burnous. Ce que tu as remarqué est donc de la reconnaissance ; de plus il est très estimé du propriétaire du *Beau-Revoir*.

— Beau-Revoir ? Qu'est-ce cela, s'il te plaît ?

— C'est juste ! tu l'ignores. *Beau-Revoir* ou *Refuge*, tels sont les noms de notre ferme.

— Beaux noms bien significatifs et qui me semblent bien justifiés, reprit le jeune homme d'un ton convaincu.

Un quart d'heure plus tard, le jeune homme, avec cette insouciance de son âge, dormait à poings fermés dans un excellent lit.

Petiote, selon son invariable habitude, après avoir caressé son maître, s'était étendue sur la descente de lit et s'était aussitôt endormie.

Marcel, bienveillant et d'un commerce facile comme il était, ne tarda pas à être jugé à sa véritable valeur. Deux jours à peine après son arrivée à Beau-Revoir, il comptait autant d'amis que la ferme avait d'habitants. Tous étaient émerveillés du savoir du jeune homme, de son énergie, de sa force, de son adresse, de son habileté en toute chose et surtout de sa modestie.

Lorsque s'approcha le jour où Marcel devait quitter Beau-Revoir, ce fut une tristesse générale à la ferme, tant le jeune homme avait réussi à se faire aimer par tous ces braves gens.

La veille du jour arrêté pour son départ, Marcel, après son dîner, rentra dans sa chambre afin de faire ses préparatifs de départ.

Il chercha son sac, mais ce fut en vain. Ne le trouvant pas, il était assez embarrassé et ne savait à quoi attribuer cette incompréhensible disparition, quand Pierre Morin entra, tenant de la main droite un énorme sac en peau, considérablement gonflé, et de la main gauche, une gibecière non moins pleine.

— Voilà ce que tu cherches, dit Pierre Morin en riant, ne sois plus inquiet.

— Mais cela n'est pas à moi, s'écria Marcel.

— Si ! c'est ton sac, puisque je te le donne. L'autre était beaucoup trop petit pour ce que tu as à emporter.

— Ah ! fit Marcel, mais cette gibecière, d'où sort-elle ?

— Elle est à toi aussi, ne t'inquiète de rien. J'ai moi-même placé tes vêtements dans le sac ; j'y ai joint quelques objets qui feront plaisir à la ferme ; tout est en ordre, tu n'as plus qu'à dormir sur tes deux oreilles. C'est un peu lourd, en vérité, avec les quelques outils de forme nouvelle que tu porteras en sautoir ; mais je sais combien tu es vigoureux ; j'ai d'ailleurs trouvé le moyen de t'éviter jusqu'à un certain point une trop grande fatigue.

— Bon, lequel ? demanda gaîment Marcel.

— Il y avait celui de prendre une route carrossable et de partir pour Voiron, mais puisque ton amour du pittoresque te force à renoncer à ce chemin de tout le monde, je te ferai conduire en carriole jusqu'au point de la vallée du Grésivaudan où commencera ton ascension alpestre. Ce ne sera qu'un jeu pour toi.

— Mais ce chemin-là, je ne le connais pas !

— C'est juste.

— Tu vois bien !

— Bah ! le premier montagnard venu te l'indiquera.

— Alors tout va bien. Je prierai mon ami Jérôme de me l'indiquer. Il doit savoir cela sur le bout du doigt, lui, le rude coureur des montagnes.

— De quel Jérôme parles-tu ? Est-ce du mari de la Magdeleine ?

— Oui, de celui-là même.

— Tu le connais donc ?

— C'est dans sa maison que j'ai reçu l'hospitalité et

qu? j'ai couché avec l'homme au burnous quand je suis venu ici.

— Ah ! je comprends, tu ne peux mieux t'adresser ! Au besoin, si tu le désires, il t'accompagnera.

— Non pas ! je veux retourner seul.

— A ton aise ; en somme, tu as raison ! A propos, j'ai aussi acheté pour toi une limousine, c'est chaud et inusable.

— Merci mille fois, mon ami ; mais dis-moi au moins...

— Rien ! je veux te laisser le plaisir de la surprise, il y a des choses pour toi, d'autres pour la ferme. Promets-moi de ne pas ouvrir ton sac avant d'être arrivé.

— Puisque tu l'exiges, je te le promets.

— Très bien ! me voici tranquille. La carriole te conduira directement jusqu'à la maisonnette de Jérôme. De cette façon tu arriveras frais comme une rose chez ton ami. Maintenant, bonsoir, dors bien et demain je t'éveillerai avant le lever du soleil.

— Bonsoir, Pierre, et encore une fois merci !

Les jeunes gens s'embrassèrent, puis ils se séparèrent pour la nuit. Marcel se coucha et ne fit qu'un somme jusqu'au lendemain matin. Une main se posa sur son épaule et lui fit ouvrir subitement les yeux.

C'était Pierre Morin, qui, selon sa promesse, venait l'éveiller.

Le jeune homme sauta de son lit et s'habilla.

Une demi-heure plus tard, il était assis en face de son ami à une table chargée de pain, de fromage de Saint-Marcelin et de fromage de Sassenage au persillé si appétissant, de lait, de saucisson, de jambon et de vin.

Ce déjeûner impromptu terminé, — et ce fut l'affaire d'un quart d'heure à peine, — les jeunes gens quittèrent la table et descendirent dans la première cour, où la carriole attendait.

— Es-tu prêt ? demanda Pierre Morin.

— Certes, je n'attends plus que le cocher.

— Le voici, dit le régisseur en riant et se plaçant près de lui en même temps qu'un valet de ferme s'asseyait dans le fond auprès de Petiote.

Tous les assistants crièrent un dernier adieu et le cheval s'élança.

Vers neuf heures et demie du matin, la carriole s'arrêta devant la maisonnette de Jérôme.

Celui-ci était sur le seuil de sa porte, la pipe à la bouche.

— Soyez les bienvenus, dit-il, d'un ton de bonne humeur. J'espère que vous ne refuserez pas de vous arrêter une heure ou deux à mon foyer, et, se penchant vers l'intérieur, il ajouta :

— Eh ! femme, viens ici, Madeleine ; voici des amis qui nous arrivent.

— Me voilà, me voilà ! mon homme, répondit de loin la voix de la jeune femme.

Petiote s'était d'un bond élancée par terre : elle sautait et gambadait autour des trois hommes, sans doute pour se dégourdir les jambes.

En ce moment Madeleine accourut souriante et empressée. Elle semblait heureuse de cette visite ; son premier mot fut :

— Vous déjeûnerez avec nous, n'est-ce pas ?

— C'est convenu, femme, dit Jérôme joyeux, tout en s'occupant à dételer le cheval de la carriole.

— Comment convenu, se récria Marcel ?

— Tout ce qu'il y a de plus convenu, reprit-il sur le même ton. J'ai réglé cela ainsi ; souvenez-vous, Monsieur Marcel, que charbonnier est maître chez lui. Prenez-en donc votre parti. Hue ! cocotte.

— Quel affreux tyran ! s'écria Pierre Morin avec un sourire.

— A qui le dites-vous, Monsieur? fit Madeleine sur le même ton.

Madeleine, laissant les trois hommes causer entre eux auprès de la cheminée, tout en buvant comme apéritif une goutte de china-china, alla s'occuper du déjeûner.

Disons en passant que le china-china est une excellente liqueur qu'on fabrique à Voiron et qu'on connaît fort peu à Paris, où elle ferait pourtant la joie des gourmets et des véritables amateurs.

— Eh! monsieur Marcel, dit Jérôme, il paraît que vous avez fait des acquisitions considérables là-bas. Vous avez un sac et une gibecière qui à eux deux pèsent bien quatre-vingts livres.

— C'est un peu lourd en vérité, dit Marcel; mais après tout, je ne vais pas au bout du monde.

— Bah! qu'est-ce que c'est que quatre-vingts et même cent livres pour un gars solide et découplé comme vous?

— Vous vous trompez, ami Jérôme, fit le régisseur. J'ai pesé moi-même les bagages qui, tout compris, ne dépassent pas soixante livres.

Si l'on y joint un fusil double dans son étui que Marcel attachera derrière son sac et quelques outils qu'il emporte, le tout n'atteindra pas cent livres.

— Un fusil! s'écria Marcel avec surprise.

— C'est vrai! J'avais oublié de t'en parler. Tu n'as qu'un mauvais fusil, presque hors de service. J'ai voulu réparer cette lacune, d'autant plus que je te sais un fin et adroit chasseur.

— Merci, mille fois, mon ami, mais...

— Laisse donc! interrompit en riant l'ancien professeur. Je suis comme mon ami Jérôme, moi! Quand une fois je me suis mis une chose en tête, je n'en démords plus. D'ailleurs, ce fusil est une arme excellente. Il est de Lepage.

— Hé ! mon ami, j'ai entendu souvent parler de Lepage ; je sais que les armes qui sortent de ses ateliers sont sans rivales. Cependant, il me semble que ce cadeau...

— Te plaît et tu l'acceptes ! Au nom de notre vieille amitié, c'est entendu, interrompit vivement Pierre Morin. C'est donc affaire conclue : causons d'autre chose.

On trinqua, et à dix heures on se mit à table. Tout en mangeant, Jérôme avait indiqué clairement la route que Marcel devait suivre pour atteindre Saint-Pierre-de-Chartreuse, d'où la route jusqu'aux Alouettes lui était familière.

Après le déjeûner, Jérôme alla mettre le cheval à la carriole, tandis que Pierre Morin et Marcel échangeaient leurs adieux et se promettaient de se revoir bientôt.

Les deux amis s'embrassèrent une fois encore, échangèrent un dernier serrement de mains. Pierre Morin, monté dans la voiture, cria : Au revoir ! Le valet fit claquer son fouet ; le cheval partit au grand trot.

Après quelques instants passés en compagnie de Jérôme et de sa femme, Marcel se leva, mit sa gibecière en bandoulière, attacha solidement son sac sur son dos, suspendit ses outils à son épaule, et, saisissant son bâton ferré :

— Voici l'heure, dit-il.

Jérôme attacha derrière la sac l'étui contenant le fusil et la limousine. Les deux hommes quittèrent la maisonnette. Jérôme voulait faire un bout de conduite à Marcel.

Selon l'habitude des montagnards, en sortant de la maison, Jérôme avait jeté autour de lui un regard circulaire. Soudain, il s'arrêta.

— Rentrons, dit-il.

— Hein ? fit Marcel, rentrer, pourquoi cela ?

— Parce que vous ne pouvez partir aujourd'hui.

— Allons donc ! Le temps est magnifique.

— Ici, oui. Mais avant deux heures, il n'en sera plus ainsi.

— Qui vous le fait supposer?

— Je ne suppose pas; je suis sûr.

— Alors, expliquez-vous.

— Ce ne sera pas long. Apercevez-vous cette haute montagne couronnée de neige et qui se perd dans la brume?

— Parfaitement.

— C'est Chamechaude.

— Eh bien?

— Voyez-vous ces nuages jaunâtres qui semblent ramper autour de son sommet?

— En effet. C'est même très beau.

— Je ne dis pas non! mais c'est terrible aussi. Cela est le signe certain d'un ouragan dans les montagnes.

— Allons donc.

— Je vous l'affirme. Nul avertissement plus positif.

— Et dans combien de temps éclatera cet ouragan?

— Dans deux heures, deux heures et demie au plus tard.

— Alors, je n'ai rien à redouter. Avant ce moment, j'aurai atteint Saint-Pierre-de-Chartreuse.

— Ne vous y fiez pas. Croyez-moi! Mieux vaut rester ici jusqu'à demain. Ce n'est qu'un retard de quelques heures, voilà tout! Vous n'êtes pas attendu.

— Au contraire, on m'attend aujourd'hui, et, si l'on ne me voyait pas arriver, on serait inquiet.

— Je vous en prie, restez. Vous obstiner à partir maintenant, c'est peut-être exposer votre vie.

— Bah! à la grâce de Dieu!

— Adieu donc! et que Dieu vous conduise!

Les deux hommes se serrèrent la main; Jérôme rentra tristement dans sa maisonnette, et Marcel s'éloigna à grands pas, ayant Petiote sur ses talons.

Le jeune homme poursuivait sa route, un peu au hasard et peu soucieux de s'engager dans un sentier ou dans un autre. Tout à coup, il s'aperçut que le chemin large et assez bien entretenu dans lequel il s'était engagé d'abord, se rétrécissait à chaque pas et peu à peu se changeait en un véritable sentier de chèvres, sur lequel, pour conserver son équilibre, il lui fallait toute son adresse et son habitude de coureur de montagnes.

Il se vit contraint, malgré lui, à faire des haltes fréquentes pour reprendre haleine et réparer ses forces ; malgré l'air vif et presque froid qui lui frappait le visage, son front était inondé de sueur.

Cependant, il avançait toujours, bien résolu à sortir au plus vite de ces montagnes où la mort l'entourait de toutes parts. S'arrêter et passer la nuit à l'endroit où il se trouvait était s'exposer aux plus grands dangers. Il importait d'avancer quand même.

Il atteignit ainsi une espèce de plate-forme étroite, s'avançant un peu en saillie, et de laquelle le regard s'étendait à une assez longue distance.

Le jeune homme s'arrêta et inspecta les environs avec la plus scrupuleuse attention.

Il reconnut alors que, pendant qu'il se laissait aller à ses pensées et qu'il rêvait tout éveillé, il avait dépassé, sans s'en apercevoir, le point indiqué par Jérôme. Machinalement, il avait continué à marcher à l'aventure, et le résultat fatal de cette inattention était que, sans le vouloir, il s'était trop avancé dans ces régions sauvages, presque impraticables, et qu'il était perdu dans la montagne, à une heure trop tardive de la journée pour qu'il pût espérer retrouver sa route.

En effet, le soleil avait, depuis quelques instants, disparu des hauts sommets ; l'ombre descendait peu à peu et ne tarderait pas à envahir le paysage. Le jeune homme eut un moment d'affaissement. Mais cette atonie dura peu, et il réagit vigoureusement contre cette faiblesse.

En ce moment, le ciel s'obscurcit ; l'ombre devint tout à coup opaque. Une rafale terrible de vent s'engouffra dans les ravins, tordant et brisant les plus hauts sapins comme des fétus de paille. La pluie tomba à torrents ; les éclairs sillonnèrent les nuages qui fuyaient comme une armée en déroute sous le souffle tout-puissant de la tempête. Les roulements sinistres du tonnerre, tantôt sonores et prolongés, tantôt subits ou stridents, se firent entendre, répercutés par les échos des mornes avec un horrible fracas. L'ouragan prédit par Jérôme éclatait avec une force telle qu'il prenait la proportion d'un cataclysme.

Tout à coup, un sourd craquement se fit entendre ; un fracas épouvantable montant du fond de la vallée indiquait qu'il se produisait un éboulement comme cela n'a lieu que trop souvent dans les montagnes, et que, déjà, une masse de rochers s'était précipitée au pied du mont.

Quelques chèvres paissaient, suspendues aux rochers. Elles s'élancèrent, effarées, passant presque à toucher le jeune homme, et s'enfuirent avec une rapidité vertigineuse dans la direction du sentier de droite, celui que Marcel avait d'abord jugé impraticable.

L'instinct de ces intelligents animaux avait indiqué au jeune homme la route qu'il lui fallait suivre. Il n'hésita pas une seconde, bondit derrière les chèvres et se lança dans la direction qu'elles avaient prise.

A peine avait-il fait quelques pas dans cette voie nouvelle, que le rocher qu'il quittait, et sur lequel il était resté si longtemps immobile, s'effondra avec un épouvantable fracas, ne laissant à la place du sentier que le jeune homme avait parcouru qu'une masse de rochers perpendiculaires et lisses, sur lesquels il fallait à tout jamais renoncer à poser un pied humain. L'ouragan sévissait avec fureur. Les ténèbres étaient intenses. Marcel fuyait avec la rapidité du chamois poursuivi par les chasseurs, courant en aveugle le long du sentier. Tout à coup, son pied posa à faux sur une racine ; le jeune homme perdit l'équilibre ; il étendit les bras, et saisit, avec toute la force que donne le désespoir, la branche d'un jeune sapin qui lui fouettait presque le visage. Il poussa un cri d'agonie terrible ; l'arbre vacillait et cédait sous sa pression. Marcel se sentit perdu. De la main qui restait libre, il n'avait pas lâché son bâton ferré ; il s'efforça, en tâtonnant, de fixer son manche solide et recourbé à quelque anfractuosité de rocher ; mais il ne rencontrait que des surfaces planes et polies. Au cri de son maître, Petiote avait répondu par un rauquement terrible et avait bondi à son secours. Marcel sentit bientôt quelque chose qui le poussait de côté. C'était la chienne qui avait happé ses vêtements à pleine gueule, et qui l'attirait à elle. Le jeune homme fit de prodigieux efforts pour seconder ceux du fidèle animal ; le corbin de la canne trouva enfin une anfractuosité dans laquelle il se fixa. Le corps de Marcel était presque tout entier dans le vide ; grâce à ce double secours, il lâcha la branche, qui cédait sous son poids et se raccrocha, de ses deux mains crispées, à la canne libératrice. Au moment même où il atteignait la crête du sentier et tombait évanoui auprès de la vaillante Petiote, l'arbre déraciné roulait avec fracas dans l'abîme, entraînant dans sa chute tout ce qui se trouvait sur son passage. Marcel avait perdu connaissance, mais sa fidèle Petiote continuait à le traîner sur la plate-forme, aussi loin que possible du précipice où il avait été si près d'être englouti pour toujours. Quand elle le vit complètement en sûreté et abrité sous un renfoncement de rocher, elle poussa de retentissants aboiements de joie ; puis, elle se mit à lécher le visage de son maître, avec de petits cris presque humains.

Grâce à Petiote, Marcel était sauvé !...

CHAPITRE VII

Où Marcel cherche un sentier.

DANS les montagnes, les ouragans sévissent avec une fureur et une force de destruction exceptionnelles.

Heureusement la durée de ces révolutions atmosphériques est relativement limitée.

Cette fois, l'ouragan dont Marcel avait été victime avait passé avec une rapidité foudroyante sur toute la région dans laquelle, pour son malheur, il se trouvait si fatalement égaré.

Lorsque le jeune homme reprit enfin connaissance, sous les incessantes caresses de sa dévouée Petiote, son premier mouvement, tout instinctif de joie et de reconnaissance, fut de jeter éperdûment ses bras au cou de la bonne bête, d'embrasser son noir museau, de la flatter de la main, de lui parler et de la remercier avec effusion de son dévoûment auquel il devait la vie. Il se mit, en un mot, à causer avec son chien, comme il l'aurait fait avec une personne raisonnable.

Puis il déboucha la gourde en fer battu, recouverte d'osier, qu'il portait en bandoulière et que Jérôme avait remplie d'excellente eau-de-vie avant son départ de la maisonnette. Il posa le goulot sur ses lèvres et but une rasade. Il se débarrassa ensuite de son sac, de sa gibecière, des outils qu'il avait pendus à sa ceinture, puis il regarda curieusement autour de lui, afin de se rendre compte, autant que possible, de la situation dans laquelle il se trouvait. Cette situation, d'ailleurs, n'avait rien d'effrayant pour un homme habitué comme lui à courir les montagnes par tous les temps. Dans ses excursions précédentes, il avait subi bien d'autres désagréments. L'orage était dissipé : la nuit avait remplacé le jour ; le ciel très pur, comme dans toutes les hautes régions, était d'un bleu profond et semé d'innombrables étoiles brillantes comme des pointes de diamant. Le froid était assez vif.

— Bah ! murmura Marcel en souriant, ce n'est qu'une nuit à passer ! Tant pis pour moi ! C'est de ma faute. Si j'avais suivi les conseils que me donnait ce brave Jérôme, je n'en serais pas où me voilà. Qui sait maintenant à quelle heure j'arriverai aux Alouettes ?... Mais je gèle ! ajouta-t-il en frissonnant. Si j'allumais du feu ? Il ne doit pas manquer de bois mort, de feuilles sèches et de pommes de pin ici. Voyons un peu !

Le jeune homme se leva. L'enfoncement dans lequel Petiote l'avait traîné avait près de quatre mètres de profondeur sur deux et demi de largeur et presque autant de hauteur. C'était une espèce de grotte naturelle comme on en trouve tant dans les régions alpestres ; cet abri provisoire était plus que suffisant. Cette grotte, assez éloignée du sentier, avait ouverture du côté de la montagne et avait ainsi été préservée des torrents d'eau emportés par l'orage.

— Petiote m'a trouvé, ma foi, une charmante chambre à coucher. — Il prit ses bagages et les transporta au fond de l'excavation ; puis il se mit à la recherche de combustible ; il n'eut pas à aller loin ; les branches sèches et les pommes de pin étaient presque sous sa main, entassées dans les feuilles mortes, le long du rocher, contre lequel les avait poussées la tempête. Quand le feu pétilla, certains tiraillements d'estomac l'avertirent que depuis le matin il n'avait rien mangé.

— Hé ! j'ai grand appétit, murmura-t-il joyeusement. Si je soupais. Il s'arrêta et secoua la tête. Souper ? C'est bientôt dit, reprit-il après un instant ; mais avec quoi ?

Croyant arriver de bonne heure à la ferme, je ne me suis nullement préoccupé de me munir de provisions de bouche. Oh ! oh ! j'ai commis là une grave imprudence et j'ai grand'peur d'être condamné à un jeûne forcé, ce qui ne laisserait pas d'être très désagréable, car j'ai un bel appétit. A cette perspective peu réjouissante, les sourcils du jeune homme se froncèrent ; sa mine s'allongea et il devint subitement pensif. — Bah ! reprit-il, après un instant, j'ai tort de m'inquiéter ainsi ; il est impossible que Pierre Morin ou Jérôme, ces deux hommes prudents par excellence, n'aient point eu la précaution de glisser quelques victuailles dans cette bienheureuse gibecière si lourde et si rebondie. C'est le moment ou jamais de s'assurer de ce qu'elle recèle dans ses mystérieuses profondeurs. Voyons donc : mais avant tout, procurons-nous de la lumière.

Moitié riant, moitié boudant, Marcel se leva, sortit de la grotte, alla couper au plus prochain sapin une forte branche qu'il sépara en deux et qu'en rentrant il alluma à son feu. Il ficha ensuite dans le sol sableux de sa grotte cette torche improvisée et il saisit sa valise.

Il détacha d'une main fébrile, les unes après les autres, les boucles qui la fermaient et il plongea sans regarder ses doigts dans l'intérieur. Il poussa presque aussitôt un cri de joie. Du premier coup ses doigts palpèrent un jambon respectable ; puis un pâté, deux boîtes de conserves, un poulet froid, puis une de ces grosses bouteilles au ventre arrondi qu'on nomme des Marie-Jeanne, soigneusement entourée de foin et qui devait être pleine de vin. En même temps il retira un pain et une boîte en chagrin qui s'ouvrit en roulant sur le sol. Cette boîte renfermait un couvert d'argent, cuiller et fourchette, une timbale et un couteau de table. Sur un morceau de papier retenu entre les dents de la fourchette étaient écrits ces quelques mots : Pierre Morin à son ami Marcel Sauvage. Souvenir affectueux. Cher et excellent Pierre ! murmura Marcel avec attendrissement. Grâce à lui me voilà avec le nécessaire et même le superflu ! Il détacha le papier, le plia en quatre, et le serra précieusement dans son portefeuille.

Après s'être coupé un gros morceau de pain dont il donna fraternellement la moitié à Petiote, il attaqua résolument le poulet. Le maître et le chien avaient un appétit de voyageurs. Tous deux mangeaient à belles dents et l'on entendait claquer leurs mâchoires comme des castagnettes. Marcel avait partagé le poulet en deux parties égales : il mangea une de ces moitiés, dont il abandonna généreusement les os à Petiote, et il conserva l'autre moitié, qu'il mit à part.

— Ce sera pour déjeûner demain avant de partir, dit-il.

Après avoir soigneusement mis à part pour le lendemain la desserte de son souper, il remit du bois dans le feu, réunit les cendres embrasées de façon à assurer la chaleur du foyer pour la nuit tout entière, puis il s'enveloppa soigneusement dans sa limousine, plaça son sac sous sa tête en guise d'oreiller et, s'étendant sur le sol, les pieds tournés vers le feu, il s'endormit presque aussitôt d'un sommeil de plomb. Sa chienne, couchée près de lui, ne tarda pas à l'imiter. Marcel ne fit qu'un somme. Grâce à l'éducation qu'il avait reçue et les habitudes de travail qu'il avait contractées à la ferme, il était accoutumé à se lever de bonne heure.

A peine l'aube commençait-elle à nuancer les montagnes de ses teintes nacrées, que Marcel ouvrait les yeux et se dressa frais, dispos et reposé, comme si la veille rien d'extraordinaire ne lui était arrivé. Il regarda autour de lui et se vit seul ; Petiote était sortie ; une nuance d'un gris perle s'accentuait de plus en plus au dehors. Il se leva. En ce moment la chienne rentra ; elle accourut vers son maître, lui posa les pattes de devant sur les épaules et lui fit joyeusement ses caresses de chaque matin. Marcel remarqua alors que le museau de la bonne bête était mouillé.

— Holà ! dit-il ; d'où venez-vous, mademoiselle ? Avez-vous donc trouvé de l'eau ? La chienne le regarda en remuant la queue. — Il paraît que j'ai deviné, pensa Marcel. Attends, fillette, nous allons aller ensemble à cette source, ce ruisseau, ou cette mare. Car j'ai soif, moi aussi.

En un tour de main le jeune homme eut rechargé ses bagages et fut prêt au départ.

— Allons, en route ! dit-il.

La course ne fut pas longue ; à deux cents pas à peine de l'endroit où il avait couché, Marcel aperçut un ruisseau assez large, mais peu profond, qui courait en babillant sur un lit de cailloux et se frayait un passage à travers des rochers qui empêchaient de le voir. A quelques pas plus loin on l'entendait tomber en cascade, puis il disparaissait à trois ou quatre mètres au-dessous de son cours.

Marcel remarqua qu'il poussait une profusion de vert cresson sur les deux rives.

— Oh ! oh ! dit-il, du cresson ! Nous allons faire un excellent déjeûner.

La propreté du corps est une des conditions les plus sérieuses de l'hygiène ; elle donne de l'élasticité aux membres, dégage les pores, rétablit les forces et même les augmente. Jamais Marcel ne commençait ses travaux avant d'avoir procédé à une sérieuse toilette. Aussi était-il vigoureux et avait-il une santé de fer.

Dès qu'il eut terminé, il cueillit une belle provision de cresson, l'éplucha et le lava avec soin ; puis il dépaqueta les vivres que la veille il avait mis de côté et le déjeuner commença.

Cette fois ce qui restait du poulet disparut complètement, ainsi que le cresson, que Marcel mangea avec un véritable plaisir. Il n'avait qu'à se pencher pour mettre de l'eau dans sa timbale, quand il avait besoin de boire ; il y ajoutait quelques gouttes de vin et se désaltérait tout à son aise. Le déjeuner terminé, il but une larme d'eau-de-vie, poussa un hem ! sonore et reprit ses bagages.

— Là ! dit-il gaîment, me voilà lesté et dispos ; il s'agit maintenant de se remettre en route, de retrouver la bonne voie, et d'arriver, s'il est possible, aux Alouettes avant midi. Allons !

Le jeune homme, en prononçant cette dernière parole, releva brusquement la tête. Ses traits étaient empreints d'une volonté et d'une énergie suprêmes. Après avoir jeté un regard autour de lui, comme pour en reconnaître le terrain, il s'engagea résolûment dans un sentier étroit, raboteux, impraticable pour tout autre que pour un véritable montagnard ; il marcha ainsi, pendant assez longtemps, cotoyant le bois qui s'étendait à gauche, bois fort touffu et en apparence considérable et suivant à droite la lèvre du précipice avec une témérité que seul pouvait excuser son désir de découvrir au plus vite un chemin qui lui permît de descendre de ces hauteurs et d'atteindre la vallée. Partout les rochers lisses et à pic formaient une infranchissable muraille. Il marcha ainsi plusieurs heures le long de cette crête ardue, sans avoir aperçu une issue quelconque, une fissure tant étroite fût-elle, par laquelle il pût se glisser et gagner une pente praticable. Soudain les arbres, qui depuis quelque temps devenaient plus rares, entr'ouvrirent brusquement le rideau qui arrêtait la vue et la crête de la roche forma un coude brusque. Dans cette percée inattendue, Marcel eut sous les yeux le plus admirable spectacle qu'il soit possible d'imaginer. Il s'arrêta saisi d'admiration ; devant lui se déroulait une grande plaine, entrecoupée d'arbres centenaires et tapissée de riches prairies verdoyantes.

La vue de la plaine réveilla le courage un instant ébranlé du jeune homme. Ces arbres fruitiers, ces champs labourés, lui prouvaient que cet endroit était assez fréquenté, que les pâtres y venaient peut-être pendant l'été, pour y faire paître leurs troupeaux, que des hommes y avaient fait de fréquentes stations et que par. conséquent il existait un chemin pour y arriver. Ce chemin qu'il ne connaissait pas encore, il s'agissait de le découvrir.

Ce n'était donc qu'une question de temps. Or, si étendue que paraissait être cette esplanade, ou plutôt cette corniche, car cela ne devait pas être autre chose, il s'agissait de la contourner quelque longue qu'elle pût être.

Avait-elle huit, dix, douze kilomètres de long ? En admettant même qu'elle en eût quinze, Marcel calcula que depuis le lever du soleil, sa marche en contournant les rochers devait, malgré les difficultés rencontrées à chaque pas, lui avoir fait franchir au moins les deux tiers de cette étendue. En effet le soleil commençait à s'incliner à l'horizon, il pouvait être environ trois heures de l'après-midi. Le jeune homme avait donc marché pendant plus de six heures. Il se sentait très fatigué et résolut de se reposer un instant. Il s'étendit sur l'herbe, coupa un chanteau de pain, en donna une partie à sa chienne et mangea l'autre.

— Quand l'ombre du soleil sera là, dit-il en plantant son bâton ferré dans le sol, je repartirai.

Une heure s'écoula pendant laquelle il réfléchit sérieusement sur la situation étrange dans laquelle il se trouvait. Mais son courage était toujours grand et sa volonté ferme. Il se remit en route.

Soudain, il poussa un cri de joie, son cœur battit à se rompre; il s'arrêta haletant, le regard fixé sur une large fissure qui venait subitement d'apparaître à ses yeux. C'était une sente. Marcel crut même y apercevoir des traces de pas encore visibles. Il s'élança joyeux dans cette fissure; toutes ses forces étaient revenues; l'espoir de la délivrance lui donnait une vigueur extraordinaire.

Il marcha ainsi pendant plus d'un quart d'heure entre deux mases de rocher, sans se bien rendre compte de la direction qu'il suivait.

Tout à coup il pâlit et fut forcé de s'appuyer sur son bâton pour ne pas tomber sur le sol. Cette fissure, creusée par quelque bouleversement inconnu, formait une sorte de demi-cercle, revenant aboutir à la plaine même que le voyageur avait si allégrement quittée quelques instants auparavant. Il comprit que la seconde partie de ses recherches devait être reprise.

Cette fois il eut un mouvement de découragement; il demeura affaissé, presque évanoui. Mais la réaction se fit promptement; il se redressa, le regard étincelant et fier.

Et il se remit en route avec une animation fébrile, continuant à franchir péniblement la crête abrupte du rocher sur lequel reposait la corniche entière. L'abîme était à ses pieds. — Voyons, murmura-t-il, et il se débarrassa de son bagage.

Alors, se retenant fortement par les mains au tronc d'un jeune sapin, penché dans le vide, il promena tout autour de lui un regard inquiet et investigateur.

Tout au fond, il voyait verdir la vallée, semblable à une prairie, mais dans laquelle il reconnut bientôt une immense forêt de sapins.

A cet endroit, la roche ne descendait plus perpendiculairement dans ces profonds abimes, mais elle s'avançait et surplombait tellement en dehors que quelques cailloux remués par hasard sous les pieds du jeune homme et précipités dans le vide atteignirent le fond du précipice sans avoir, dans leur chute, heurté aucun obstacle.

Marcel rechargea ses bagages sur ses épaules et se remit vaillamment en route.

Il ne lui restait plus guère qu'un espoir, trouver, à défaut de sentier, une de ces *failles* creusées par les eaux quand, au moment de la fonte des neiges, elles tombent torrentueusement du haut des sommets. Il comptait alors, aidé de son bâton, et grâce à son agilité et à sa vigueur, se laisser glisser dans une de ces fentes jusqu'à ce qu'il arrivât à quelque sentier de chèvres par lequel il gagnerait le bas de la montagne.

Ce qui, dans l'esprit de Marcel, donnait quelque probabilité à cette hypothèse, c'est qu'à chaque pas il traversait de légers filets d'eau qui, après avoir décrit mille méandres dans le bois que côtoyait le jeune homme, semblaient, au lieu de chercher une issue immédiate à travers les rochers, tendre à se réunir sur un point commun. Il continua donc pendant quelque temps encore ; il ne tarda pas à voir sa route coupée par un ruisseau assez large qui disparaissait sous les roches et des amas de verdure. C'était là sans doute que le torrent avait dû se frayer un lit pour la descente. Marcel, se retenant aux lianes qui avaient poussé dans les interstices des roches, résolut d'examiner la muraille qui se dressait sur l'abîme ; mais une nouvelle et cruelle déception l'attendait. Quand, après des efforts inouïs, il fut parvenu à atteindre l'endroit qu'il cherchait, il vit, au lieu d'une de ces déchirures profondes comme on en rencontre si fréquemment dans les montagnes, une muraille lisse, mouillée, sans la moindre saillie et contre laquelle le ruisseau s'écoulait paisiblement par mille rigoles microscopiques dont pas une n'eût été suffisante pour offrir un point d'appui même au pied si sûr d'un chamois. Le jeune homme poussa un soupir, hocha la tête à plusieurs reprises et continua sa route. Au moment où le soleil disparaissait à l'horizon, Marcel, parvenu à l'extrémité des rochers sur lesquels reposait

Le Guers-Vif (page 6).

la corniche où il s'était réfugié, vit se dresser devant lui la haute muraille calcaire qui s'élançait perpendiculairement jusqu'au ciel. Le désespoir commençait à envahir son cœur, quand il aperçut un sentier. Cette fois ce n'était pas une erreur. Le sentier existait réellement ; le jeune homme s'y engagea avec un indicible battement de cœur ; où cette voie allait-elle? Sans doute la voie qu'il avait cherchée pour descendre dans la vallée n'existait pas ; mais il y en avait une qui devait lui permettre d'escalader les rochers et de gagner le sommet du mont. Son illusion ne fut pas de longue durée. Il poussa tout à coup un cri terrible et roula inanimé sur le sol.

Ce sentier était le même qu'il avait pris le matin pour aller chercher une issue. Il avait accompli dans son entier le périple de ce coin du sol où le hasard l'avait fait échouer ; il était revenu à son point de départ et il était tombé évanoui à l'entrée même de la grotte dans laquelle il avait passé la nuit précédente.

CHAPITRE VIII

Quelle fut la deuxième journée de Marcel sur la corniche.

TELLE fut la situation affreuse de Marcel, lorsque, grâce aux caresses de sa chienne, le seul ami qui lui restât, il ouvrit enfin les yeux après un évanouissement prolongé. Il jeta autour de lui un regard effaré qui ne voyait pas ; il s'appuya à la paroi du roc, laissa tomber ses bras inertes, et, l'œil troublé, le regard fixé dans l'espace, les traits livides et convulsés, il demeura immobile, répétant d'une voix morne et silencieuse, sans avoir conscience de ses paroles : — Mon Dieu ! mon Dieu ! oh ! mon Dieu ! Cette atonie presque cataleptique se prolongea assez longtemps, malgré les efforts continus de Petiote, qui semblait avoir l'intuition de l'état dans lequel il se trouvait, et s'ingéniait de toutes les façons pour l'en faire sortir. Elle faisait entendre des aboiements répétés et le tirait avec force par ses vêtements afin d'attirer son attention. Mais rien ne réussissait à l'éveiller de son atonie. Le jeune homme semblait changé en statue ; il ne voyait, n'entendait rien et continuait de répéter machinalement et sans cesse : — Mon Dieu ! oh ! mon Dieu ! Tout à coup son corps fut secoué par un tremblement nerveux ; le sang s'échappa de ses narines ; puis, presque aussitôt, il fut pris de nausées spasmodiques, suivies de vomissements.

Le sang noir, épais, plein de caillots, ne coula d'abord que difficilement, presque goutte à goutte ; mais, peu à peu, il devint plus clair, plus rouge, et coula en abondance. Bientôt ce flux s'arrêta, les vomissements cessèrent ; les traits perdirent la teinte terreuse qui les avait envahis ; le regard s'éclaira. C'était le réveil de l'intelligence. — Oh ! mon Dieu, que je souffre ! s'écria-t-il avec un accent douloureux impossible à rendre.

Le tremblement nerveux s'arrêta.

Cette hémorragie nasale, en remplaçant une saignée, avait empêché l'asphyxie et prévenu les plus graves accidents cérébraux. Peu à peu une torpeur générale et irrésistible s'empara de lui ; il s'enveloppa tant bien que mal dans sa limousine, après s'être débarrassé de ses bagages ; ses yeux, encore mouillés de larmes, se fermèrent ; il se laissa aller en arrière et s'endormit d'un sommeil de plomb, presque léthargique.

Ce phénomène étrange, qui se présente presque toujours après les grandes crises causées par une douleur intense, n'a rien d'inquiétant. Il résulte de l'ébranlement du système nerveux démesurément surexcité et de la fatigue du cerveau. Tous deux tendent à rentrer dans leur état normal, pendant ce sommeil qui est ainsi bienfaisant et réparateur. Petiote, voyant son maître endormi, se coucha près de lui, de façon à l'abriter, autant que possible, contre le froid de la nuit. Le jeune homme dormit ainsi pendant près de dix heures ; on l'eût cru mort, tant il était immobile, si le souffle aigu de sa respiration n'avait prouvé le contraire.

Lorsque le jeune homme, grelottant de froid, s'éveilla enfin, il promena un regard attristé autour de lui et ses larmes recommencèrent à couler, plus abondantes et plus amères. Il se sentait perdu.

Que faire en effet? Que devenir, seul, abandonné sur cette corniche où nul ne pouvait atteindre et lui porter secours? Il était là, prisonnier, mieux gardé contre la fuite par l'abîme qui l'environnait que par les murs et les verroux d'une prison. Comment pourrait-il vivre en ce lieu ? Quand les provisions qu'il possédait encore seraient épuisées, et c'était une question de quelques jours à peine, comment les remplacerait-il? Il lui faudrait donc mourir de faim, se précipiter dans l'abîme ou se briser la tête contre les rochers. Toutes ces réflexions bouillaient et se heurtaient dans son cerveau, sans qu'il lui fût possible de répondre à une seule. Un sanglot déchira sa poitrine ; il laissa tomber sa tête dans ses mains et ses larmes redoublèrent. Soudain, il tressaillit et se redressa subitement en prêtant l'oreille. Cinq chèvres étaient arrêtées à l'entrée de la grotte et le regardaient en bêlant tristement. Ces chèvres avaient les mamelles tellement gonflées que le lait tombait à terre.

— Oh ! s'écria Marcel, oh ! je vous remercie, mon Dieu ! Quand je désespère, vous me criez : courage ! Vous ne m'abandonnez pas ; je ne m'abandonnerai pas moi-même. Toute sa force, toute sa volonté, étaient revenues. L'espoir, ce bien suprême des malheureux, était rentré dans son cœur.

Il connaissait trop les animaux. Et tout lui fut expliqué en un instant. Ces chèvres appartenaient évidemment à un troupeau. Entraînées trop loin de leurs compagnes et de leur pasteur par leur humeur capricieuse et vagabonde, elles avaient été surprises par l'éboulement, avaient fui éperdues, et avaient erré à l'aventure en essayant peut-être de retourner à leur bercail, mais le sentier était détruit. Ces chèvres étaient évidemment celles qui avaient bondi effarées et qui, passant près de lui presque à le toucher, au moment de l'éboulement, lui avaient sauvé la vie en lui donnant l'éveil et en lui montrant la route à suivre. Le jeune homme les appela, ainsi que les pâtres ont coutume de le faire. Rassurées par cet appel amical, les charmantes bêtes s'approchèrent doucement et sans manifester la moindre crainte, ni de l'homme, ni du chien. Ce dernier, du reste, pour ne pas les effrayer, s'était gravement assis et remuait la queue.

Marcel regarda machinalement autour de lui. Une difficulté se présentait ; le lait que les chèvres venaient lui offrir était pour lui un aliment précieux ; malheureusement, il fallait un récipient pour le recueillir. Les yeux du jeune homme tombèrent tout d'abord sur son chapeau. Il était de feutre, mou, et à larges bords ; soudain, il se frappa le front et se prit à sourire. Il avait trouvé une solution du problème. Sa gaîté était revenue ; il ne songeait plus à mourir. En passant à Grenoble, Marcel avait acheté une paire de forts souliers et une paire de grandes bottes, dont il avait besoin pour monter à cheval. Bottes et souliers étaient neufs et n'avaient pas encore servi. — Bah ! s'écria-t-il gaîment. A la guerre comme à la guerre ! Je ne veux pas perdre ce lait qui nous fera un si excellent déjeûner, à Petiote et à moi.

Plus tard nous verrons à trouver autre chose. Sans hésiter, il détacha bottes et souliers et se mit à traire les chèvres en emplissant d'abord les souliers.

Le troupeau si providentiellement donné par l'ouragan au jeune homme se composait de quatre belles chèvres et d'un bouc magnifique.

Le premier récipient rempli, Marcel l'offrit à Petiote, qui lappa joyeusement le lait sans se faire prier. Le second eut le même sort ; bref, la chienne but plus de trois litres de lait sans paraître le moins du monde incommodée. Le jeune homme continua allégrement sa besogne. Lorsqu'il l'eut enfin terminée, souliers et bottes étaient pleins, bien que Marcel eût à plusieurs reprises rempli et vidé sa timbale. Les chèvres, allégées du poids qui les fatiguaient, bondirent gaîment et disparurent comme elles étaient venues. Marcel ne s'inquiéta guère de cette fuite ; il savait qu'elles retourneraient d'elles-mêmes vers lui.

Après avoir fait ses ablutions au ruisseau que Petiote avait découvert la veille, il revint à la grotte et s'occupa de son déjeûner. A présent que ses inquiétudes étaient diminuées et que ses appréhensions n'étaient plus aussi grandes, il sentait son appétit revenir, et cela d'autant plus qu'il n'avait pas dîné la veille.

— C'est une économie, dit-il gaîment.

Il lui restait beaucoup de pain encore ; mais il lui fallut entamer le pâté, qui devenait pour lui une précieuse ressource. Il trempa du pain dans du lait et déjeûna fort bien de cette façon, tout en partageant son pain, son lait et même son pâté avec Petiote.

Son repas terminé, Marcel songea ; il n'était au plus que dix heures du matin, et il avait du temps devant lui.

— Récapitulons, se dit-il. A la suite d'une catastrophe inouïe, me voici seul, séparé des autres hommes, de tous ceux que j'aime et qui m'aiment, complètement livré à moi-même et obligé de me suffire sans autre appui que celui de Dieu. En y joignant les efforts de mon courage et de ma volonté, il est impossible que, dans un temps plus ou moins long, quinze jours, peut-être un mois, je ne réussisse pas, à défaut d'une route existante pour sortir d'ici, à en improviser une. Il s'agit donc de vivre pendant ce délai que m'impose la fatalité; le problème est à peu près résolu, quant à présent; je mangerai, me nourrirai, dans des conditions modestes, il est vrai, mais, en somme, à peu près suffisantes. Après cela, je pourrai à la rigueur manger mes chèvres, si la faim me presse trop. Il s'arrêta, hochant la tête et fronçant le sourcil.

— Non! s'écria-t-il résolûment. Je ne ferai pas cela. Je ne pourrais ni tuer ni manger ces pauvres bêtes si douces qui m'ont doublement sauvé la vie, en m'indiquant ma route et en me sauvant du désespoir! Je chercherai ma nourriture, et je la trouverai. Je ferai comme Robinson!

A l'œuvre donc, et bon espoir!

Tout en faisant ces dernières réflexions, Marcel avait rechargé son bagage et repris son bâton ferré. Il n'était plus le même; on l'aurait cru transfiguré. Son regard étincelait, son visage rayonnait. Il se sentait excité par une ardeur indicible.

— Puisque je suis condamné *à robinsonner*, dit-il en riant, il est grand temps de commencer ma tâche.

Il quitta alors la grotte et il se mit résolument en route, non plus cette fois pour chercher un passage dont il avait constaté la non-existence, mais dans le but de visiter la corniche en détail, et de s'assurer des ressources qu'elle pouvait lui offrir.

Cette fois, il s'avança directement en avant de façon à couper en deux les champs sur lesquels il était condamné à vivre désormais.

Marcel, tout en marchant, examinait attentivement

les arbres, les plantes et jusqu'aux moindres brins d'herbe qu'il rencontrait sur son chemin. Il reconnut bientôt que son domaine temporaire possédait une riche collection de la flore des Alpes, réunissant, grâce à sa situation, les plantes des vallées et celles des sommets. Les arbres composant la forêt qu'il avait traversée et ceux qui formaient çà et là des bouquets éparpillés dans la plaine renfermaient un grand nombre d'essences utiles. Il y revit les noyers entrevus la veille, des châtaigniers, des poiriers et des pommiers sauvages, des pins, des sapins, des hêtres, des bouleaux et des mélèzes, beaucoup d'autres encore, qu'il se promettait d'examiner plus tard avec soin.

Tous ces arbres, la plupart encore dépourvus de leurs feuilles, étaient chargés de nids. Une foule d'oiseaux, pigeons ramiers, bizets, merles, gelinottes, faisans et perdrix, se levèrent et s'enfuirent sur son passage.

Désormais son existence était assurée dans les plus larges conditions.

Il continua sa route vers un bois de châtaigniers dont les larges ramures devaient en été former une voûte impénétrable aux rayons du soleil. La lisière de ce bois était toute rouge de fraises. Marcel ne put résister à l'envie d'en cueillir une provision qu'il dévora avec délices tout en poursuivant sa course.

Une surprise des plus agréables l'attendait à la sortie des voûtes ombreuses du bois; un lac assez étendu se trouvait en face de lui; c'était là que la plupart des ruisseaux qu'il avait rencontrés venaient se perdre. Une source tombait en cascade d'un entassement de rochers et fournissait au lac sa plus considérable masse d'eau. Ces roches faisaient partie de cette haute muraille qui reliait la corniche à la partie supérieure de la montagne.

Marcel, abandonnant sur le gazon le reste de ses

fraises, s'élança presque en courant vers la nappe liquide. Ses rives étaient couvertes de plantes aquatiques, dont beaucoup seraient plus tard très utiles au solitaire ; des légions de grenouilles, effrayées par le bruit de ses pas, s'élancèrent dans les eaux limpides et disparurent au milieu des joncs. Mais ce qui fit le plus de plaisir à Marcel fut de constater que ces eaux, brillantes et transparentes comme du cristal jusqu'à de grandes profondeurs, recélaient une quantité innombrable de poissons et surtout de truites aux écailles blanches émaillées d'étoiles d'or.

— Décidément, j'étais ingrat et fou ! murmura-t-il. J'aurais été un lâche de me laisser aller au désespoir. C'est à moi maintenant de savoir tirer parti de toutes ces inestimables richesses.

Tout en réfléchissant ainsi, Marcel marchait machinalement du côté d'un entassement de rochers d'où s'élançait la cascade. Tout à coup il s'arrêta en poussant un cri de joie. Presque sur la rive du lac, il aperçut, dans les rochers, une fissure de deux à trois mètres au plus et large d'environ un mètre cinquante.

Sans hésiter, il se glissa dans cette faille. Il se trouva dans une grotte spacieuse, fort haute, bien éclairée, dont les parois étaient très sèches et dont le sol était formé d'un sable jaune très fin.

Cette grotte naturelle, constellée de stalactites, brillait comme un palais enchanté ; des colonnades et des cloisons étincelantes la séparaient en plusieurs compartiments dont quelques-uns semblaient s'enfoncer profondément dans les flancs du mont.

— C'est un appartement complet ! s'écria-t-il joyeusement. La position est charmante ! Je vais en prendre possession tout de suite, car je ne saurais trouver mieux. Il est trois heures, ou à peu près ; je ne pousserai pas plus loin mes explorations aujourd'hui et je profiterai

du temps qui me reste pour commencer mon installation.

Il ramassa trois pierres assez hautes et très lisses,
puis une quatrième, large et plate ; il les transporta à
l'entrée de la grotte, dans un enfoncement naturel
formé par deux blocs de rochers très élevés qui s'in-
fléchissaient et se réunissaient à une grande hauteur,
sauf sur une étendue de deux ou trois pieds qui formait
une solution de continuité. Cet enfoncement, large
de deux à trois mètres et profond de cinq, était parfaitement abrité contre le vent, la pluie et le soleil. L'air y
circulait et s'y renouvelait et l'on y voyait suffisamment
clair. C'était là que Marcel avait résolu d'installer sa
cuisine. Il ne pouvait trouver un endroit plus convenable.

Il se mit aussitôt à l'œuvre et établit son foyer au
moyen des pierres qu'il avait ramassées, sur les bords
du lac. Il disposa ce foyer de manière à ce qu'il fût
placé directement sous la solution de continuité qui
tiendrait lieu de cheminée et permettrait à la fumée de
s'échapper au dehors. De chaque côté du foyer, il
planta deux forts pieux hauts d'un mètre ; nous verrons
plus tard quel usage il se proposait de faire de cet
appareil ; ajoutons seulement que l'extrémité supérieure
des pieux ainsi disposés se terminait en fourche. Il
planta deux piquets très rapprochés dans la muraille
pour y accrocher une torche au besoin, ainsi que, dans
le même but, il avait fait déjà en deux ou trois endroits
de la grotte. Enfin il alla chercher au dehors un quartier de roche qui lui servit de siège, fit une grande
provision de bois mort dans un coin et la cuisine se
trouva complètement installée.

C'était avec la meilleure humeur du monde que
Marcel s'était livré à cette opération ; dès qu'elle fut terminée, il songea à se faire un lit. L'herbe et les feuilles
sèches ne manquaient pas ; le jeune homme choisit les

plus aromatiques et en transporta d'énormes brassées dans la grotte, où il les étendit dans un angle parfaitement abrité ; il en fit un tas d'une hauteur respectable. En confectionnant une couche aussi large, Marcel avait songé à Petiote habituée à dormir près de lui.

Il installa un foyer dans la grotte même afin de n'avoir pas trop froid et prépara le feu, sans cependant l'allumer ; puis il alla couper assez loin une douzaine de branches de pins destinées à lui fournir des torches.

Depuis longtemps le jour avait fait place à la nuit, mais à une nuit claire, vivement illuminée par la lune et par des milliers d'étoiles brillant au firmament. Avant le coucher du soleil il avait appelé ses chèvres qui, toujours surveillées par le bouc, étaient accourues à sa voix et étaient venues lui présenter leurs mamelles. Quand il eut terminé ces travaux divers, Marcel songea à dîner. Et il disposa alors ses provisions.

Elles se composaient du pâté entamé, du morceau de pain bien diminué, de cresson cueilli au bord du lac, de fraises. Pour boisson il avait l'eau limpide de la cascade, le lait écumant des chèvres, un restant de vin dans la marie-jeanne et de l'eau-de-vie dans la gourde. Marcel, sentant le froid, alluma le feu qu'il avait préparé dans la grotte.

— Allons, Petiote, dit-il gaîment, après avoir planté une torche contre la muraille. Il est temps de dîner ; vous devez avoir faim, mademoiselle ; mettons-nous à table. Et ils se mirent à table.

Lorsque le repas fut terminé et les provisions serrées, Marcel eut la pensée de visiter son sac et sa gibecière ; mais cette visite devait, selon toute apparence, se prolonger longtemps. Il était très fatigué ; ses yeux se fermaient ; il recula devant cette dernière tâche.

— Ma foi ! dit-il, en étouffant un bâillement, j'ai toujours le temps de me livrer à cette opération et de satisfaire ma curiosité. Qui sait ce que nous réserve la journée de demain ? Mieux vaut dormir afin d'être frais et dispos pour continuer la visite de mon domaine.

Sur cette dernière réflexion, il se leva, éteignit la torche, s'étendit sur son lit de feuilles, après s'être bien enveloppé dans sa limousine. Dix minutes plus tard, le maître et le chien dormaient profondément.

Le feu, aménagé pour durer toute la nuit, lançait par intervalles des lueurs fauves reflétées à l'infini par les stalactites.

Au dehors régnait un majestueux silence, interrompu par des bruits sourds à peine perceptibles.

CHAPITRE IX

Comme quoi un feu éteint et le contenu d'une marmite peuvent révéler bien des choses à un esprit clairvoyant.

Au moment où Marcel sortait de la grotte pour aller faire ses ablutions au lac, le soleil se levait.

Après avoir terminé sa toilette, Marcel, qui avait hâte de se mettre en route, déjeuna sommairement avec le reste du pâté, but un verre d'eau rougie ; puis il mit dans un mouchoir le reste de son pain, qui commençait à être fort dur. Il coupa une large tranche de jambon, noua le mouchoir, qu'il plaça sur son épaule, et, laissant sac et gibecière dans la grotte, il prit seulement son bâton ferré, dont il ne se séparait jamais, et après avoir caressé Petiote :

— En route ! mademoiselle, lui dit-il. Allons un peu

visiter notre domaine. Et ils partirent. C'était le moment précis où le soleil apparaissait radieux au-dessus de l'horizon et donnait ainsi à toute la nature le signal du réveil.

Le plus court chemin pour atteindre le bois que Marcel se proposait de visiter était de côtoyer le lac dans toute sa longueur; ce fut le parti qu'il prit sans hésiter.

Ce lac avait au plus cinq à six cents mètres de long sur quatre-vingts ou quatre-vingt-dix de large.

Ses rives, très accidentées, étaient garnies à profusion de plantes aquatiques de toutes sortes. Dans certaines places, le cresson foisonnait; les eaux étaient claires et transparentes jusqu'à une grande profondeur.

Le jeune homme, que rien ne pressait, suivait toutes les sinuosités décrites par le caprice des eaux; il étudiait les plantes et notait dans sa mémoire celles qui, plus tard, pourraient lui être utiles, soit à titre de comestibles, soit pour divers autres usages. Tout à coup, il s'arrêta net.

Il avait devant lui une espèce d'anse découverte, assez étroite, formant une petite plage sablonneuse, qui s'élevait en pente douce jusqu'à des buissons touffus disposés en berceau naturel. Bien que cet endroit fût charmant, ce n'était pas l'aspect pittoresque de ce microscopique retrait qui arrêtait le jeune homme et avait fixé son attention. Ce qui avait attiré ses regards et lui avait causé un vif émoi, c'était la vue d'un amas considérable d'arêtes de poissons s'étendant depuis le bord du lac jusque sous les buissons.

Marcel, qui était chasseur expérimenté, hocha la tête à plusieurs reprises.

— Il y a une loutre! dit-il. Quel malheur que je n'aie pas mon fusil. Je me serais mis à sa recherche. Ce lac renferme donc une quantité de truites considérable? J'en avais déjà vu assez pour le présumer. Maintenant je suis sûr de mon fait. Si je retournais à la grotte prendre mon fusil ?

Il fit un mouvement comme pour revenir sur ses pas ; mais, presque aussitôt, il s'arrêta.

— Non ! reprit-il avec animation. Pourquoi tuer cet animal inoffensif et qui pourra peut-être me devenir utile ? J'ai lu que la loutre était susceptible d'être apprivoisée. Si je réussis à m'emparer de celle-là et à m'en faire une amie, elle deviendra mon pourvoyeur de poisson. Et il se remit en route.

Il avait, depuis quelques instants, laissé le lac derrière lui ; il se trouvait très rapproché du bois, et il se préparait à y entrer à l'aventure, en se frayant un chemin à l'aide de son bâton ferré. Soudain, Petiote, qui, jusque-là, avait tranquillement marché derrière son maître, ne s'écartant ni à droite ni à gauche, poussa un aboiement retentissant et s'élança vers le bois, dans lequel elle ne pénétra pas, mais qu'elle longea au contraire le nez à terre, pendant une quarantaine de pas ; tout à coup, elle s'arrêta, se tourna vers Marcel et redoubla ses aboiements.

— Oh ! oh ! Qu'est-ce que cela signifie ? Allons voir cela, dit le jeune solitaire en souriant. Et il alla rejoindre son chien.

En arrivant près de Petiote, Marcel reconnut avec surprise que l'animal avait découvert un large sentier dont les méandres capricieux serpentaient et se perdaient dans les lointains de la plaine ; ce sentier s'enfonçait, d'autre part, dans le bois où le jeune homme se disposait lui-même à pénétrer.

— Voilà qui est bizarre, murmura-t-il. Où peut conduire ce sentier ? Je suis certain que de ce côté les rochers sont à pic et ne présentent aucune issue. Voyons où celui-ci me conduira.

Il caressa Petiote, et, s'engageant résolûment sur le sentier, il pénétra dans le bois.

Ce chemin, fort tortueux, comme toutes les sentes montagnardes, était large et semblait fréquenté. Marcel y apercevait de nombreuses traces assez profondes et fraîches de chèvres et de moutons, mêlées, à certains intervalles, à des empreintes de pas humains.

— Oh ! oh ! murmura-t-il, voilà qui n'est pas douteux ; un pâtre a passé par ici, et cela tout récemment. Serait-il arrivé à ce pauvre homme le même malheur dont j'ai été moi-même la victime ? Il n'y aurait rien d'étonnant à cela. Peut-être a-t-il été, lui aussi, surpris par l'orage, et se trouve-t-il prisonnier sur cette corniche ?

Le bois que traversait Marcel n'était pas aussi considérable qu'il semblait l'être au premier abord ; mais il était très touffu, et le sentier faisait, comme à plaisir, les courbes les plus extravagantes, ce qui ajoutait à l'illusion.

Tout à coup, Marcel se trouva, presque à l'improviste, à l'orée du bois : il laissa échapper un cri de surprise à l'aspect du singulier paysage qui se déroulait subitement devant lui, et auquel il était loin de s'attendre.

Une prairie de petite étendue était en face de lui ; sur cette plaine, il vit des apparences de culture ; d'un côté, un champ de blé verdoyant ; de l'autre, un champ de pommes de terre dont les tiges commençaient à apparaître et qui appartenaient certainement à une espèce hâtive.

Entre les deux champs, et à égale distance, s'élevait, nous ne dirons pas une maisonnette, mais une halle construite en bois, et dont l'architecture primitive était de tous points celle adoptée par les pâtres, pour s'abriter pendant les six mois qu'ils passent avec leurs troupeaux dans la montagne.

Seulement, cette hutte était plus grande, et surtout plus solidement établie, que celles qu'on rencontre généralement sur les hauts plateaux alpins. Elle était couverte en chaume, et, luxe très grand dans ces régions, les fenêtres, ou du moins les trous ronds qui en tenaient lieu, avaient un châssis mobile, vitré, et des volets que l'on pouvait fermer la nuit. En ce moment, ces volets étaient ouverts.

Un grand hangar en planches attenait à la hutte du côté droit. Au côté gauche se trouvait, fermé par une haie, un jardin potager très mal soigné, long de dix à quinze mètres au plus et renfermant, sans parler de quelques plantes qui ne tarderaient pas à percer la terre, car on était au mois de mai, trois arbres à fruits, cerisier, poirier et amandier, dont les fleurs commençaient à se montrer.

La porte de la hutte était ouverte, retenue par une pierre pour l'empêcher de se refermer. Plusieurs planches jetées à terre et une assez grande quantité de chaume laissèrent deviner que le propriétaire, quel qu'il fût, de cet immeuble, était occupé à le réparer.

— Hé! murmura Marcel, est-ce que je me serais trompé? Mon raisonnement serait-il faux? Trouverai-je ici un compagnon? Bah! S'il en est ainsi, je lui demanderai l'hospitalité. Cela ne se refuse pas dans la montagne; nous causerons et nous nous entendrons facilement; si le maître de céans est simplement absent, je l'attendrai, voilà tout.

En arrivant devant le hangar, Marcel aperçut les quatre chèvres et le bouc, couchés bien à leur aise sur une épaisse et chaude litière de paille.

— Oh! oh! dit-il en les voyant; je crois que je me suis trop hâté de considérer ces gentilles bêtes comme m'appartenant. Mais comment se fait-il qu'au lieu de se faire traire par leur pasteur, elles soient venues me demander ce service? Cela, du reste, m'a été fort agréable. Il y a là quelque chose qui n'est pas clair, et un mystère qui a besoin d'être débrouillé.

Il pénétra alors dans la maisonnette; un seul regard suffit pour lui prouver qu'il ne s'était pas trompé. Il n'y avait personne ; cependant tout indiquait qu'elle était habitée, et que, quel que fût le temps écoulé depuis son absence, le propriétaire était sorti avec l'intention bien arrêtée de revenir bientôt.

L'intérieur de la hutte ne formait qu'une seule pièce très vaste et à peu près carrée. Le sol, en terre battue, formait une aire assez raboteuse, à cause de la boue apportée du dehors par les sabots des pâtres ou des autres personnes venues dans cette demeure ; le tiers de la pièce était pris par une énorme cheminée dont le manteau en bois, fixé à la toiture, descendait en cône renversé et formait un large auvent. Le foyer était fait avec des pierres posées en triangle ; une crémaillère se balançait au-dessus, soutenant une marmite en fer.

A droite de la cheminée se trouvait une longue et forte table, très large, grossièrement taillée, et sur laquelle il y avait quatre moules à fromage dont trois étaient vides. Le quatrième, posé sur deux tringles de bois assez hautes, contenait un fromage en train d'égouter, nouvelle preuve que la hutte était habitée.

Sous la table étaient rangées plusieurs seilles destinées à contenir du lait ; à côté se dressait une baratte en excellent état ; à côté étaient deux seaux, dont l'un était plein d'eau.

A gauche de la cheminée était placée une huche. Marcel, après avoir enlevé et posé à terre une grande boîte pleine de clous de toutes sortes et de toutes grandeurs, un marteau, des tenailles et d'autres outils laissés là un peu à l'aventure, souleva le couvercle de la huche ; elle était pleine de farine. A côté, sur deux bûches servant de chantiers, était posé un grand sac rempli de froment.

— Eh ! eh ! dit Marcel, voilà un gaillard prévoyant, les vivres ne lui manquent pas. En parlant ainsi, il regardait la cheminée, sous laquelle pendaient un jambon et de gros quartiers de lards. Près du foyer étaient ran-

s une longue paire de pincettes et une pelle en fer.
ut près du sac de blé se trouvaient une grande chau-
re, un chaudron, et contre la cheminée pendaient
e poêle à frire et un gril en fer.

Au moment où Marcel achevait cet inventaire, les
èvres, toujours flanquées de leur bouc, entrèrent sans
moindre cérémonie dans la hutte.

— Bien ! Je vous comprends, chères petites, dit le
me homme ; ne vous impatientez pas ; je suis à vous
ns un instant.

Il alla prendre une seille, la rinça avec soin, puis il
int toujours riant.

Lorsqu'il eut achevé de traire les chèvres, il leur
ietta un peu de pain dans sa main ; elles le man-
rent gentiment et firent leurs petites mines coquettes ;
es sortirent ensuite en gambadant et ne tardèrent pas
disparaître dans le bois.

— Là ! dit Marcel en approchant un escabeau de la
le et s'asseyant, réfléchissons un peu, maintenant.
nomme qui habite cette demeure possède tout ce
i me manque ; en nous associant, et il ne me le refu-
ra pas, nous doublerons nos forces. Notre délivrance
deviendra plus qu'une question de jours, peut-être
ème d'heures... Mais il tarde bien à rentrer ! Où peut-
être ? Que fait-il ? Comment ne l'ai-je pas aperçu de-
is l'orage, moi qui ne suis pas resté un instant en
ace et ai rôdé de tous les côtés, à la recherche d'un
trouvable passage ? Comment n'a-t-il pas aperçu la
amme ou la fumée des feux que j'ai allumés ?

En ce moment, son regard, errant autour de lui, se
a par hasard sur la cheminée où une marmite pen-
it à la crémaillère.

— Ouais ! dit-il, cette marmite n'a pas été laissée
ndue ainsi pour rien. Le maître de la hutte, avant de
rtir, a mis probablement son déjeuner ou son dîner
r le feu, afin de le trouver cuit et prêt à être mangé

7

à son retour ; mais le feu, qui, peut-être, devait durer toute la journée, s'est éteint, faute d'une quantité suffisante de combustible ; il ne reste plus que des cendres. Notre homme a dû quitter son logis de très bonne heure, au lever du soleil probablement. Si je rallumais le feu ! En rentrant, il trouverait son dîner à point, et, reconnaissant du service que je lui aurais rendu, il m'en offrirait ma part. Nous ferions ainsi connaissance dans d'excellentes conditions. Et il ralluma le feu.

Il se pencha vers la cheminée et souleva la marmite, qu'il décrocha et posa sur l'aire. Elle était très lourde. Il enleva le couvercle.

La marmite était pleine jusqu'aux deux tiers de sa profondeur. Sur toute sa surface s'étendait une couche de graisse jaunâtre, sur laquelle pointaient çà et là, comme des rochers sur l'océan, des morceaux de pommes de terre et des oignons. Au centre, une substance noirâtre, sèche, dure et arrondie, émergeait et ne pouvait être qu'un quartier de viande.

— Oh ! oh ! murmura le jeune homme, voilà qui est étrange. Il est évident que ce ragoût, quel qu'il soit, a cuit longtemps pour s'être ainsi réduit ; il n'est pas moins certain que le feu s'est éteint faute d'aliments. Trois jours au moins doivent s'être écoulés depuis que le propriétaire de cette demeure a préparé et mis au feu ce ragoût, avant de s'éloigner. Il est certain pour moi maintenant que le malheureux ne reparaîtra pas. Voici ce qui a dû se passer :

Sorti pour faire paître son troupeau, dont les chèvres qui m'ont si miraculeusement sauvé faisaient partie, quand il a vu le ciel prendre un aspect menaçant, il a voulu regagner son gîte et mettre ses bêtes en sûreté ; il a donc repris en toute hâte la route qui devait le ramener ici ; mais l'orage l'a surpris à l'improviste, et l'éboulement survenu, coupant le sentier, lui a rendu tout retour impossible. Que sera-t-il devenu, lui, le pauvre malheureux, au milieu de la fureur des éléments déchaînés? Dieu veuille qu'il ait réussi à sauver sa vie!

Quelle coïncidence bizarre! Tandis que cet infortuné se voyait arrêté et empêché de regagner ce plateau, moi, par contre, je m'y trouvais retenu de force, par suite du même évènement. Peut-être est-ce un bonheur pour moi que les choses aient eu lieu ainsi. Cet homme, en descendant dans la vallée, aura raconté les causes qui l'ont chassé de la montagne, car je ne puis admettre qu'il soit mort; cette pensée serait trop douloureuse.

Tout en se livrant, avec son adresse habituelle, à ces occupations culinaires, il ne put s'empêcher de penser que le pâtre, en préparant avec tant de soin son dîner, ne se doutait guère que ce ne serait pas lui qui le mangerait.

Puis Marcel alla au hangar, qui était fort grand et surtout très élevé et très profond. Il était séparé en deux étages à peu près à la moitié de sa hauteur. La partie supérieure servait de grenier et était presque remplie de bottes de paille. Le bas servait d'écurie pour les chèvres; des crèches étaient appliquées contre la cloison du fond. Une épaisse litière était étendue sur le sol; une quantité assez considérable de chèvres et de moutons pouvait s'abriter sous ce hangar, complètement couvert d'ailleurs. Une ample provision de bois scié ou en javelles était emmagasinée dans un angle. Près d'un amas assez modeste de pommes de terre, des bottes d'aulx et d'oignons étaient suspendues à la muraille par de longs clous.

— Bon! fit en riant Marcel, quand il les aperçut; je reconnais à ces condiments la nationalité de mon prédécesseur. Il n'y a que les Provençaux capables de faire de telles provisions!

Il vit dans un coin un petit baril presque rempli d'huile, et deux autres, de proportions un peu plus considérables, pleins aussi, mais il ne put dire de quoi;

seul, le baril d'huile était percé et possédait une cannelle.

Il découvrit, pendu à un clou, dans un coin du hangar, un chevreau presque entier, dépouillé, ouvert et paré aussi bien qu'un boucher de profession aurait pu le faire.

— Bien ! dit Marcel en riant. Ce qui manque doit être dans la marmite. Décidément mon prédécesseur était un sybarite et se nourrissait bien. Je tâcherai de l'imiter.

Le soleil se couchait ; les chèvres étaient de retour depuis quelques instants ; le jeune homme s'empressa de les traire encore une fois ; puis il entra dans la hutte, et, comme l'obscurité commençait à grandir, il alluma la lampe.

Le froid devenait vif, il ferma les volets et la porte simplement au loquet. Il y avait une barre solide pour l'assujettir à l'intérieur ; mais Marcel ne voulut pas se barricader ; en dépit de ses raisonnements pleins de logique, il espérait encore voir revenir celui qu'il avait attendu pendant toute la journée et dont il avait pris la place.

CHAPITRE X

Où Marcel éprouve plusieurs surprises plus agréables les unes que les autres.

LA soirée était sombre et sans lune. Au coucher du soleil, le temps s'était mis à l'orage, le vent s'était levé et soufflait avec force.

— La nuit sera mauvaise, dit Marcel, qui était allé

dans le hangar chercher un bottillon de paille pour faire un lit à sa chienne.

Il étendit la paille au pied de l'espèce de coffre servant de lit et en forma une litière moelleuse.

Puis il retira la marmite du feu et mit le couvert : une assiette creuse, un verre, une écuelle de lait, un pot d'eau, sa marie-jeanne encore au tiers pleine de vin, une cuiller, une fourchette. Il posa sur une assiette le jambon qu'il avait apporté avec lui, alla couper un triangle du fromage fabriqué par son prédécesseur, prit dans la huche, qui en renfermait deux, une miche à peine entamée, plaça un escabeau près de la table, et, cela fait, il revint à la marmite, qu'il découvrit.

Un flot de vapeur s'éleva aussitôt et parfuma la pièce d'une odeur des plus appétissantes.

Ho ! ho ! si je ne m'en étais douté depuis longtemps, voilà un fumet qui me dénoncerait les excitants méridionaux si én honneur à Tarbes et autres lieux circonvoisins.

Il ne s'était pas trompé : la marmite contenait un ragout de haute saveur, fait d'un quartier de chevreau cuit avec des pommes de terre, de l'ail et des oignons auxquels on avait ajouté force sel et poivre.

Il partageait ses mets fraternellement avec Petiote, qui, de son côté, faisait disparaître les os de chevreau avec un entrain admirable. Après le ragoût, Marcel passa au fromage, qu'il trouva d'un goût exquis, très fin et très aromatisé.

— Aussitôt que je serai définitivement installé, dit-il, il faudra que je fasse des fromages et du beurre ; cela me sera facile, puisque voilà une baratte. Mes chèvres me donnent beaucoup plus de lait qu'il ne m'en faut pour ma consommation ; je ne veux pas le laisser perdre. Je vois que je ne manquerai pas d'occupations. De même que Robinson Crusoé, me voilà à la tête de deux habitations, une grotte et une hutte, maison d'hiver et maison d'été ; mais toutes deux sont assez mal closes : elles réclament de sérieuses réparations pour me mettre à l'abri du vent, de la pluie et du froid. Demain, au lever du soleil, après avoir trait mes chèvres, je retournerai à ma grotte, je rapporterai ici tous mes bagages et je me mettrai sans retard à la besogne.

Il quitta alors la table, lava la vaisselle dont il s'était servi et remit tout en place. Cela fait, il arrangea le feu de façon à le faire durer toute la nuit.

— Faisons notre lit, maintenant, dit-il. Il commença par enlever les couvertures et les jeta de côté. — Elles ne sont pas trop mauvaises, dit-il ; bien lavées, elles me seront très utiles. Couchons-nous.

Au même instant la porte s'ouvrit avec fracas ; le vent s'engouffra avec fureur dans la hutte, éteignit la lampe et dispersa les cendres et les tisons du foyer çà et là à travers la pièce. — Voilà une rude bourrasque, dit Marcel, sans autrement s'émouvoir. J'ai cru un instant que mon prédécesseur revenait et que c'était lui qui annonçait si bruyamment sa présence. Il se hâta de fermer la porte et de rallumer la lampe.

— Ma foi, dit-il en assurant la barre de bois qui faisait une fermeture solide, je me clos parce que j'y suis contraint ; si par impossible le maître de céans venait à rentrer, il en serait quitte pour frapper. Grâce à Petiote, je ne serai pas long à m'éveiller et j'aurai bientôt ouvert.

Après avoir rassemblé les débris épars de son feu et l'avoir suffisamment garni pour le conserver toute la nuit, Marcel se décida enfin à s'étendre sur la paillasse qui lui tenait lieu de lit ; il éteignit sa lampe, s'enveloppa du mieux qu'il put ; il ferma les yeux et s'endormit presque aussitôt. Lorsqu'il s'éveilla, il faisait grand jour. Il se leva d'un bond, il était transi. Son premier soin fut de raviver le feu, dont les flammes bienfaisantes l'eurent bien vite réchauffé. Puis il ouvrit la porte et les volets. Le temps était magnifique ; le ciel était bleu, sans nuages ; le soleil brillait et mettait une étincelle à chaque goutte de rosée ; les oiseaux chantaient à pleine gorge sous les frondaisons. Tout était gai et riant autour de la petite hutte champêtre.

Marcel ne tarda pas à subir l'influence de ce réveil joyeux de la nature.

Les chèvres traites allèrent brouter dans les rochers ce chèvrefeuille des Alpes dont elles sont si friandes. Marcel mangea un morceau, puis il siffla sa chienne, prit son bâton et quitta la hutte, dont il laissa la porte ouverte.

Cette fois, au lieu de suivre le sentier, il coupa au plus court en marchant à travers bois, car il avait hâte d'atteindre la grotte. Tout en marchant aussi vite que le terrain accidenté le lui permettait, le jeune homme regardait curieusement autour de lui, non par désœuvrement, mais afin de se rendre compte des essences dont ce bois était composé ; il reconnut bientôt que ces essences étaient nombreuses, mais que les ormes, les frênes et surtout les châtaigniers étaient en majorité. Ces bois étaient précieux pour lui ; il se promit de les utiliser au besoin pour les réparations et les améliorations qu'il avait projetées. Tout à coup il poussa une exclamation joyeuse. Il venait de découvrir tout autour de lui une grande quantité de morilles poussant au bord des fondrières, sous les frênes et les châtaigniers. Quelques-uns mêmes de ces champignons apparaissaient dans les cavités remplies de terre des arbres les plus âgés.

C'était une découverte précieuse, la morille n'ayant pas d'espèces vénéneuses et étant aussi inoffensive qu'agréable au goût.

Il continua donc son chemin. Bientôt il sortit du bois et se retrouva dans la plaine à une courte distance du lac.

Tout était calme et reposé dans la plaine ; une foule d'oiseaux voletaient çà et là. Ce paysage si simple et si primitif, que la main de l'homme n'avait pas encore gâté, avait un aspect pittoresque.

Un lapin partit à l'improviste presque sous les pieds du jeune homme.

— Hé ! mon gaillard, dit gaîment Marcel, en le regardant courir et le menaçant du doigt ; tu as deviné que je n'ai pas mon fusil, hein ? Sois tranquille, toi et tes camarades, vous ne perdez rien pour attendre.

Quelques minutes plus tard, il rentrait dans la grotte ; chaque objet était dans l'état où il l'avait laissé.

— Définitivement, je suis bien véritablement seul ici, murmura-t-il tristement. Il faut que j'en prenne mon parti.

Le retour s'effectua sans incidents d'aucune sorte, et comme Marcel s'était hâté, son absence n'avait pas duré tout à fait deux heures.

Lorsqu'il se fut débarrassé de ses bagages, son premier soin fut de procéder à l'inventaire de ce qu'il possédait.

On se rappelle que, la veille de son départ de la ferme de Beaurevoir, son ami Pierre Morin lui avait enlevé son sac et que, sans le prévenir, il l'avait remplacé par un autre beaucoup plus grand auquel il avait ajouté une gibecière. Le généreux régisseur de la ferme modèle avait exigé de son ancien élève la promesse qu'il n'ouvrirait pas le sac avant d'être arrivé au terme de son voyage.

Malheureusement, depuis cet engagement pris, il s'était passé un évènement que ni Pierre ni Marcel n'avaient pu prévoir.

Bien qu'en réalité son voyage se trouvât ainsi terminé de fait, Marcel hésita longtemps avant d'ouvrir le sac. Il se décida pourtant, non sans étouffer un soupir, à procéder à l'inventaire de ses richesses encore ignorées.

Il commença par la gibecière. Celle-ci, à laquelle plus

d'un dur assaut avait été déjà donné, était presque vide.
Il y trouva au fond trois boîtes de conserves destinées à
égayer un déjeûner de la ferme. L'une était plate et
renfermait des petits pois ; la seconde, ronde et haute,
et la troisième, qui affectait un volume intermédiaire,
portaient pour suscription, l'une, salmis de lièvre, l'autre,
poulet marengo. Cette découverte imprévue amena un
franc éclat de rire sur les lèvres de Marcel.

— Mon ancien professeur me traite en gourmet, dit-
il ; je le remercie d'autant plus que, lorsque j'aurai
mangé ces excellentes choses, les boîtes de fer blanc
qui les contiennent me constitueront d'excellents récipients.

Dans la valise il trouva encore un livre d'agriculture
pratique et un traité de botanique, ouvrages précieux
pour lui, puis le reste du jambon et la marie-jeanne
contenant encore quelques gouttes de vin.

Le jeune homme détacha le fusil, l'enleva de l'étui et
le monta. C'était une arme fort belle, véritable chef-
d'œuvre de Lepage. Elle avait un double canon à rubans,
était du système Lefaucheux, et le jeune homme ne
tarda pas à trouver l'occasion de s'assurer que, portant
également le plomb de chasse et la balle, son fusil était
d'une justesse de tir incomparable.

A l'étui du fusil était solidement liée une boîte assez
longue renfermant un assortiment complet de tous les
outils de menuiserie. Pierre Morin avait fait venir de
Paris ces outils bien trempés et de forme élégante,
parce qu'il savait quel goût son élève avait pour tous
les travaux manuels.

Aussi le visage de Marcel fut-il resplendissant de
joie.

— Voilà, s'écria-t-il, qui me sera d'un grand secours
pendant les journées pluvieuses et les longues veillées
d'hiver. Avec ces beaux outils, on peut défier l'ennui.

Au-dessus du sac, à l'examen duquel Marcel se décida

enfin de procéder, un long et large tube en fer blanc était retenu par trois courroies. Il y trouva les quelques mains de papier, les crayons, les plumes, le canif et la petite bouteille d'encre qu'il avait achetés à son passage à Grenoble.

— Bon, dit-il en riant, je pourrai tenir un journal de mes faits et gestes. Cela n'est pas à dédaigner, les pensées qu'inspire la solitude doivent êtres justes et intéressantes. D'ailleurs, Robinson dans son île, s'il m'en souvient bien, tenait un journal ; ce sera un nouveau point de ressemblance entre nous.

Tout en parlant ainsi, Marcel avait défait les boucles de son sac et l'avait ouvert.

— Oh ! oh ! voici quelques vêtements et du linge. Dieu soit loué ! Voyons un peu : cinq chemises en toile toutes neuves, deux pantalons et deux vareuses en solide coutil, une douzaine de mouchoirs, quatre paires de bas de laine, deux gilets de chasse en étoffe chaude et moelleuse. J'en ai là pour longtemps, d'autant plus que j'en prendrai grand soin. Si en effet je suis condamné à rester ici plusieurs années, il me serait fort difficile de renouveler ma garde-robe. Mais qu'est ceci ? Des lames de scie roulées comme des ressorts de montre ! Il y en a huit de diverses dimensions, celles-ci sont des lames destinées à une scierie à eau. Ce brave Pierre n'a pas oublié que mon père adoptif a depuis longtemps le désir de monter sur le Guiers-Mort une petite usine de cette nature. Voilà maintenant des lames de rabot de diverses dimensions et de formes diverses : lame à raboter, lame à tenons, lames à mortaises. Le bois ne me manque pas ici, je me charge d'emmancher convenablement ces précieux outils. Bon ! voilà une poire à poudre, des cartouches à balle et des cartouches à plomb de numéros variés ; j'ai des munitions pour longtemps. Qu'est-ce encore cela : oh ! le charmant elzévir ! les *Essais* de Michel Montaigne ? Oh ! mon vieux philosophe, tu seras mon consolateur et mon soutien quand sonneront les heures de tristesse et de découragement. Mais qu'est-ce que je sens donc là entre deux chemises, dans un boîte en carton ?

Il prit la boîte et l'ouvrit ; elle contenait une superbe et excellente montre en or de Leroy ; deux chaînes de gilet, l'une en or, l'autre en argent, étaient jointes à la montre. Dans la boîte se trouvait placé également un papier plié en quatre ; Marcel l'ouvrit et en lut le contenu ; il avait des larmes plein les yeux, larmes de joie, d'attendrissement et de reconnaissance.

Ce papier contenait ces simples mots. Le jeune homme les relut vingt fois avec la plus sincère et la plus profonde émotion.

« Cher Marcel, cette montre complète les surprises que je m'étais promis de te faire, comme une faible preuve de mon éternelle amitié. Nul n'est dans le secret de l'avenir ; je veux que dans quelque situation que tu te trouves, heureux ou malheureux, en regardant cette montre, tu penses à moi comme à l'homme qui t'aime plus que tout au monde, pour le bien que tu lui as fait. Si tu es heureux, mon souvenir te sera agréable en te rappelant un autre heureux qui te doit son bonheur ; si tu es malheureux, mon exemple te donnera du courage.

« Ton frère par le cœur, Pierre MORIN. »

Marcel, en proie à une émotion poignante, demeura longtemps les regards obstinément fixés sur ce billet qu'il tenait dans ses mains et que ses larmes l'empêchaient de relire. Il soupirait et se laissait aller à la plus amère mélancolie sans même tenter de réagir contre l'abattement général qui le paralysait.

Mais, peu à peu, sa tristesse se calma ; la paix rentra dans son esprit ; il relut une fois encore le billet si court et si touchant de son ami, dont il commenta chaque mot ; puis il le plia et le serra précieusement dans son portefeuille.

— Oh ! mon cher et aimé Pierre, murmura-t-il doucement d'une voix émue ; ce billet est une prophétie, ton amitié t'a fait pressentir l'avenir sombre et l'épreuve terrible que Dieu m'inflige. Tu as raison comme toujours ! Ton souvenir me rend non seulement mon courage, mais encore il double mon énergie. Je serai digne de toi.

Il prit la montre, la monta en se réglant sur le soleil, l'attacha à la chaîne d'argent, et, après l'avoir pieusement baisée, la plaça dans la poche de son gilet.

— Maintenant, dit-il après un instant, il s'agit de ranger le mieux possible toutes ces richesses sur une tablette, jusqu'à ce que je me sois confectionné une armoire pour les serrer. Cela, d'ailleurs, ne tardera pas. Le sac est vide ! Mais non ! il contient encore un sac en papier très volumineux. Qu'est-ce cela ?... *Échantillons de graines...* Voyons donc.

Il ouvrit le sac et en versa le contenu sur un coin de la table ; c'était une quantité de petits paquets dont il lut les étiquettes.

Il y avait là des semences de toutes sortes : des légumes, céleri, oignons, échalotte, ail, civette. « Voilà qui aurait rendu mon prédécesseur bien heureux, » dit Marcel en souriant. Puis il continua : « Artichaut, cardon, bette, carotte, rave et navet, cresson alénois, épinards, oseille, laitue, choux de toutes espèces, panais, persil, cerfeuil, etc., etc. Tous les légumes cultivés dans les jardins potagers. Bon ! dit le jeune homme, j'ai là de quoi planter un grand jardin. »

Puis il trouva des haricots, des pois, des lentilles, des fèves de marais ; puis des graines de fourrages artificiels ; puis des graines de céréales en petite quantité, mais appartenant toutes à des espèces nouvelles et recommandées : blé, orge, avoine, seigle, sarrazin, maïs. Quand il lut sur les enveloppes de divers paquets : melons, concombres, courges, potirons, coloquintes, gourdes, pastèques.

— Oh ! diable, dit-il ; la température est un peu basse ici pour cette culture. Il va me falloir des couches. Je m'en ferai. Puis, quand il eut classé ces semences précieuses :

— Cher Morin, dit-il ; c'est bien l'homme de toutes les précautions ; il pensait à plaire à mon père adoptif, mais, en somme, il n'a rien oublié de ce qui peut m'être utile. Ne dirait-on pas qu'il avait le pressentiment de mon malheur, et qu'il a tenté de l'adoucir autant que cela lui était possible ? Il se mit alors en devoir de ranger sur des tablettes tous les objets qu'il avait retirés de sa gibecière et de son sac.

Cette occupation lui prit assez de temps. Lorsqu'elle fut terminée, il raviva le feu, suspendit la marmite à la crémaillère, ramassa ensuite les couvertures abandonnées par son prédécesseur et les porta dans un ruisseau qui courait à quelques pas de la hutte. Il les étendit au fond de l'eau et les fixa avec des pierres.

— Je n'ai point de savon, dit-il ; mais, quand ces couvertures seront suffisamment détrempées, je n'aurai qu'à cueillir à pleines mains cette saponaire qui pousse si vigoureusement le long du ruisseau pour achever de faire une lessive complète. Il prit alors une seille et se dirigea vers le bois, à la recherche des morilles, dont il fit une abondante récolte. Il cueillit en même temps du cresson et des fraises.

— Avec un morceau de fromage, cela me fera un dessert que m'envierait un gourmand, dit-il en reprenant le chemin de la hutte. Mais voyons un peu le jardin, fit-il avant de rentrer. Il posa sa seille près de la porte et entra dans le petit enclos ; l'amandier et l'abricotier étaient en pleine floraison ; les bourres du poirier et du cerisier se gonflaient et allaient s'épanouir. Quant aux plantes potagères, sauf quelques pieds d'oseille, de chicorée sauvage, de cerfeuil et de persil, toutes les autres étaient mortes.

— Hum ! dit Marcel, ce digne Provençal avait sans doute beaucoup de bonne volonté, mais il ignorait les plus simples éléments de l'horticulture ; il est temps de réparer tout cela. Dès demain, je me mettrai à l'œuvre, car le temps presse. La terre est excellente et pourrait se passer de fumier ; néanmoins la litière des chèvres m'en servira.

Après son dîner, Marcel, terminant la tâche qu'il s'était imposée, acheva de mettre ses outils en état de lui servir ; puis, à dix heures précises, il se coucha, après avoir remonté sa montre et l'avoir accrochée à portée de sa main.

A quatre heures du matin, il se leva et sortit de la hutte. Son premier travail fut de transporter du fumier dans le jardin, besogne longue et pénible, car il n'avait pas de brouette, et il lui fallait prendre la litière à la fourche et la porter ainsi. Bien que la distance à parcourir fût très courte, cette occupation lui prit deux heures.

Après avoir trait ses chèvres, il se remit à la besogne et commença à labourer. Il était habile et vigoureux ; la terre était bonne ; en cinq heures, le travail fut terminé.

— A demain les semailles ! dit-il en riant. J'irai ensuite biner les pommes de terre, que la mauvaise herbe envahit. Ne voulant pas perdre les quelques minutes qui lui restaient avant l'heure réglementaire de son déjeûner, Marcel tendit un cordeau qu'il avait trouvé sous le hangar et divisa son potager en carrés qu'il sépara par des sentiers de vingt-cinq centimètres.

En ce moment, il vit arriver près de lui, d'une course précipitée, Petiote, qui, depuis le déjeûner, était allée rôder dans le bois. La surprise de Marcel fut extrême quand la brave chienne s'arrêta devant lui et déposa délicatement à ses pieds un magnifique lapin de garenne que, sans doute, elle avait surpris et étranglé d'un coup de gueule.

Le jeune homme flatta de la main l'animal, qui reçut ses caresses avec sa gravité habituelle.

— C'est très bien, Petiote ! Vous êtes une excellente pourvoyeuse, mademoiselle ! Grâce à vous, nous aurons ce soir un succulent diner. Continuez ainsi pendant que je travaillerai ; chassez ; nous nous en trouverons bien l'un et l'autre.

Marcel ramassa le lapin et le pendit à la porte. Puis il revint à son échelle, grimpa sur la hutte et examina l'importance des réparations qu'il avait à faire.

CHAPITRE XI

Où l'homme au burnous commence à se dessiner carrément.

PENDANT que notre jeune Robinson est en train de s'installer dans son *île alpestre*, que, grâce à son courage, à son énergie et à sa persévérance, il se suffit à lui-même, et que, par conséquent, nous pouvons, sans trop d'inquiétude, l'abandonner pour quelque temps à lui-même, nous nous transporterons d'un trait à la ferme des Alouettes.

C'était le soir d'un des derniers jours du mois de mai ; les travaux de la ferme étaient terminés ; les ouvriers et les valets employés aux Alouettes s'étaient retirés déjà depuis longtemps et se livraient au repos après une rude journée de travail.

Il était dix heures du soir ; chacun sait que c'est là une heure très avancée pour les campagnards, habitués à se coucher presque en même temps que le soleil.

Sous un bosquet touffu de clématite, de chèvre-feuille et de glycine, trois personnes étaient assises autour d'une table sur laquelle était servi le repas du soir, et où une grande lanterne répandait une clarté brillante. Mais aucune des trois personnes ne songeait à manger. Elles restaient pensives et absorbées par des préoccupations poignantes.

Ces trois personnes étaient Jacques Chrétien, le fermier des Alouettes, sa femme Jeanne, et Jérôme, le laboureur de la vallée du Graisivaudan.

Jeanne filait ; mais ses pensées étaient bien loin du travail auquel elle se livrait machinalement : de grosses larmes coulaient lentement sur ses joues, sans qu'elle songeât à les essuyer. Seulement, lorsque sa vue était complètement obscurcie, elle passait le revers de sa main sur ses yeux, puis elle reprenait son travail avec une ardeur inconsciente. Jacques Chrétien et Jérôme, depuis près d'une heure, n'avaient pas échangé une parole.

— Décidément, ils ne viendront pas, dit enfin Jérôme avec découragement.

Jacques tressaillit en entendant ces mots ; il releva brusquement la tête, hésita pendant quelques secondes et répondit d'une voix sourde :

— Ils ont promis ; ils viendront.

— Ce n'est guère probable, maintenant, reprit Jérôme en hochant la tête.

— Pourquoi donc cela ? demanda Jacques Chrétien en regardant fixement son interlocuteur.

— Dame ! reprit l'autre, parce que dix heures et demie viennent de sonner au clocher de Saint-Laurent-du-Pont, et que la nuit est bien avancée déjà.

— N'importe ! affirma le fermier des Alouettes. Ils ont promis, ils viendront !

— Rien ne les arrêtera, murmura Jeannette d'une voix douce.

— Attendons donc, reprit Jérôme. Ce que j'en disais n'était pas pour moi. Je puis fort bien, s'il le faut, passer la nuit entière sous ce bosquet, en les attendant ; mais je pensais à vous, Jacques Chrétien, qui devez être rompu de fatigue, et surtout à madame Jeannette, qui, sauf votre respect, me semble avoir grand besoin de repos.

— C'est vrai, dit le fermier. Pauvre Jeannette ! tu devrais rentrer et ne pas rester plus longtemps exposée au serein de la nuit.

La fermière fit un signe négatif de la tête. Elle essuya ses larmes avec son tablier, et, essayant de sourire :

— Je suis forte, mon homme, dit-elle. Ne t'inquiète pas de moi ; je veillerai jusqu'à leur arrivée.

Voilà ce qui s'était passé à la ferme, lors de la disparition de Marcel Sauvage. On se souvient que le jeune homme avait fait annoncer à son père adoptif, par l'homme au burnous, le jour précis de son retour à la ferme.

Jacques et sa femme connaissaient de longue date son exactitude dans les grandes comme dans les petites choses. Ils savaient que rien ne pouvait le faire manquer à sa parole, dès l'instant où il l'avait engagée. La première partie de la journée s'écoula gaîment et sans trop d'impatience.

Cependant, le temps, qui avait été fort beau pendant la plus grande partie du jour, s'était gâté tout à coup, comme cela arrive si souvent dans les régions élevées ; une tempête terrible, mêlée d'éclairs et de tonnerres, avait subitement éclaté dans la montagne.

Alors, une inquiétude poignante s'empara du fermier, de sa femme et des amis qu'il avait invités à célébrer avec eux le retour de l'enfant prodigue. C'est ainsi que Jacques Chrétien avait baptisé le matin même, en riant, son fils adoptif.

Vers cinq heures du soir, des nuages d'apparence sinistre avaient commencé à s'étendre sur la vallée, et, pendant près de deux heures, l'ouragan déchaîné avait sévi avec une rage incroyable.

Jacques et sa femme passèrent la nuit entière sans dormir. Jeannette priait en sanglotant et demandait à Dieu de protéger son enfant. Jacques et tous les habitants de la ferme, en proie à la plus poignante anxiété, mais ne connaissant pas l'itinéraire choisi par Marcel, avaient organisé de grandes battues dans toutes les directions, pour aller à la recherche du jeune homme. On supposait que, surpris à l'improviste par l'ouragan, il s'était égaré dans la montagne et n'avait pu atteindre un des nombreux *ports* ou passages qui descendent dans les vallées.

Le déchaînement de la tempête avait été le signal du départ de tous ces braves gens. Malgré le vent, la pluie, le tonnerre et la fureur insensée des éléments confondus, ils avaient fait des prodiges d'audace et de dévoûment.

Malheureusement, ces efforts restèrent sans résultats. Jacques Chrétien rentra le dernier de tous. Il était dans un état effrayant ; ses vêtements étaient en lambeaux; ses mains et son visage ensanglantés.

C'est qu'en effet le fermier des Alouettes s'était réservé la tâche la plus rude et la plus périlleuse.

Il connaissait l'itinéraire suivi par Marcel quand il avait quitté la ferme en compagnie de l'homme au burnous, pour se rendre successivement à Grenoble et à la ferme de Beaurevoir. Il supposa que le jeune homme avait dû reprendre, au retour, la route qu'il avait appris à connaître en allant.

Jacques, sans rien dire à sa femme, de peur de l'effrayer, lança donc ses amis et ses ouvriers dans toutes les directions, et prit lui-même la route du *Grand-Frou*, qu'il atteignit, comme par miracle, au plus fort de l'orage, après avoir fait des prodiges d'adresse et de témérité.

Il s'engagea résolument sur l'effroyable sentier. Nous nous sentons impuissants à rendre les péripéties horribles de cette marche au-dessus de l'abîme béant, au milieu d'une obscurité opaque, avec la lutte multiple contre les périls du chemin raviné par la pluie, contre l'ouragan en fureur.

Telle était l'œuvre accomplie par Jacques Chrétien pendant cette nuit sinistre ; il revenait blessé, mais non vaincu par cette lutte ardente.

Malgré son insuccès apparent, l'absence même de toute trace du passage de son fils adoptif sur le Grand-Frou avait redoublé son énergie ; l'espoir commençait à renaître sourdement dans son cœur. En effet, si celui qu'il avait cherché avec tant d'opiniâtreté avait sans doute échappé à la fureur de l'ouragan, certainement on ne tarderait pas à le voir paraître. Quand Jacques rentra aux Alouettes, il s'attendait presque à y retrouver Marcel, blessé peut-être, mais bien vivant.

Cet espoir fut trompé. Jacques Chrétien remercia chaudement ses amis et ses serviteurs ; mais loin de joindre ses lamentations aux leurs, il essaya de les réconforter et de leur prouver que l'absence même de traces était une preuve de l'existence de Marcel. Peut-être aussi Marcel, pour des raisons encore inconnues, mais certainement sérieuses et qu'il expliquerait à son retour, avait-il été contraint de reculer son départ de Beaurevoir. On ne tarderait pas sans doute à en être informé.

Cette seconde hypothèse semblait même au brave fermier la plus probable. Marcel devait en ce moment souffrir lui-même de l'anxiété dans laquelle, malgré lui, il plongeait ses amis ; et non moins certainement il ferait cesser ces inquiétudes aussitôt que cela serait possible.

— D'ailleurs, ajouta avec un bon sourire le fermier, s'il tarde trop à revenir, je l'irai chercher moi-même et je vous le ramènerai.

Une seule personne secoua la tête avec découragement et continua à fondre en larmes. C'était Jeannette, la fermière. Son mari s'évertua vainement à la convaincre, elle demeura obstinément incrédule.

— Non ! se bornait-elle à répondre. Mon cœur me le dit, et le cœur ne se trompe pas. Notre pauvre Marcel est perdu pour nous.

— Femme, tu es folle, disait le fermier ; rien ne nous prouve qu'il soit mort.

— Je ne dis pas qu'il soit mort, répondait-elle tristement. Je dis que nous ne le verrons plus.

— Allons donc ! s'il est vivant, et je suis certain qu'il en est ainsi, nous allons le voir revenir avant peu.

Jeannette secouait négativement la tête et répétait :

— Tu te trompes ! Il est perdu pour nous. Tu le reconnaîtras bientôt. Je le crois ! je le sens ! j'en suis sûre.

A bout d'arguments, le fermier haussait les épaules et, impuissant à consoler sa femme, il se résignait à la laisser pleurer à chaudes larmes. Deux jours s'étaient écoulés depuis l'ouragan ; ni la poste, ni aucun messager, n'avaient apporté la moindre nouvelle. Jacques, sans en rien dire à personne, commençait à se laisser de nouveau envahir par ses doutes, ses craintes et ses inquiétudes.

Il jeta un long regard autour de lui et tressaillit soudain. Devant lui se dessinait au loin la longue silhouette bien reconnaissable de l'homme au burnous. Le vieux rôdeur de sentiers se dirigeait vers la ferme de ce pas allongé, sûr et rapide, dont il avait l'habitude.

— Bon ! murmura le fermier, dont le visage s'éclaira aussitôt. Voilà des nouvelles qui m'arrivent. Je savais bien que je ne me trompais pas. Et regardant attentivement l'homme au burnous :

— Notre ami ne marcherait pas de ce pas alerte et tranquille s'il avait de mauvaises nouvelles à m'annoncer, ajouta-t-il entre ses dents.

— Hé bien ! ami Jacques, dit celui-ci, lorsqu'il ne fut plus qu'à quelques pas du fermier, êtes-vous content de Marcel ? Son voyage lui a-t-il profité ?

Le fermier le regarda d'un air ahuri.

— Comment ! s'écria-t-il avec un tressaillement nerveux, vous ne m'apportez pas de nouvelles ?

— Des nouvelles de qui ? demanda l'homme au burnous avec surprise.

— Des nouvelles de Marcel, donc !

— Comment, que voulez-vous dire ?..... Où est Marcel ?

— Mais, je ne l'ai pas revu.

— Vous ne l'avez pas revu ! s'écria l'homme au burnous avec agitation ; il y a trois jours qu'il devrait être ici ! Est-ce que moi-même je ne vous avais pas annoncé l'époque de son retour ?

— En effet ! mais sans doute il aura été retenu à Beaurevoir ; je vous le répète, il n'est pas encore de retour.

— Alors, il lui est arrivé malheur ! Il a quitté Beaurevoir le jour convenu, reprit l'homme au burnous d'une voix troublée, que l'émotion rendait sourde et rauque. Ce jour même, un ouragan terrible a éclaté dans la montagne vers quatre ou cinq heures du soir. Le malheureux enfant est perdu, ajouta-t-il avec un sombre désespoir.

— Que dites-vous ? s'écria le fermier. J'espère que cela n'est pas. Il faut nous mettre à sa recherche, et peut-être...

— Il est trop tard ! interrompit l'homme au burnous d'un accent navré ; trois jours déjà se sont écoulés depuis cette affreuse catastrophe. Il est mort !... Hélas ! qui sait où gît son cadavre brisé ?

— Mort ou vif, nous le retrouverons, il le faut ! Avez-vous vu Jérome, chez qui, m'avez-vous dit, vous vous êtes arrêtés avec Marcel en allant à Grenoble ?

— Non ! J'ai quitté ce matin Beaurevoir, où j'étais rentré le lendemain du départ du pauvre enfant... Je suis venu tout droit ici, poussé par je ne sais quel pressentiment qui me serrait le cœur comme dans un étau. Comment la pensée ne m'est-elle pas venue de m'arrêter chez Jérôme ?... Oh ! c'est trop de douleurs enfin !

— Marcel n'est pas mort, bien qu'il soit perdu pour nous, hélas ! dit une voix douce et tremblante.

Les deux hommes se retournèrent en tressaillant et reconnurent Jeannette.

— Qui vous fait supposer que Marcel n'est pas mort ? demanda anxieusement l'homme au burnous. Avez-vous donc quelques indices ?

— Je ne sais rien, interrompit la fermière avec tristesse ; pourtant je suis sûre de ce que je dis : Marcel vit encore.

Et elle ajouta en posant, par un geste charmant, sa main sur son cœur :

— Je le sens là ! Ne suis-je pas sa mère de lait ?

— Il faut partir, partir à l'instant même, s'écria soudain le fermier. Jérôme doit savoir quelque chose.

— C'est vrai, s'écria l'homme au burnous en se frappant le front. Je l'avais oublié ! Pierre Morin m'a dit avoir accompagné le pauvre enfant jusqu'à la maisonnette.

— Allez donc, et que Dieu vous garde ! dit la fermière avec une indicible autorité.

En un tour de main, le fermier fut prêt pour le départ.

Jérôme, lui aussi, avait été en proie à une vive inquiétude quand l'orage avait éclaté. Il savait que Marcel
était alors en pleine montagne ; mais le temps était
trop mauvais pour qu'il fût possible de se mettre immédiatement à sa recherche. Dès le matin, au lever du
soleil, le brave montagnard s'était mis résolûment en
route. Quand il eut fait un quart de lieue dans la montagne, au milieu de difficultés sans nombre, il constata que les traces laissées par Marcel et qu'il avait
suivies jusque-là, cessaient tout à coup. Il essaya en vain
de remettre sur sa piste son chien du Saint-Bernard,
qu'il avait tout exprès emmené avec lui. L'animal ne
retrouva rien. Son maître reconnut alors, d'après les
traces qu'il avait relevées, que Marcel avait dû s'égarer
et que la fatalité, comme pour l'entraîner à une perte
certaine, l'avait conduit précisément au centre de la
région où le fléau avait sévi avec le plus de rage. Cette
découverte terrifia d'autant plus Jérôme, qu'il remarqua
que dans la direction où le jeune homme avait marché,
le sol était complètement bouleversé. Des centaines
d'arbres déracinés gisaient pêle-mêle au milieu de quartiers de roche tombés des hauts sommets et interrom-
paient complètement le passage, qu'ils obstruaien d'in-
franchissables barricades. La journée s'avançant, le
montagnard rebroussa chemin à son grand regret ; mais
il se promit de revenir le lendemain. Ses nouvelles
recherches ne furent pas plus heureuses que celles de
la veille et il rentrait désespéré lorsqu'à quelques pas à
peine de sa maisonnette, il rencontra le fermier des
Alouettes et l'homme au burnous. Jérôme avait acquis
une certitude pendant sa double exploration : que
Marcel, surpris par l'ouragan, n'avait pas eu le temps
de descendre dans les vallées. Il en conclut qu'au cas
où il n'aurait pas été tué par la chute d'un arbre ou
d'un quartier de roc, sa situation devait être des plus
précaires. Après une longue conférence, les trois

hommes résolurent, d'un commun accord, de continuer leurs recherches et de s'ouvrir un passage sur les traces de Marcel, n'importe par quel moyen.

Le lendemain, accompagnés d'une dizaine de montagnards recrutés par Jacques Chrétien, ils s'enfoncèrent de nouveau dans la montagne. Cette fois ils étaient en nombre ; ils entreprirent aussitôt la tâche difficile de déblayer le terrain.

Ce travail fort rude se prolongea pendant assez longtemps, au grand désespoir du fermier et de ses deux compagnons. Il fallut plusieurs jours d'efforts opiniâtres pour réussir à ouvrir un passage tel quel à travers ce chaos inextricable de débris de toutes sortes, emmêlés e enchevêtrés les uns dans les autres. Ce sentier improvisé, impraticable pour tout autre que des montagnards, avait à peine une lieue de long quand force fut aux ouvriers de s'arrêter.

Un immense éboulement, en modifiant complétement l'aspect du sol, avait ouvert un gouffre énorme que nulle puissance humaine n'aurait réussi à franchir. Or, indice alarmant, depuis quelques instants, Jérôme avait de nouveau retrouvé les traces bien marquées, dans le sol détrempé, du passage de Marcel et de son chien ; ces traces suivaient presque la lèvre du gouffre sur un assez long parcours ; elles s'arrêtaient brusquement au milieu d'un amas de rochers suspendus sur l'abîme. Les trois hommes rebroussèrent chemin le cœur navré. Ils avaient presque perdu tout espoir de retrouver même le corps meurtri du malheureux jeune homme. En arrivant à la maisonnette, ils trouvèrent Pierre Morin, qui, prévenu le matin par les soins du fermier, s'était hâté d'accourir. A la suite d'un échange assez triste de l'opinion de chacun sur la catastrophe dont Marcel avait été la victime, Pierre Morin, après avoir écouté attentivement ses trois compagnons, trancha nettement la question. D'après lui, le jeune homme avait été certainement surpris par l'orage ; mais devait-il nécessairement s'en suivre qu'il eût perdu la vie ! Quelle preuve avait-on qu'il eut été entraîné dans le gouffre où qu'il eût trouvé la mort de toute autre façon ?

Marcel était jeune, hardi, vigoureux, très habile à tous les exercices du corps. Il avait le pied sûr des montagnards et il avait dû, à n'en pas douter, lutter désespérément contre la tempête. Il avait avec lui un chien dont l'infaillible instinct et la remarquable sagacité avaient suffi pour avertir son maître des dangers terribles qui le menaçaient. N'est-il pas probable que le chien et l'homme, unissant leurs efforts, aient réussi l'un par l'autre à se sauver et à découvrir un abri sûr contre la tempête ? Il ne s'agit donc plus que de découvrir l'endroit où tous les deux se sont réfugiés, ce qui n'est qu'une question de temps et de patience.

— Marcel, continua Pierre Morin, portait avec lui des vivres en quantité suffisante pour être garanti de la faim pendant plusieurs jours, plus d'une semaine même, en les économisant : je connais trop notre ami pour ne pas être certain qu'il n'a pas manqué de prendre cette précaution. Le jeune régisseur conclut donc à la nécessité de continuer les recherches, dussent-elles durer un mois et même davantage ; il ajouta que, pour commencer, il serait sage d'interroger tous les pâtres, dont plusieurs étaient arrivés déjà depuis quelques jours de la montagne. Qui sait ? l'un d'eux aurait peut-être d'utiles renseignements à fournir sur le sort de Marcel.

Les observations de Pierre avaient été accueillies avec joie par ses trois compagnons. On résolut donc de se mettre à l'œuvre dès le lendemain. Un rendez-vous général fut indiqué pour un jour fixé à l'avance à la ferme des Alouettes.

Au moment où nous reprenons notre récit, cette sorte d'enquête durait depuis quinze jours sans avoir produit aucun résultat. Les quatre hommes commençaient à se décourager ; l'espoir qu'ils avaient caressé s'affaiblissait de plus en plus.

Le jour du rendez-vous, Jacques Chrétien, sa femme et Jérôme, attendaient donc sans grand espoir l'arrivée des deux retardataires. Un peu avant onze heures, l'homme au burnous arriva ; il semblait brisé de fatigue.

— Hé bien ? lui demandèrent les deux hommes.

— Rien ! répondit-il d'une voix sourde, en se laissant tomber avec accablement sur un siège.

Plus de vingt minutes s'écoulèrent sans qu'un seul mot fût échangé entre nos personnages.

Tout à coup un pas pressé se fit entendre ; Pierre Morin parut.

— Eh bien ! demandèrent de nouveau les deux hommes.

Seul, l'homme au burnous n'interrogea pas. Il pleurait, le visage caché dans ses mains.

— Demain, répondit Pierre Morin presque gaîment, je crois que nous aurons des nouvelles.

— Que voulez-vous dire ? s'écria l'homme au burnous en se levant subitement, comme frappé d'une commotion électrique.

— Je veux dire, cher Monsieur, répondit le jeune homme, que tout espoir n'est pas perdu.

— Expliquez-vous, au nom du ciel ! s'écria la fermière en joignant les mains avec angoisse.

— Parlez ! parlez ! dirent les trois hommes d'une seule voix.

— Voici la chose en deux mots, reprit Pierre Morin. Je revenais vers huit heures de ce côté, lorsque le hasard me conduisit près d'un pâtre qui s'installait sur un plateau avec ses moutons pour la nuit. Je m'arrêtai, poussé par je ne sais quel mouvement inconscient, et j'entamai la conversation avec lui. Aux premiers mots qu'il me dit, je reconnus un Provençal. — Vous êtes bien en retard, lui dis-je ; vos camarades doivent s'être partagé les meilleurs pâturages. Il vous faudra vous avancer très loin pour trouver un endroit convenable pour votre troupeau. — C'est vrai, me répondit-il, mais il n'y a pas de ma faute. — Comment cela? lui demandai-je. — Eh donc ! fit-il, je n'ai pas eu de chance : je m'étais installé dans d'excellentes conditions il y a plus d'un mois, avant tous mes camarades. — Bon ! repris-je, pourquoi tant de hâte ? — Té ! voilà, reprit-il en ricanant ; il y a quatre ans, le hasard me fit découvrir une corniche assez étendue, ayant de l'herbe et de l'eau à foison, avec des bois et des prairies naturelles. Elle était située dans une position agréable, à l'abri du vent du nord ; il y régnait, par suite, une température d'une douceur exceptionnelle. C'était une vraie bénédiction du bon Dieu, quoi !... Et il ponctua cette phrase d'un soupir. Vous comprenez bien que je gardai pour moi ma découverte, reprit-il ; je n'étais nullement désireux de la partager avec d'autres. J'avais raison, n'est-ce pas ? — Certes, répondis-je. Pourquoi donc avez-vous quitté une si belle position ! — Té ! fit-il, ce n'est pas moi, c'est elle, qui m'a quitté. — Hum ! lui dis-je, je ne comprends pas trop. — C'est cependant bien simple, vous allez voir, dit-il. Je m'étais donc installé sur ma corniche, où je m'étais bâti un *cabanon ;* un beau matin, au lever du soleil, voulant mener mes moutons et mes chèvres manger sur les rochers les lichens dont ils sont friands, j'eus l'idée de sortir de mon domaine. Me voilà parti sur les versants, dans les rochers ; mais le temps se brouille, je réunis à la hâte mon troupeau, boucs et chèvres en tête, et je reprends le chemin de la corniche. Mais un orage terrible éclate, tonnerre, éclairs, pluies et vents ; tout à la fois. Je me pressais tant que je pouvais, quand tout à coup moutons et chèvres se mettent à s'enfuir de toutes parts. Barbillot, mon chien, au lieu de les rassembler, se sauve de son côté. Tout à coup je sens la terre trembler sous mes pieds et pan ! un éboulement terrible me barre le chemin, détruit le sentier conduisant à mon cabanon et ouvre un gouffre énorme entre moi et mon plateau. J'étais ruiné du coup... J'avais naturellement laissé chez moi tout ce que je possédais. Plus moyen d'y arriver, le passage n'existait plus. J'étais furieux, mais j'avais tort. En effet, si j'étais resté sur la corniche, il m'aurait été impossible d'en sortir, je le reconnus bientôt ; un seul sentier y conduisait, et l'éboulement l'a détruit : donc le bon Dieu m'a protégé. — C'est juste, lui répondis-je, vous auriez été exposé à mourir de faim sur votre corniche. — Pour ça, dit-il, il n'y a pas de danger ! Tout y est en abondance, sans compter mes provisions que j'y avais apportées pour tout le temps de mon séjour. Ce qu'il y a de plus drôle, ajouta-t-il, c'est que pendant que je regardais une demi-douzaine de mes chèvres bondissant sur le plateau pour rejoindre leur étable, je crois avoir aperçu à la lueur d'un éclair, car il faisait noir comme dans un four, un homme arrêté presque sur le bord et de l'autre côté du précipice qui venait de se creuser ; si ma mémoire ou ma vue ne m'ont pas trompé, il avait avec lui un grand chien de montagne.

— Hein ? s'écrièrent les trois hommes d'une seule voix, que dites-vous donc là ?

— Ce que m'a raconté le pâtre, répondit Pierre Morin. Mais il n'est pas bien sûr de ce qu'il a vu, à cause de la distance d'abord, et ensuite de l'obscurité, qui était profonde.

— C'est égal, mon ami, s'écria l'homme au burnous avec agitation, il fallait...

— Faire ce que j'ai fait, interrompit en souriant Pierre Morin ; je lui ai offert dix louis s'il consentait à me conduire à cette corniche.

— Et...? dit l'homme au burnous haletant.

— Et il a accepté. J'ai pris rendez-vous avec lui pour demain à deux heures après le lever du soleil.

— Merci ! merci, mon ami, s'écria avec une indicible émotion l'homme au burnous. Il vit, maintenant j'en suis sûr, cet homme a dit la vérité. Il a bien vu : on n'invente pas de tels détails. Il vit !... oh ! je le sauverai !

— Nous vous y aiderons, dit Pierre Morin avec âme.

— Oui, oui, mes amis, je compte sur vous. Il vit ! nous trouverons un passage.

— Nous en ferons un au besoin, s'écria Jacques Chrétien.

— Dieu a fait un miracle en sa faveur, murmura la fermière, il ne laissera pas son œuvre incomplète. Vous le sauverez, j'en suis sûre, pauvre Marcel !

Le pâtre tint rigoureusement sa promesse. Il répéta son récit de la veille et il conduisit les quatre hommes à l'endroit précis où avait eu lieu l'éboulement. L'homme au burnous et ses compagnons constatèrent avec douleur que le pâtre avait dit vrai. Il n'existait pas de passage, toute communication était matériellement impossible avec la corniche. — Il faudrait un miracle ! murmura Jérôme entre ses dents. — Ce miracle, avec l'aide de Dieu, je l'accomplirai, dit l'homme au burnous en levant vers les cieux ses yeux rayonnants d'espoir et de courage.

CHAPITRE XII

Comment Marcel Sauvage fit la connaissance de mon ami Pierrot
et de madame Gigogne et ce qui s'ensuivit.

Nous quitterons la ferme des Alouettes ; deux mois se sont écoulés depuis que nous avons laissé Marcel Sauvage livré à lui-même ; il est donc temps de revenir à lui, maintenant surtout que nous avons rapporté les efforts dévoués, mais infructueux, tentés par ses amis pour le délivrer. Qu'il nous suffise, pour l'instant, d'avoir la certitude qu'ils savent où l'orage l'a jeté comme une épave et qu'ils redoubleront d'énergie et d'opiniâtreté pour le sauver. Le jeune homme, d'ailleurs, sur la corniche où il était confiné, était bien loin de soupçonner les tentatives désespérées faites en sa faveur par ses amis.

Prisonnier en plein pays civilisé, entouré de riches centres de populations rurales, à peine éloigné de quelques lieues de la ferme où s'était écoulée son enfance, Marcel se trouvait cependant aussi isolé que s'il eût été abandonné, après un naufrage, sur une des îles inconnues de l'archipel Dangereux. Tous les bruits du monde venaient mourir sans écho contre l'implacable muraille de rochers et les gouffres immenses dont son refuge était environné de toutes parts comme d'un cercle d'airain.

Les pâtres des Alpes sont, pour la plupart, de pauvres paysans des parties méridionales de la France. Suivant une coutume de date immémoriale, ils s'engagent sur

les anciennes voies romaines, dont, seuls, ils connaissent
les traces, et où de vieilles lois les protègent encore ;
ils accomplissent ainsi, à pied, d'énormes trajets, payant
aux propriétaires dont ils traversent les champs *le droit
de poussière.* Devant eux s'avancent d'immenses troupeaux de moutons, en tête desquels se trouvent quelques
chèvres, des béliers et des boucs, et enfin deux ou trois
ânes étiques et faméliques chargés d'un mince bagage.
Ces troupeaux, qui viennent de chercher, sous les cailloux roulés des plaines de la Crau, une maigre pitance,
vont s'engraisser pendant six mois sur les plateaux des
Alpes, où ils trouvent de gras et abondants pâturages.
Bêtes et gens font peine à voir, lorsqu'ils traversent les
villages pendant leur long trajet ; n'ayant que la peau
sur les os, c'est à peine s'ils peuvent marcher ; mais,
dès qu'ils sont arrivés à leur destination, ils se refont
rapidement, et, en quelques jours, deviennent méconn-
naissables. Or, le plus grand nombre de ces pâtres méridionaux sont des montagnards aussi. Après que leurs
moutons ont, suivant leur pittoresque expression, retourné tous les cailloux de la Crau, ils vont chercher
des pâturages plus fertiles sur les sommets et forment
une population nomade, entièrement distincte de celle
avec laquelle, pendant six mois, ils seront en relation.
Ces rapports, d'ailleurs, sont rares et peu réguliers ; les
bergers vivent seuls sur les hauts plateaux alpestres et
ne communiquent, pour ainsi dire, qu'entre eux. C'est
ainsi qu'ils conservent toutes les coutumes et les usages
de leur pays, et, entre autres, une façon de se parler
d'une montagne à l'autre, en se *houpant ;* on les entend
s'appeler par des *hââou !* poussés d'un accent plaintif,
qui gémit dans l'air comme le son du cor. Ce hââou est
tellement strident, qu'il s'entend de fort loin et domine
même le fracas de la tempête. Il y a quelque chose de
merveilleusement sauvage dans ces appels retentissants,
envoyés à travers les airs, d'une montagne à l'autre,

soit pour souhaiter la bienvenue aux arrivants, soit pour réclamer des secours pressants. Cette langue étrange a des mélodies d'une douceur et d'une énergie incroyables, qui saisissent et émeuvent ceux mêmes qui l'entendent sans la comprendre. C'est un souvenir touchant qui réjouit le cœur des pauvres montagnards, en leur rappelant la terre natale, dont ils sont, pour bien longtemps, éloignés. Le jour où les amis de Marcel, guidés par le pâtre, avaient atteint le lieu de l'éboulement, ils étaient restés pendant plus d'une heure, penchés sur la lèvre même du gouffre ; à plusieurs reprises, unissant leurs voix, ils avaient *houpé* leur ami, par ce *hââou* strident et cadencé, dans l'espoir de le voir apparaître.

Malheureusement, ils s'égosillèrent en vain ; aucune réponse ne leur fut faite, et le jeune homme resta muet et invisible. Marcel était trop éloigné sans doute, et trop absorbé par ses travaux, pour les entendre.

De même que tous les montagnards, Marcel savait *houper*. Bien des fois, pendant ses excursions dans les montagnes, lui aussi avait poussé son *hââou* d'appel, mais les bruits se dénaturent aux angles des rochers, et les sons s'interceptent quand ils frappent les gigantesques murailles. Si Marcel perçut ces appels répétés, il ne les entendit que vaguement et les confondit avec les bruits sans cause appréciable, qui s'élèvent parfois du fond des ravins et montent en rumeurs indistinctes jusque sur les plus hauts plateaux. Le solitaire resta donc dans l'ignorance la plus complète de la visite que ses amis avaient voulu lui faire.

La petite colonie de la corniche s'était accrue dans certaines conditions assez avantageuses pour Marcel.

Fort occupé par ses travaux, le jeune homme laissait à sa chienne la plus grande liberté. Celle-ci courait, de ci, de là, en quête de quelque gibier. Souvent, elle passait ainsi, en courses à travers les prairies et les bois, des journées entières, et ne revenait qu'à l'heure du dîner.

Un soir, Marcel, au moment de se mettre à table, s'aperçut que Petiote n'était pas rentrée. Fort inquiet de cette longue absence, il résolut de se mettre à sa recherche. Il se leva et quitta sa hutte, malgré l'obscurité, qui commençait à devenir intense. En vain il battit la campagne pendant la moitié de la nuit ; en vain, il appela Petiote et la chercha dans tous les endroits où il espérait la rencontrer ; ses investigations furent inutiles, et il retourna à la hutte, fort triste et accablé de fatigue.

Quand il rentra dans la maisonnette, un cri doux et plaintif, qu'il reconnut aussitôt, sembla lui souhaiter la bienvenue ; mais les ténèbres étaient si complètes qu'il n'y voyait goutte. La chienne n'accourut pas auprès de lui, ainsi qu'elle en avait l'habitude ; cela l'inquiéta fort ; il la crut blessée. Il se hâta d'allumer la lampe ; dès qu'un rayon lumineux éclaira la chambre, il poussa un cri de surprise et de joie. Petiote n'était pas blessée : couchée sur sa litière, au pied du lit de son maître, elle allaitait deux petits chiens, ronds comme des boules, et fixait sur son maître des regards attendris, pétillants d'intelligence ; Marcel lui présenta une grande écuelle de lait, qu'elle lappa d'un trait. Une heure environ après que Marcel s'était mis à sa recherche, Petiote était rentrée à la hutte, portant un de ses petits dans sa gueule. Après l'avoir déposé soigneusement sur la litière, elle était allée chercher le second, qu'elle avait rapporté de même. Voilà pourquoi, à son retour, le jeune homme avait trouvé la bonne mère installée sur son lit de paille, avec sa progéniture.

Cette surprise, nous l'avons dit, fut agréable à Marcel, qui adorait sa chienne. N'était-ce pas sa seule compagnie, son amie dévouée ?

Les petits, fort beaux et de pure race, étaient un mâle et une femelle. Marcel nomma aussitôt le chien Briffaut et la chienne Ravaude.

Une semaine plus tard, et à quelques jours d'intervalle, ses chèvres mirent bas. Il les vit, un matin, entrer dans la cabane, flanquées chacune de deux petits. Son troupeau se trouvait ainsi plus que doublé.

Cependant Marcel ne perdait pas son temps. Il suivait, avec cette ténacité qui était le côté saillant de son caractère, le programme multiple qu'il s'était tracé tout d'abord.

Trois semaines avaient suffi au solitaire, maintenant habitué et résigné à sa captivité, pour terminer les principales réparations de la hutte. Il avait ajourné les améliorations intérieures qui pouvaient attendre, résolu, avant toute chose, de mettre la grotte en état de le recevoir un peu avant le commencement de la saison d'hiver.

Marcel savait, par expérience, combien les changements de temps sont fréquents et rapides dans les montagnes, avec quelle rigueur le froid s'y fait sentir. Il ne voulait pas être pris au dépourvu ; il comprenait combien il lui importait, au contraire, d'être complètement installé dans son habitation d'hiver, avant l'arrivée du froid, de la neige et de la pluie.

Voici, en peu de mots, le plan dressé par Marcel :

Il avait, après y avoir rêvé plusieurs jours, résolu de construire, devant l'entrée de la grotte, et lui servant en quelque sorte d'obturateur, une espèce de maison rustique, comme celles dont il avait lu la description dans plusieurs relations de voyages. Les aventuriers américains en construisent de semblables, en quelques jours, pour se défendre contre les attaques des tribus sauvages ; ils y établissent aussi des comptoirs de traite, où viennent les trouver les chasseurs indiens de l'Amérique du Nord. Ces cabanes ou huttes, d'une architecture très primitive, sont cependant d'une solidité à toute épreuve et peuvent au besoin servir de forteresse. De plus, comme elles sont parfaitement closes, elles sont très chaudes, sans qu'il soit nécessaire d'y faire beaucoup de feu.

D'abord, afin d'éviter l'humidité, il faut, sur tout l'emplacement, murailles comprises, que doit occuper la construction, établir un sol imperméable épais d'un mètre au moins ; ce sol est fait de pierres concassées, soudées ensemble par de la boue mêlée de mousse ou de paille hachée très menue. On recouvre ces fondations, sur toute leur surface, d'un lit de terre vigoureusement battue et mêlée de sable très fin, de façon à former une aire sèche et solide.

Ce premier travail terminé, on passe à la confection des murailles. Elles sont faites de troncs d'arbres, d'égale grosseur, très droits et coupés à un ou deux mètres de long ; on les couche alors sur trois ou cinq rangs, selon l'épaisseur que l'on veut donner aux murs, et on les empile les uns sur les autres, en plaçant, entre deux rangées longitudinales, une rangée transversale coupée à la longueur convenable. Aux angles du bâtiment, l'extrémité des bûches s'entremêle comme cela a lieu dans les piles qu'on voit chez les marchands de bois. Au fur et à mesure qu'on construit ainsi la muraille, chaque rangée de troncs est noyée dans un lit de boue et de paille hachée ; on atteint ainsi la hauteur désirée, en ayant soin de laisser des espaces vides pour les portes et les fenêtres. Au-dessus de ces murs, on pose de longues poutres croisées sur lesquelles on cloue des planches qui serviront de plafond. Le toit, ainsi fabriqué, est maintenu très incliné et s'avance en auvent pour que la neige ne puisse que difficilement y séjourner, et que sa chute ne l'amoncelle pas contre les murs. Le toit est ensuite recouvert de gros morceaux d'écorce, que l'on pose à peu près de la même façon que les couvreurs disposent les tuiles. La carcasse de la maison ainsi faite, il ne reste plus qu'à mettre les volets aux fenêtres, à placer les portes et à faire les aménagements intérieurs, ce qui n'est pas une mince besogne. Marcel voulait de plus établir un jardin potager à proximité de sa demeure ; il se disposait à y joindre un hangar fermé pour ses chèvres, une basse-cour pour les oiseaux qu'il essayerait de domestiquer, etc., etc. Il avait bien d'autres projets encore, que nous verrons se développer quand sera venu le moment de leur exécution. Malgré les difficultés immenses qu'il avait à vaincre pour réaliser son plan, Marcel ne se rebuta pas ; il sentit, au contraire, redoubler son énergie ; il dessina avec soin le plan, l'élévation et la coupe de la maison projetée ; il prit toutes ses mesures, et, comme il n'avait pas un instant à perdre, il commença par le potager, qu'il laboura et entoura d'une haie vive très serrée, composée de jeunes plantes de houx, afin d'empêcher les lapins ou autres animaux dévastateurs de venir fourrager dans ses plates-bandes. Il défricha en sus un terrain assez vaste, dans lequel il sema du blé de printemps qu'il avait trouvé dans son sac, et planta quelques pommes de terre. Cela fait, il songea à son grand travail, c'est-à-dire à la construction de sa hutte. Son premier soin fut de retourner à la cabane, que, bien malgré lui, le pâtre lui avait léguée. Le jeune homme avait réfléchi qu'il valait mieux, dans l'intérêt de son travail, se fixer provisoirement à la grotte ; cela lui épargnerait une perte de temps considérable. Il procéda donc, non pas à un déménagement, mais à l'enlèvement de toutes les choses dont il pourrait avoir besoin. Ce fut alors que ses hottes et ses paniers lui devinrent fort utiles ; il put, grâce à eux, emporter les nombreux objets qui lui étaient indispensables.

Il enleva d'abord tout ce qui lui appartenait, son sac, sa gibecière et leur contenu ; il y joignit bon nombre des outils du pâtre, ne négligeant d'emporter que les instruments de jardinage, parce qu'il en avait d'autres à la grotte. Il prit les clous, les ustensiles de cuisine, la marmite, les chaudrons, les seaux et les seilles, les moules à fromages, quelques bouteilles d'huile pour sa lampe ; il emporta aussi quelques vivres, un peu de jambon et de lard, mais en petite quantité, se réservant de revenir s'approvisionner au fur et à mesure de ses besoins. Il se munit enfin d'un assez grand nombre de planches qu'il n'avait pas utilisées dans les réparations de la cabane, et y joignit quelques bottes de paille et de foin. Il mit neuf jours, en faisant chaque jour deux voyages, pour opérer son déménagement partiel ; il est vrai qu'au fur et à mesure, il installait du mieux qu'il lui était possible, dans la grotte, les objets qu'il apportait, afin de les avoir sous la main quand il voudrait s'en servir. A son avant-dernier voyage, il prit le valet de l'établi et l'échelle, dont il avait le plus grand besoin pour établir sa bâtisse. Au moment de partir, il jeta un regard de regret sur l'établi, qui lui aurait été si utile. Mais comment l'emporter ? Là était la difficulté. Était-elle insurmontable ? C'était à voir. Nous avons dit que cet établi, très grossièrement installé, consistait en une large planche de chêne, très épaisse, posée sur quatre forts pieds enfoncés en terre, et maintenue seulement par son poids, qui était considérable.

— Hé ! s'écria-t-il tout à coup en riant et s'arrêtant net. Quand mon prédécesseur est arrivé ici, il devait avoir un âne ou deux pour porter ses bagages ; il se sera probablement servi d'eux pour transporter son établi. Si j'utilisais de même les forces de mon ami Pierrot et de sa digne mère, madame Gigogne. Ce n'est pas la vigueur qui leur manque ! Au besoin, je placerais Petiote en flèche. C'est une idée ! ajouta-t-il.

Mon ami Pierrot et madame Gigogne était deux ours de la plus belle venue. Le premier était le fils de l'autre.

Ainsi que nous l'avons dit plus haut, Marcel, après avoir terminé les réparations de sa hutte, était allé visiter la grotte. Mais avant qu'il ne pénétrât dans l'intérieur, Petiote, qui l'avait précédé suivant son habitude, était revenue presque aussitôt vers lui, en aboyant d'une façon singulière, mêlée de cris et de gémissements ; elle allait et venait avec une insistance inaccoutumée de la grotte à son maître et de celui-ci à la grotte.

— Hé ! mademoiselle, que se passe-t-il donc là-bas ? demanda Marcel, très intrigué par ce manège auquel il ne comprenait rien. La chienne gémit doucement et continua ses allées et venues. Marcel se débarrassa de ce qu'il portait, glissa deux cartouches à balles dans la culasse de son fusil et pénétra résolument dans la grotte.

Mais il s'arrêta subitement, comme si ses pieds avaient pris racine dans le sol et il épaula machinalement son arme. En effet sa surprise était grande ; il y avait de quoi donner à penser à l'homme le plus brave. Il était en face de deux ours.

Le premier était un magnifique animal, long de quatre pieds, au pelage brun. Le second, beaucoup plus petit, semblait âgé de sept à huit mois au plus ; c'était un fort ourson.

Marcel baissa presque aussitôt son fusil et s'approcha des deux animaux. Ceux-ci, au lieu de le menacer et de gronder, le regardaient avec une expression de douleur indicible et poussaient des plaintes étouffées. Ils étaient étendus plutôt que couchés sur le sol qui, autour d'eux était rouge de sang. Il se baissa et les examina avec soin ; tous deux étaient blessés, mais ces blessures ne paraissaient pas graves. La perte de sang avait seule amené l'état de prostration et de faiblesse où ils étaient. Marcel alla chercher un seau d'eau qu'il leur présenta ; l'ourson but avidement, sa mère se décida à l'imiter ; cela parut les soulager l'un et l'autre. Le jeune homme lava alors les blessures avec de l'eau mélangée d'eau-de-vie ; posa sur les plaies une compresse mouillée de ce mélange et sortit de la grotte. En quelques instants il atteignit une prairie située tout près du lac. — Voilà mon affaire ! s'écria-t-il. Et il se dirigea vers des plantes dont les fleurs d'un jaune éclatant rappelaient les soucis des jardins ; il en cueillit une brassée. Cette fleur, dont il se proposait de faire un médicament, était *l'arnica des montagnes*, qui fait partie des vulnéraires suisses. En passant près de son nouveau potager, il fit une petite botte de persil et rentra dans la grotte, où il hacha et écrasa les fleurs jaunes et le persil mêlés ; il fit de cette pâte un cataplasme qu'il posa sur les plaies de ses deux hôtes étranges ; ceux-ci l'enveloppèrent d'un regard tout rempli de reconnaissance qui l'aurait complétement rassuré, si la peur avait eu prise sur son âme. Le lendemain Marcel renouvela son pansement ; il put déjà constater un mieux sensible. Le traitement dura à peine quinze jours, au bout desquels les deux animaux furent complétement guéris. Pendant ce temps, Marcel leur avait prodigué tous ses soins et leur avait donné abondamment des herbes, des racines de gentiane, dont ils semblaient friands, et surtout des pommes de terre nouvelles, qu'ils savouraient avec la satisfaction de gourmands émérites. Il leur avait d'ailleurs laissé la liberté la plus complète. Dès qu'ils purent marcher, les ours en profitèrent pour se promener et chercher eux-mêmes leur nourriture. Au premier appel de Marcel, ils accouraient vers lui, si loin qu'ils fussent ; ils étaient d'ailleurs liés intimement avec Petiote, dont ils avaient pu apprécier le caractère bienveillant et peut-être à laquelle ils savaient gré de leur avoir amené son maître pour les soigner.

Quand la chienne eut des petits et que ceux-ci furent assez forts pour commencer à gambader, les deux ours, l'ourson surtout, jouèrent avec eux, avec une délicatesse attentive, en ayant grand soin de ne pas leur faire de mal.

Rien n'était plus curieux que les ébats de ces animaux appartenant à des races hostiles et qui avaient entièrement oublié leur haine instinctive pour s'aimer comme s'ils eussent été de la même famille.

CHAPITRE XIII

Dans lequel Marcel prépare tout pour l'exécution des plans que depuis longtemps il avait conçus.

LE lendemain matin, ainsi qu'il se l'était promis, au point du jour, Marcel se leva, fit sa toilette habituelle, puis, après avoir mangé un morceau et bu un bol de lait chaud, il reprit le chemin de la hutte, suivi à distance par Petiote et ses deux petits. Quant aux ours, ils le suivirent d'un regard pétillant de malice, mais, comme il ne les avait pas appelés, ils n'abandonnèrent pas la litière sur laquelle ils étaient mollement étendus.

Le jeune solitaire avait hâte d'arriver ; il prévoyait que ses recherches seraient longues, car elles devaient être faites avec le plus grand soin ; et il serait peut-être obligé de bouleverser complètement le hangar de haut en bas. Quant à la hutte, il n'y avait pas à s'en préoccuper : un simple coup d'œil avait suffi la veille à Marcel pour s'assurer que les rouleaux ne s'y trouvaient pas.

A peine avait-il commencé ses investigations qu'il trouva deux bâts complets jetés dans un coin et recouverts d'une espèce de *prélart* en toile goudronnée imperméable ; tout auprès se trouvaient plusieurs cordes *lovées* en rond, qui n'étaient autres que des prolonges.

— Bien ! je comprends tout maintenant, dit-il. Ce brave pâtre avait deux ânes dont il s'est servi pour ses aménagements et en particulier pour le transport de la table de l'établi. Quand il n'a plus eu besoin d'eux et qu'ils ont été un peu refaits, il les aura reconduits dans la vallée ou il les aura vendus ou laissés dans une ferme. Ces bâts me sont inutiles ; le cuir seulement me servira ; je le découperai en lanières. Il se remit aussitôt à la recherche des rouleaux. Après quelques instants, quand il enleva les prolonges, il découvrit qu'elles étaient posées sur une roue ferrée qui, selon toute probabilité, avait dû servir à une brouette de grande dimension. Cette roue n'était pas neuve ; elle était même fort détériorée; mais, avec un peu de travail et d'habileté, il était facile de la réparer et de la mettre en état de servir : le cercle et les ferrements en étaient en excellent état.

Sa bonne étoile lui ayant fait trouver la roue désirée, le problème était résolu ; rien ne devenait plus simple que la fabrication d'une brouette.

Puis il mit la roue sur son épaule et, pliant le prélart, il abandonna provisoirement ses recherches afin de transporter à la grotte ces deux objets précieux. Poussé par nous ne savons quel pressentiment, dont lui-même ne se rendait pas compte, il voulait s'assurer sans retard la possession de ces choses. On eût dit qu'il craignait qu'un accident quelconque ne vînt les lui ravir et l'en priver.

Il prit les prolonges et les déroula ; elles avaient chacune trois mètres de long et toutes deux se composaient d'une double corde terminée par un crochet de fer. A l'autre bout elles étaient reliées entre elles par une double ceinture en cuir assez large, dont une partie était destinée à serrer la poitrine, et l'autre, située un peu plus loin, devait se placer sur le dos de l'animal et se rattacher sous le ventre.

Tel n'était plus le cas ; les ânes manquaient. Marcel

enleva la seconde ceinture devenue inutile, et la rattacha à la première par son extrémité de manière à ce que, la plaçant sur son épaule, il pût tirer plus aisément.

Il prit alors des prolonges, et avec l'aide d'un marteau, il fixa solidement le crochet de fer dans la table, puis posant la prolonge sur son épaule droite, il tira vigoureusement. La table obéit à l'impulsion et avança assez facilement.

Marcel aurait pu, à la rigueur, sans grande fatigue, opérer lui-même ce transport ; mais cela lui aurait pris beaucoup de temps, car il eût été obligé de s'arrêter à chaque instant pour présenter un nouveau rouleau sous le plateau en remplacement de ceux qui s'échappaient par derrière, au fur et à mesure que le trajet s'effectuait. Les deux ours suivaient avec une grande curiosité l'opération exécutée par Marcel et semblaient y prendre un vif intérêt. Le jeune homme installa alors la seconde prolonge, et, se tournant vers ses ours :

— Venez m'aider, madame Gigogne, dit-il en riant, et vous aussi, mon ami Pierrot. Et il leur présenta à chacun une courroie. Les deux animaux obéirent aussitôt sans se faire prier. Leurs petits yeux pétillaient de joie et d'intelligence. Ils s'approchèrent, se dressèrent sur les pieds de derrière, prirent chacun la courroie que leur présentait leur maître, et la posant sur leur épaule, comme ils lui avaient vu faire, ils tournèrent la tête vers Marcel et le regardaient comme pour lui demander de nouveaux ordres.

— A la bonne heure ! dit Marcel en riant et en les caressant, vous êtes de bonnes bêtes, bien obéissantes. Et étendant le bras :

— Allez, mes bellots ! ajouta-t-il. Les deux animaux, qui probablement n'attendaient que cet ordre, se mirent aussitôt en marche, d'un pas relevé, sans paraître le moins de monde embarrassés et comme s'ils n'avaient traîné qu'un brin de paille.

Le trajet dura une heure à peine ; et encore, Marcel, dans son intérêt propre et dans celui de ses animaux modérait-il un peu leur ardeur et leur fit faire quelques courtes haltes afin de leur donner des abricots et des cerises dont il avait fait provision.

Marcel fit arrêter ses bêtes près de la grotte, à une vingtaine de pas au moins de l'endroit où il se proposait d'élever sa bâtisse.

Cette nouvelle installation ne fut ni longue ni difficile ; en moins de deux heures il la mena à bien.

Le repas de Marcel se composa ce jour-là d'une soupe à l'oseille, d'un quartier de chevreau rôti, d'un morceau de jambon, d'un peu de fromage de sa fabrication et de crêpes ; les pommes de terre remplaçaient le pain ; les abricots et les cerises dont ses arbres étaient couverts constituaient le dessert.

Rien de plus pittoresque d'ailleurs que l'aspect de l'intérieur de la grotte, pendant que Marcel y prenait son repas du soir à la lueur de sa lampe primitive. La lumière, reflétée par les stalactites pendus à la voûte, se multipliait à l'infini, et changeait ce maigre éclairage en une illumination féerique ; grâce à ces reflets multipliés on voyait danser sur les murailles calcaires les grandes ombres bizarrement reproduites de tous les hôtes de ce pandémonium étrange.

Lorsque le repas fut terminé, Marcel se hâta d'enlever le couvert ; la table complètement débarrassée, il disposa ses outils, alla prendre la roue et commença à la réparer. C'était un travail assez minutieux, et qui eût semblé fort difficile à tout autre qu'au jeune homme, qui, souvent, à la ferme des Alouettes, avait entrepris des travaux de charronnage bien autrement compliqués que celui auquel il se livrait en ce moment.

Quand il eut enfin terminé, vers onze heures du soir, la roue était presque neuve et d'une solidité à toute épreuve.

Il se coucha alors et ne fit qu'un somme jusqu'à l'heure de son lever. Il est vrai que les fatigues de la journée avaient été grandes.

Le lendemain, sa toilette faite, ses chèvres traites, il s'occupa, selon son habitude, de son jardin jusqu'à l'heure de son déjeuner.

Du reste, c'était cette régularité dans ses occupations qui lui permettait de faire tant de choses. Il déjeuna vivement, puis, sans songer à se reposer, comme il le faisait parfois vers midi, il entra sous sa tente et se remit au travail. Il s'agissait maintenant de fabriquer le corps de la brouette.

Ce travail lui prit toute la journée. Lorsque la nuit le surprit, il avait déjà assemblé les pièces, de telle sorte que son œuvre était très avancée et que deux heures tout au plus lui suffisaient le lendemain pour la terminer. La brouette était large, de grande dimension, à panneaux mobiles de façon à pouvoir les ôter ou les remettre suivant la nature des objets à transporter. Le soir, après son repas, Marcel devint vannier. Le moment de la récolte approchait ; non seulement le blé semé à l'automne dernier n'allait pas tarder à mûrir, mais il avait semé lui-même, dans le terrain derrière la hutte, du blé de printemps dont il avait trouvé la graine dans son sac ; le champ commençait déjà à jaunir. Le jeune homme avait résolu de fabriquer plusieurs grandes corbeilles en se servant pour cela de jeunes pousses de châtaigniers fendues dans leur longueur. Dans ces paniers tressés il renfermerait sa récolte : le blé, l'orge, le seigle, le sarrasin, les noix et les châtaignes. Il voulut d'abord faire un van, dont il aurait grand besoin après la moisson. Ce fut à confectionner cet instrument qu'il passa sa soirée ; mais malgré son ardeur au travail, il ne put terminer le même soir. Il était dix heures passées quand il éteignit la lampe. Le lendemain, la brouette fut terminée en deux heures. Il l'essaya aussitôt ; elle roulait bien, et malgré ses dimensions un peu grandes, elle était fort légère et était établie de façon à soutenir les plus lourds fardeaux.

Il s'agissait maintenant d'établir un chantier de construction à proximité de la sorte d'annexe qu'il voulait ajouter à la grotte, car il lui importait d'avoir sous la main les matériaux qu'il comptait employer. L'emplacement fut bientôt choisi ; les bois seraient empilés contre les rochers mêmes à une vingtaine de pas au plus du point où s'élèverait la construction. Marcel n'aurait ainsi du côté du lac que quelques pas à faire pour s'approvisionner des pierres dont il aurait besoin. Le jeune architecte fit alors son devis.

L'annexe aurait une profondeur de dix mètres sur six de largeur en dedans des murailles. La façade aurait quatre fenêtres séparées par une porte très large et très haute. Sur le côté appuyé aux rochers, il n'y aurait pas d'ouvertures autres que l'entrée de la grotte, mais sur l'autre il y en aurait quatre avec une petite porte, donnant accès dans la basse-cour. Au-dessus de chaque porte il placerait un œil-de-bœuf en forme d'imposte.

La seule difficulté était de mettre le sol du bâtiment de niveau avec celui de la grotte. Il fallait avant tout remédier à ce grand inconvénient et établir un niveau égal dans les deux corps de logis.

Il aurait pu procéder immédiatement aux travaux préliminaires de l'aire sur laquelle il voulait établir sa construction ; il préféra aller d'abord à la recherche des arbres qui lui seraient nécessaires. Il s'agissait de les abattre, de les scier et de les transporter à son chantier. Il pourrait ensuite se mettre à l'œuvre, avec tous ses matériaux sous la main ; il ne serait pas obligé de s'interrompre et de perdre ainsi un temps précieux. Il lui importait en effet de mener rondement ses travaux s'il voulait que sa construction fût terminée avant la mauvaise saison.

Sa hache sur son épaule et suivi de ses animaux, chiens et ours, qui avaient pris l'habitude de l'accompagner dans toutes ses courses, il prit la direction du petit bois.

Ce bois de sapins était le second que le jeune homme avait traversé quand, le lendemain du jour où il avait accompli le périple de la corniche, il avait reconnu l'impossibilité d'en sortir et s'était mis en route pour visiter ce domaine dont il devenait bien malgré lui le seigneur et maître. C'était en sortant de ce bouquet d'arbres qu'il avait pour la première fois aperçu le magnifique et pittoresque paysage qui, tout à coup, s'était déroulé devant lui avec son lac, ses plaines et ses prairies verdoyantes.

Marcel conservait un bon souvenir de ce bois à l'orée duquel il avait cueilli ses premières fraises ; et il n'oubliait pas que c'était en en sortant qu'il avait senti l'espoir rentrer définitivement dans son cœur. Le trajet n'était pas long : quelques minutes suffirent pour arriver ; le jeune homme commença aussitôt l'inspection minutieuse des arbres, et marqua avec soin ceux qui lui convenaient en leur enlevant un morceau d'écorce.

Marcel commença l'abattage. Les pauvres arbres, coupés au ras du sol, ne tardèrent pas à tomber les uns sur les autres sous les coups répétés du jeune bûcheron.

Il lui fallut cinq jours entiers pour abattre et ébrancher cent cinquante arbres.

Il les scia ensuite sur place en les posant sur un chevalet qu'il s'était fait tout exprès. Ce nouveau travail exigea six jours ; trois autres journées lui suffirent pour ramener les rondins et les empiler dans son chantier. Il avait achevé sa besogne en quatorze jours et demi, pendant lesquels il avait à peine pris quelques instants de repos.

Il était accablé de fatigue, mais son ardeur était telle qu'il ne la sentait pas. Il ne voulut pas se reposer ;

pendant deux jours encore il roula dans sa brouette des pierres, qu'il choisissait avec soin dans la plaine et sur les bords du lac, pierres et fragments de roches, plats et autant que possible, de même dimension. Il ne cessa que lorsqu'il eut complété un amas considérable de ces matériaux. Il était radieux et allait donc enfin pouvoir commencer la construction depuis si longtemps projetée !

CHAPITRE XIV

Dans lequel il est prouvé que les cyclones, si terribles qu'ils soient en principe, ont cependant parfois du bon.

LE potager de Marcel était en excellent état ; tout y poussait à ravir ; il ne demandait point, par conséquent, des soins assidus.

Le jeune homme résolut de modifier son programme ; il sentait le besoin de pousser le plus rapidement possible ses travaux de construction, qu'il considérait comme étant pour lui d'une importance capitale.

Il se mit donc à l'œuvre un matin et commença par être terrassier. A l'heure du déjeûner, c'est-à-dire à onze heures, le déblai était terminé, il ne restait plus que quelques brouettées de terre à enlever.

Il avait transporté cette terre très près du bâtiment projeté et l'avait mise en tas, en ayant soin d'en enlever autant que possible les pierres et les cailloux qu'elle contenait ; il se proposait, en effet, de s'en servir en guise de mortier en la mélangeant avec de la mousse.

Disons d'ailleurs, pour mémoire, que, depuis quelques jours, Marcel avait recueilli dans les bois, sur les rochers et contre le tronc des vieux arbres, une quantité considérable de mousse ; ses ours, poussés sans doute par l'esprit d'imitation et l'espérance de se faire octroyer une gourmandise, l'avaient fortement aidé dans cette besogne en s'empressant de faire comme lui. Après son repas, Marcel se remit gaîment au travail ; en une heure, les dernières brouettées de terre furent enlevées ; le jeune homme commença alors le transport des pierres ; cette fois encore, ses deux ours lui furent très utiles. Aussitôt qu'ils se furent rendu compte de ce que faisait leur maître, ils l'imitèrent et lui permirent ainsi de préparer son mortier. Si ce travail n'est pas difficile, il est du moins fatigant, car le mortier, ainsi composé, doit être mélangé et retourné avec le plus grand soin. Le soir, au coucher du soleil, les fondations commençaient à prendre tournure.

Quand il eut dîné, Marcel s'occupa à confectionner une masse en bois, destinée à battre vigoureusement le sol, lorsqu'il aurait atteint la hauteur voulue. Cette masse consistait en une large bille en chêne, à laquelle était fortement emmanchée une branche de frêne longue de cinq pieds. L'achèvement des fondations exigea toute une semaine ; mais, comme elles avaient été faites dans d'excellentes conditions, le jeune architecte s'en trouvait fort satisfait ; il n'avait pas espéré réussir aussi complètement. Le sol du bâtiment, bien battu et solidement *ferré,* comme on dirait aujourd'hui, avait pris une teinte jaune tout à fait réjouissante.

Le travail préliminaire avait été terminé un samedi soir. Marcel tenait exactement compte des jours ; il résolut de consacrer le dimanche aux soins à donner à ses deux potagers, afin de se délasser un peu ainsi des grandes fatigues de la semaine. Ses deux jardins étaient en excellent état ; le champ de blé était presque mûr,

N· 3.

Ces courts séjours comblaient de joie les deux enfants
(page 39).

Marcel décida qu'il moissonnerait le dimanche suivant : la faux et la faucille étaient préparées ; la lame de faux qu'il avait trouvée avait été emmanchée depuis longtemps. Il revint en chassant à la grotte : il roula deux lapins, tua deux coqs de bruyère et trois ou quatre gélinotes. Comme ces quelques provisions lui suffisaient, il ne tira pas davantage, ne voulant pas prodiguer ses munitions.

Le lendemain, lundi, à quatre heures du matin, Marcel se remit au travail.

Après trois semaines, les murailles arrivèrent enfin à la hauteur prévue. c'est-à-dire 2^m,70 environ. Il s'agissait de poser les poutres de la toiture et de faire le faîtage. Marcel avait, suivant son projet arrêté, fauché son blé, qui était fort beau ; il avait ensuite rentré sa récolte à la grotte, où il l'avait battue. vannée et emmagasinée dans de grandes corbeilles d'osier. produit de son travail pendant les heures de veillée. La paille, mise en bottes pressées, fut entassée et emmagasinée dans un compartiment de la grotte. On était arrivé à la moitié du mois d'août. Jusque-là, le temps avait été fort beau et n'avait, en aucune façon. entravé les entreprises du solitaire. Mais le dimanche soir, veille du jour où il se disposait à poser les poutres du plafond, il vit, au moment du coucher du soleil, le ciel se couvrir de nuages. Il comprit qu'il allait y avoir, sinon un orage, du moins de la pluie.

Les animaux, les chèvres elles-mêmes, avaient précédé le jeune homme dans la grotte : tous étaient inquiets et s'étaient étendus, en proie à une sorte d'énervement, sur leurs litières.

Le jeune homme alluma sa lampe. ferma hermétiquement l'entrée de sa demeure souterraine. au moyen d'une porte provisoire qu'il avait construite à cet effet, et il l'assujettit en dedans, au moyen d'une barre de chêne enfoncée dans le sol et disposée en arc-boutant.

Après avoir ainsi pris ses précautions contre l'orage, il fit chauffer son dîner, mit le couvert, s'assit devant sa table et commença son repas.

Mais, cette fois, les ours, blottis sur leur litière, ne bougèrent pas ; les chiens eux-mêmes ne touchèrent que du bout des dents à leur pâtée, bien qu'elle fût fort appétissante.

— Si la tempête ne renverse pas mes constructions, dit-il avec un sourire qu'il essayait de rendre gai, et qui, néanmoins, restait triste, je serai cette fois assuré de leur solidité.

Bientôt, il entendit le sifflement du vent et le bruit de la pluie tombant à torrents.

Il s'étendit sur son lit, éteignit sa lampe, s'enveloppa dans ses couvertures et ferma les yeux. Il cherchait résolument le sommeil, bien qu'il désespérât de le voir promptement accourir. Cependant, fut-ce par suite des rudes fatigues de la journée ? fut-ce à cause de l'accablement qui s'était emparé de lui ; du dégagement considérable d'électricité répandu dans l'air ; de la violence de l'orage, dont la fureur croissait d'instant en instant, et prenait des proportions vraiment formidables ? Toujours est-il qu'à peine couché, Marcel, qui luttait vainement contre les effets invincibles de ces conditions anormales de l'atmosphère, tomba presque aussitôt dans un anéantissement complet et s'endormit d'un sommeil lourd et profond.

Depuis combien de temps était-il en proie à cette atonie fiévreuse ? Certes; il n'aurait pas su le dire, quand, tout à coup, il fut réveillé en sursaut par un bruit effroyable, dont il ne put, au premier moment, se rendre compte.

Il bondit sur ses pieds : les chiens hurlaient ; les ours grondaient avec fureur ; les chèvres bêlaient, effarées, tandis que le bouc *mouettait* lugubrement. Les animaux, saisis de terreur, mêlaient leurs plaintes lamentables au bruit continu de la pluie fouettant le sol, du vent sifflant avec rage, du fracas de la foudre. Des éclairs sinistres illuminaient la grotte de leurs lueurs phosphorescentes ; puis, soudain, tout retombait dans une obscurité profonde. On entendait au loin le craquement des arbres brisés par l'ouragan, le roulement sinistre des rochers arrachés de leur base et précipités dans les abîmes insondables, le bruit des éboulements presque incessants et le gémissement des eaux du lac, soulevées par le vent et se précipitant avec fureur contre les rochers de la plage. C'était une horrible nuit. La porte, si solidement établie par Marcel avant qu'il ne se mît au lit, avait été enlevée et lancée à dix pas dans l'intérieur de la grotte, qu'une énorme trombe d'eau avait envahie. Marcel s'élança au dehors ; mais à peine avait-il fait quelques pas, qu'il fut renversé rudement sur le sol. En vain, il essaya de lutter contre les éléments déchaînés ; après de gigantesques efforts, il fut obligé de s'avouer vaincu et de rentrer en rampant dans la grotte à demi inondée.

L'ouragan, à la suite duquel il avait été relégué sur la corniche, si grande qu'ait été son intensité, n'était rien comparé à celui-ci. A chaque seconde, on le voyait augmenter de furie ; aucune force, aucune puissance humaine, n'était capable de lui résister. Tout à coup, il se fit un calme subit, un silence sinistre. Le vent se tut, la pluie cessa de tomber ; une obscurité opaque couvrit le plateau. Ce calme terrible ne dura pas au delà de deux ou trois minutes.

Soudain, il se fit un déchirement horrible dans les nuages ; un éclair verdâtre les sillonna ; le vent et la pluie recommencèrent ; la foudre éclata avec le fracas étourdissant de cent pièces d'artillerie tonnant à la fois ; au même instant, une lueur grandissant avec une rapidité inouïe illumina tout l'horizon.

La foudre était tombée et avait allumé un immense

incendie, dont les nuages reflétaient les lueurs d'un rouge sanglant. La lueur d'incendie, aperçue par Marcel, teintait toujours l'horizon avec la même intensité, malgré l'approche du jour. Bientôt la pluie cessa de tomber : tout redevint calme ; la tempête avait passé, laissant comme toujours, derrière elle, d'irréparables malheurs.

Il attendit donc, avec une vive impatience, que la nuit fût moins sombre.

Cependant, pour s'occuper et tromper autant que possible l'inquiétude qui le poignait, il ramassa les débris de la porte ; puis, au moyen d'un balai de jonc de sa fabrication, il fit couler au dehors l'eau qui avait pénétré dans l'intérieur. Lorsque tout fut à peu près remis en état, il était un peu plus de quatre heures du matin ; le ciel commençait à s'irriser des nuances plus tendres qui signalent le lever du soleil. La matinée était magnifique, fraîche et tout imprégnée de l'odeur des arbres et des plantes. Les feuilles, plus vertes, doucement agitées par la brise mystérieuse du matin, laissaient trembloter une perle de rosée à chacune de leurs pointes.

Au moment où Marcel mettait le pied dans la plaine, la lueur lointaine lança dans les airs un vif éclat, puis disparut presque subitement. A sa place, une fumée noire et intense s'éleva au-dessus des arbres.

— L'incendie a achevé son œuvre de destruction, murmura Marcel. Tout est fini. Qu'est-ce qui peut avoir ainsi brûlé? Il m'a semblé que cette lueur apparaissait dans la direction de la hutte du pâtre. Dieu veuille que je n'aie pas à déplorer ce nouveau malheur. Non seulement toutes mes provisions seraient anéanties, mais je perdrais encore une foule d'objets qui sont pour moi de première nécessité, et dont la disparition me réduirait presque à l'état déplorable dans lequel je me trouvais le premier jour de ma captivité...

Le soleil venait d'apparaître, radieux, à l'horizon ;

tout présageait une belle journée. Le solitaire regarda autour de lui. Sa tente avait été renversée ; plusieurs arbres étaient brisés et déracinés ; partout où avait sévi le cyclone, le sol était bouleversé et encombré de débris de toutes sortes. Mais il constata avec la joie la plus vive que ses constructions n'avaient pas souffert le plus léger dommage ; les murailles étaient intactes ; pas un rondin formant l'épaisseur des murs n'avait été enlevé. Tout était donc dans le même état que la veille ; seul, le sol ou l'aire était inondé, mais cela n'était rien ; il était facile de faire couler les eaux. S'il lui avait fallu recommencer ses constructions, peut-être Marcel n'en aurait pas eu le courage. Cette espèce de miracle, fait en sa faveur, le comblait de joie.

Mais, comme le jeune homme aimait à se rendre compte des choses, il chercha les motifs de cette préservation providentielle et ne tarda pas à les trouver ; il l'attribua d'abord à la situation du bâtiment, presque complètement abrité par deux immenses masses rocheuses, à droite et en arrière ; ensuite, à la direction prise par le cyclone, dont la fureur ne pouvait se développer en liberté que sur les surfaces planes, présentant une grande étendue. Du reste, la marche du fléau était visible ; elle s'était, pour ainsi dire, incrustée dans le sol, profondément labouré ; tout prouvait que le cyclone avait passé à plus de deux cents pas de la bâtisse, et dans une direction diamétralement opposée.

Au moment où Marcel se préparait à relever sa tente, dont le prélart avait été enlevé et projeté jusqu'à l'orée d'un bois de châtaigniers, il entendit Petiote qui courait sur les bords du lac en aboyant avec fureur contre un objet qu'il ne pouvait voir. A un certain moment même, la bonne bête se précipita dans l'eau et se mit à nager en cercle à un endroit dont elle ne s'écartait pas. Parfois même, elle plongeait et disparaissait tout entière dans l'eau.

Le jeune homme se dirigea à grand pas vers le lac. En approchant du rivage, il aperçut avec une surprise joyeuse, non seulement plusieurs poissons d'assez belle dimension, truites, brochets, etc.. étendus morts sur le sable, mais encore une certaine quantité d'autres, arrêtés et prisonniers dans des creux de rochers, ordinairement à sec, mais remplis d'eau en ce moment et dont les poissons se trouvaient dans l'impossibilité de sortir. Ces viviers naturels avaient été produits par l'orage ; les eaux du lac, en inondant ses rives, avaient entraîné avec elles des poissons, puis le calme étant revenu, les flots étaient rentrés dans leur lit et les poissons entraînés trop loin étaient restés captifs.

Cette vue des plus réjouissantes inspira sur-le-champ à Marcel la pensée d'installer sur le bord même du lac des viviers où il trouverait à sa guise du poisson frais quand il lui plairait d'en manger.

Au nombre de ces trous de rochers en ce moment si bien garnis de poissons, il y en avait un long d'environ quatre mètres sur deux mètres de large, en forme de cuvette, et profond d'un mètre et demi au moins. L'élévation de ce magnifique réservoir au-dessus des eaux du lac démontrait quelle force et quelle intensité avait dû atteindre l'ouragan pour avoir porté jusque-là les eaux profondément troublées du lac.

Il se rapprocha de l'endroit où Petiote continuait de tourner en cercle.

— A qui en a-t-elle ? murmura-t-il. Apportez, mademoiselle, cria-t-il, apportez tout de suite.

La chienne répondit par un aboiement joyeux et plongea aussitôt.

Elle demeura assez longtemps sous l'eau, enfin elle reparut et nagea vers son maître, portant dans sa gueule un animal assez gros dont Marcel ne reconnut pas d'abord l'espèce. Mais aussitôt que la chienne l'eut déposé à ses pieds en remuant la queue, Marcel poussa

un cri de surprise en reconnaissant une loutre que
l'orage avait tuée ; ses mamelles gonflées de lait prouvaient qu'elle avait des petits encore jeunes ; cela
n'étonnait pas Marcel, il savait que les loutres mettent
bas au printemps, qu'elles sont de bonnes mères, quelles
prolongent l'allaitement de leurs petits pendant quatre
et même souvent cinq mois.

La loutre apportée par Petiote était d'assez belle
taille ; la malheureuse bête, en train de pêcher sans
doute, avait été surprise par l'ouragan, ballotée par lui ;
épuisée, à demi noyée, elle avait eu cependant la force
de venir mourir à son terrier, dans un dernier élan
d'amour maternel et de protection pour ses petits.

Marcel connaissait à fond les habitudes des loutres.
Très désireux d'en posséder une dont les services lui
seraient si précieux, il marqua avec soin l'endroit où sa
chienne avait plongé ; il supposait avec raison que les
petits de la bête morte devaient ne pas être loin de ce
point. Il jugea en conséquence que le moment de se
procurer un chien de pêche était venu, qu'il ne devait
pas perdre un instant pour s'assurer la possession d'un
si précieux animal. On sait qu'il était un habile et in-
trépide nageur : il se déshabilla en un tour de main et
plongea. Il s'agissait de trouver l'entrée du terrier dans
lequel les petits devaient dormir en ce moment ; l'entrée découverte, Marcel la boucherait hermétiquement
pour les empêcher de sortir à leur réveil. Les recherches
du jeune homme furent assez longues, il fut obligé de
plonger plusieurs fois ; mais il était tenace et ne se
décourageait pas facilement. Il réussit enfin à trouver
l'entrée si longtemps cherchée ; il s'assura de la direction du couloir. Marcel reconnut qu'il montait en pente
assez rapide du côté droit du lac et se dirigeait vers un
amas de rochers, isolés comme par hasard à une quinzaine de pas de la rive. Il boucha l'entrée du terrier
avec des pierres qu'il introduisit assez profondément ;

bien certain que les petits ne pourraient sortir, il termina ce travail fatigant qui lui avait coûté plusieurs heures. Revenu à terre, il remit ses vêtements, et tout en prenant quelque repos, il songea. Que devait-il faire? Attendre la nuit ou essayer de surprendre les petits en plein jour, pendant leur sommeil? Après de longues hésitations, il se décida pour le second moyen.

La nuit, en effet, les petits éveillés pourraient tenter de s'échapper, se réfugier dans le couloir, s'y défendre. Il serait difficile de les capturer sans risquer de les tuer ou de les blesser. Il résolut donc d'agir sans retard.

Il ramassa quelques-uns des beaux poissons restés sur la grève et les emporta pour s'en régaler à son dîner. Il prit en même temps dans sa grotte un de ses grands paniers en osier. Après l'avoir tapissé d'herbes odoriférantes, il se dirigea de nouveau vers le lac, qu'il traversa non sans peine, en traversant par-dessus les rochers de la cascade.

Marcel enleva avec le plus grand soin et en évitant le plus possible tout bruit révélateur, en les déchaussant avec une bêche, les quartiers de roche, de dimension peu considérable heureusement, qui se trouvaient enfouis et comme soudés dans le sol. C'était bien là en effet que le terrier aboutissait; bientôt il aperçut deux petits déjà forts, pelotonnés l'un près de l'autre et dormant. Il se coucha à terre, allongea les deux bras, enleva les deux petits à la fois, et, avant qu'ils fussent complètement éveillés, il réussit à les introduire dans le panier. Marcel se releva alors et il se hâta de retourner à la grotte en emportant sa précieuse et double capture.

Il ne fallait pas songer à laisser longtemps les petits dans ce panier, qu'ils auraient bientôt réussi à briser. Il avisa une sorte de grand coffre qu'il s'était amusé quelques jours auparavant à fabriquer pour serrer son linge et ses habits, mais dont le couvercle n'était pas encore ajusté. Il déposa une chaude litière dans un angle de ce coffre assez profond pour que les deux jeunes loutres n'essayassent pas de s'évader ; puis il emplit une assiette creuse de lait chaud, sortit un des petits du panier et lui présenta l'assiette.

Probablement le pauvre animal était à jeun depuis longtemps, car aussitôt qu'il sentit le lait, il but avec avidité. Quand il fut rassasié, Marcel le caressa et le déposa dans le coffre. Il prit ensuite l'autre petit qui imita sans hésiter l'exemple de son frère. Le jeune homme remarqua que les dents des deux petits commençaient à être longues et qu'ils n'auraient guère tardé à chasser avec leur mère. Dès qu'ils auraient goûté du poisson, il serait devenu difficile de les apprivoiser ; le chasseur se félicita donc de s'être emparé d'eux sans retard ; la façon dont ils avaient bu lui était un gage qu'il réussirait à les élever.

A peine déposées sur la litière, les jeunes loutres reprirent leur sommeil interrompu. Marcel plaça près d'elles une écuelle pleine de lait, puis il couvrit le coffre de façon à ce qu'elles eussent de l'air. Enfin, il sortit de sa grotte pour dresser de nouveau sa tente renversée par la bourrasque.

CHAPITRE XV

Où Marcel, aiguillonné par la nécessité, devient malgré lui
un ouvrier à tout faire.

MARCEL se leva au point du jour, ainsi qu'il le faisait
chaque matin.

Les ours et les chiens, voulant sans doute réparer le
temps perdu de la nuit précédente, dormaient encore ;
les chèvres n'étaient pas rentrées ; ainsi qu'elles le faisaient fréquemment quand le temps était beau, elles
avaient préféré dormir en plein air. Marcel, connaissant
leurs habitudes, les appela, et elles se hâtèrent d'accourir
pour se faire traire. Le jeune solitaire s'occupa ensuite
de ses loutres ; il constata avec joie que pendant la nuit
elles avaient bu jusqu'à la dernière goutte le lait qu'il
avait mis à leur portée dans le coffre qui leur servait de
prison. Il les prit dans ses bras l'une après l'autre,
leur parla, les caressa, puis il leur présenta une écuelle
de lait chaud qu'elles acceptèrent avec un visible plaisir
et burent sans se faire prier. Il les remit ensuite dans
leur coffre non sans avoir à nouveau rempli leur écuelle
vide, en prévision de la soif à venir.

Tous ces soins de ménage terminés, Marcel, ainsi
qu'il l'avait décidé la veille, quitta la grotte et se dirigea
du côté de la hutte. Petiote, s'éveillant en sursaut et ne
voyant pas son maître, se mit à sa recherche et ne tarda
pas à marcher sur ses talons.

Pendant qu'il cheminait, Marcel constatait à chaque
pas, non sans un secret serrement de cœur, les boule-

versements et les désastres occasionnés par le cyclone. Cependant, le mal lui paraissait moins grand qu'il ne l'avait craint, bien que le fléau, en se frayant un passage, eût tordu, brisé, déraciné les arbres et les eût précipités pêle-mêle les uns sur les autres. Quand il arriva à l'entrée du bois, le jeune homme aperçut le toit du hangar que l'ouragan avait mis en pièces et avait emporté jusque-là. Il soupira et passa ; il arriva enfin en vue de la hutte ; ce n'était plus qu'un amas de cendres et de bois à demi brulés, entassés comme un bûcher gigantesque.

Derrière la hutte se trouvait un bois touffu de pins ; les flammes avaient gagné ces branches résineuses et n'avaient pas tardé à anéantir le bois tout entier.

Marcel restait atterré devant un désastre si complet ; ses yeux s'emplissaient de larmes. Rien n'avait échappé à la rage du terrible élément ; tout était anéanti, dévasté. Par surcroît de malheur, le hangar, la hutte et le bois s'étaient trouvés précisément au centre de la région traversée par le cyclone : le vent, la foudre et le **feu** conjurés s'étaient réunis pour faucher au ras du sol et faire complètement disparaître cette misérable cabane, qui n'avait pu résister à tant d'efforts combinés.

Il frémit en songeant que s'il n'avait pas eu l'inspiration d'aller élire domicile dans la grotte pendant la durée de ses travaux, il aurait été surpris pendant son sommeil par l'ouragan déchaîné.

Il reprit alors la direction de la grotte ; en passant, il jeta un regard sur le jardin potager, et il reconnut avec joie que l'incendie n'y avait causé aucun dommage. Les cultures étaient superbes, les arbres couverts de fruits et les branches pliant sous leur précieux fardeau. Petiote s'arrêta en aboyant à quelques pas plus loin, le long d'un fossé ; Marcel s'approcha vivement ; au fond de ce pli de terrain, il aperçut les trois tonnelets que, lors du transport de l'établi, il y avait fait rouler. Depuis cet incident, qu'il avait complètement oublié, les petits tonneaux étaient restés ensevelis dans leur cachette.

Marcel sauta dans le fossé et examina attentiment les trois récipients ; deux, qui avaient contenu du vinaigre, étaient vides ; pendant leur chute, la bonde avait sauté et tout le liquide s'était échappé. Le baril d'huile auquel se trouvait une cannelle, avait souffert aussi ; une grande partie de l'huile s'était répandue, mais le jeune homme constata qu'il restait encore un bon tiers du précieux liquide.

— C'est peu, dit-il ; mais cela me permettra d'attendre que j'aie fait de l'huile de faines. Je ne suis pas aussi malheureux que je le craignais ; ces trois barils, bien que vides, sont en excellent état ; ils seront précieux pour moi. Comme il ne faut jamais remettre au lendemain les choses importantes, je reviendrai aujourd'hui même les prendre avec ma brouette. On ne sait ce qui peut survenir, mieux vaut les mettre tout de suite en sûreté. Deux heures plus tard, ce projet était mis à exécution et les trois tonnelets étaient emmagasinés dans la grotte. Après son déjeûner, car sa matinée tout entière avait été prise par son double voyage sur le théâtre du désastre, Marcel se remit à l'œuvre avec ardeur.

Quelques jours lui suffirent pour terminer le placement des poutres du plafond. Sur ce cadre solide, il posa des planches, qu'il eut soin d'assembler à l'aide de tenons et de mortaises de façon à éviter toute solution de continuité. Les poutres restèrent apparentes au-dessous, mais les planches qui les recouvraient formèrent un véritable parquet imperméable. Marcel y pratiqua une trappe assez large, qui pût s'ouvrir et se fermer aisément, car il avait résolu d'utiliser ce plancher en en faisant un grenier où il reléguerait tous les objets hors de service ou inutiles.

Il fallut alors établir les pignons du toit et procéder au faîtage. Ce n'était pas une mince besogne.

Il fit alors par hasard une découverte précieuse à laquelle il était loin de s'attendre et qui lui enleva une de ses plus grandes appréhensions.

Marcel avait établi sa cuisine dans un enfoncement de la grotte ; cette cuisine était très étroite et fort obscure. Il désirait fort en établir une autre dans de meilleures conditions. Mais où la mettrait-il? La place était toute trouvée dans le bâtiment annexe ; mais il lui fallait une cheminée et là était la difficulté. En guise de mortier, il s'était servi jusque-là de la terre provenant du déblai opéré pendant la construction de l'aire ; au moment où il voulut établir ses pignons, il s'aperçut que sa provision de terre était épuisée et qu'il ne lui en restait pas une pelletée. L'inconvénient était facile à combattre. Il prit une bêche et fit un trou. Il prit pour cela un point un peu à l'écart et rapproché du lac afin de laisser libres les alentours de son habitation.

Quand il eut retiré quelques pelletées de terre, il s'aperçut que sa bêche s'était attaquée à un bout d'argile propre à confectionner des briques. Cette découverte lui occasionna un véritable saisissement. D'abord il n'osait y croire tant cela lui paraissait extraordinaire ; désireux de connaître l'importance de sa trouvaille, il opéra des sondages sur divers points et dans plusieurs directions différentes. Il s'assura ainsi que ce banc fort large s'étendait très loin, qu'il y avait là plus d'argile qu'il ne parviendrait jamais à employer. Ce fut pour lui une sorte d'éblouissement, car tout un horizon s'ouvrait à ses yeux. Le problème tant cherché de la cheminée trouvait là sa solution. Rien ne l'empêchait désormais de confectionner non seulement des briques, mais encore des seaux, des marmites, des écuelles, des plats, des assiettes et tant d'autres objets utiles dont il sentait chaque jour la privation.

Les idées les plus folles traversèrent son esprit ; un instant il se consulta pour savoir s'il ne démolirait pas sa maison presque terminée et qui lui avait coûté tant de peines, afin de la reconstruire en briques.

Avec la réflexion, cet enthousiasme tomba un peu ; il comprit que ce serait folie de refaire un bâtiment d'une solidité à toute épreuve ; d'ailleurs il importait d'achever promptement ce travail, car la mauvaise saison avançait à grands pas. Il borna donc ses projets à la construction d'un fourneau, de deux tuyaux de cheminée et d'un four. C'était déjà une rude besogne.

Toute affaire cessante, il s'occupa à confectionner des moules. Quant aux briques, rien n'était plus facile que leur fabrication. L'argile serait soigneusement tassé dans des moules ; il ferait ensuite sécher au soleil les briques ainsi préparées ; resterait enfin à les entasser à la façon des entrepreneurs belges et à mettre le feu à des entassements de charbon de bois placé dans des interstices ménagés à cet effet.

En quelques heures, vingt-cinq moules en planches furent préparés et bientôt les vingt-cinq premières briques sortirent de ces moules.

Pendant dix jours, Marcel ne se livra à aucun autre travail. Son temps fut si bien employé qu'il se trouvait propriétaire de plus de trois mille briques empilées avec soin et qu'il se préparait à faire cuire. Malheureusement il n'avait pas de charbon ; pour en faire, il eût fallu encore un travail de plusieurs jours ; il s'avisa d'un moyen bien simple et plus expéditif. Il résolut en effet d'employer les briques crues et de les cimenter entre elles, à défaut de chaux et de mortier, avec l'argile même qui avait servi à les confectionner. Il se souvint qu'un jour Pierre Morin, son professeur, lui indiquant les divers modes employés pour fabriquer des briques, lui avait appris que les anciens Égyptiens bâtissaient ainsi leurs maisons et même certains monuments. Grâce à la chaleur du climat, ces briques et l'argile qui les reliaient finissaient par former une masse unique ; le tout se solidifiait et durcissait si bien que quelques-unes de ces constructions existent encore.

Après avoir pris ses mesures et fait ses devis, il se mit à l'œuvre. Cette fois encore, ses ours lui furent d'un grand secours. Tantôt ils lui passaient les briques, tantôt ils brouettaient l'argile servant de mortier. Malgré cet appui, la construction de ce tuyau de dégorgement ne s'en prolongea pas moins pendant une semaine tout entière. Enfin il en sortit à son honneur. Sans désemparer, il passa à la construction des deux cheminées, celle de la cuisine et celle de l'atelier. Afin d'éviter toute cause d'incendie, une cloison en briques sépara les deux pièces. La cuisine se trouvait ainsi placée entre la grotte, les rochers du lac et la cloison. Elle était donc complètement isolée des murailles en bois de la construction.

Les cheminées, au lieu d'avoir un auvent, étaient droites avec un rebord plat ; elles s'avançaient tout au plus, en y comprenant l'épaisseur du tuyau, d'un peu plus de quarante centimètres dans l'intérieur de la pièce. Marcel bourra aussitôt les deux cheminées de combustible et fit un grand feu. Il eut tout d'abord la satisfaction de constater qu'il avait bien pris ses mesures et que ses cheminées tiraient fort bien. Il avait, à l'aide de deux pierres plates, formé une espèce de chapeau couronnant le faîte du tuyau, et comme le tout était très en pente, ce faîte le dépassait de cinquante centimètres à peine. Marcel eut grand soin d'entretenir nuit et jour, pendant près d'une semaine, un feu ardent dans les deux foyers. Il acquit bientôt la certitude que briques et argile étaient solidement soudés ensemble.

La toiture, complètement formée de planches, avait ensuite été recouverte de terre bien battue sur laquelle Marcel sema de l'herbe et planta de la mousse. Le toit était disposé de façon à s'avancer fort en avant des murailles et penchait légèrement à gauche pour l'écoulement des eaux.

Tous ces travaux furent terminés vers le 10 septembre. Il ne restait plus qu'à poser les fenêtres et les portes. Depuis longtemps déjà, le jeune homme travaillait dans son atelier ; il y avait transporté son établi, auquel il avait adapté des pieds fort bien façonnés, reliés entre eux par une barre et ajustés solidement à la table. Grâce à cette précaution, il pouvait remuer et déplacer à son aise ce lourd instrument.

Tout en se livrant à ces travaux gigantesques, il avait conservé ses habitudes et ne négligeait aucune de ses occupations ordinaires. Chaque matin, en dehors du temps employé à la fabrication du foyer, il travaillait à son jardin, soignait ses chèvres et s'occupait surtout de l'éducation de ses jeunes loutres. En moins d'un mois, il avait réussi si bien à les apprivoiser, qu'elles le suivaient partout dans la grotte et même en dehors comme l'aurait fait un chien. Elles se reposaient dans une grande corbeille d'où elles pouvaient aller et venir à leur guise. Marcel les avait nommées Jeannette et Mariette ; elles répondaient à cet appel et accouraient, en poussant des cris de joie, à la voix de leur maître.

Le jeune homme s'était alors occupé de leur instruction ; il les avait accoutumées à plonger et à lui apporter le poisson qu'elles prenaient. Elles pêchaient de compagnie avec une perfection rare, sans jamais essayer de mettre la dent sur la proie apportée des profondeurs du lac. Elles aimaient mieux la viande que leur maître leur présentait en échange de leurs captures.

Marcel, qui ne risquait plus, grâce à ces deux précieux auxiliaires, de chômer de poisson, n'éleva pas moins un mur de près d'un mètre autour du vivier naturel que l'ouragan avait improvisé et le mit ainsi à l'abri de toute catastrophe.

Tous ses travaux marchaient de front. C'est ainsi que, depuis quelques jours, il s'était occupé de la récolte des faines dont il se proposait plus tard de faire de l'huile. En même temps, il rentra les fruits d'automne : poires, châtaignes, noix, noisettes, et il empilait ces provisions précieuses dans d'énormes corbeilles d'osier ou de jeunes pousses de châtaigniers. Grâce à une petite table placée près de son chevet, il pouvait se coucher, la veillée terminée, et lire commodément dans son lit jusqu'à que le sommeil vînt lui clore les yeux. Il fermait alors son livre, soufflait sa lampe et s'endormait.

C'était pendant ces soirées, qu'il prolongeait jusqu'à onze heures du soir, que Marcel avait construit les deux portes, les quatre fenêtres et les deux impostes. Les ferrures seules manquaient; en l'absence des vitres, il avait donné à ses fenêtres la forme de volets portant un trou en cœur. Les impostes, de même que les fenêtres et les portes, devaient être montées sur des châssis mobiles et pourraient s'ouvrir et se fermer à volonté.

Une chose ennuyait fort notre solitaire. Les clous commençaient à lui manquer. Quand il avait déménagé la hutte, il avait oublié d'emporter une boîte assez lourde, remplie de vieilles ferrures, dont maintenant il regrettait amèrement la perte, car tout ce fer lui aurait probablement beaucoup servi. Cette boîte, il s'en souvenait, était restée sous le hangar tout près des bâts, qu'il avait aussi négligé d'emporter.

Un matin, après avoir vaqué à ses opérations habituelles, il prit sa brouette, dans laquelle il plaça une pelle et une pioche et il résolut de se rendre aux ruines de la hutte.

La hutte devait avoir été consumée rapidement, presque en un clin d'œil, car elle était construite de la façon la plus légère. Pieux de médiocre grosseur, planches en volige, rien ne pouvait lutter longtemps contre l'incendie dans cette demeure semblable à toutes ces huttes provisoires destinées à ne servir que pendant la saison d'été et à garantir leurs propriétaires contre les orages fréquents sur les plateaux des Alpes. La

11

construction du hangar n'était pas plus solide. Ce n'était donc en réalité qu'en atteignant le bois de sapins que l'incendie avait pu atteindre son intensité complète. Tout portait Marcel à espérer qu'il trouverait dans les cendres de la hutte et du hangar une foule de ferrements de toute sorte que le feu n'aurait pas endommagés suffisamment pour les mettre hors d'usage. Il ne s'était pas trompé ; il opérait lentement, méthodiquement, fouillant les cendres avec l'attention la plus minutieuse et rejetant au dehors en un tas les cendres ainsi visitées. Il découvrit d'abord une fourche, puis une paire de tenailles, un fer de bêche, une pioche, des marteaux, et successivement la plupart des outils qu'il avait laissés ; bien qu'ils eussent tous perdu leur manche, ils n'étaient nullement détériorés et une toilette un peu vive à l'aide de sable ou de grès pilé les rendrait aussi brillants que s'ils étaient neufs.

Encouragé par les résultats de ses recherches, Marcel redoubla d'attention ; bientôt il retrouva des clous et des ferrures de toutes sortes, gonds, verroux, charniers, puis une pelle, puis un merlin, puis une autre fourche en fer. Plus loin, il rencontra un énorme chaudron qu'il avait jusque-là dédaigné, mais qu'il se hâta cette fois de placer sur sa brouette ainsi qu'une marmite en fer, les pincettes et la pelle de la cheminée. Rien ne semblait plus inutile à Marcel ; tous les objets allaient s'entassant dans la brouette ; celle-ci se trouva bientôt remplie et Marcel se vit obligé de retourner à la grotte. La journée était encore peu avancée ; le jeune homme, ne voulant pas laisser ses recherches, se hâta de revenir et se remit à la besogne. Les cendres de la hutte lui fournirent encore près d'une brouettée de ferrailles de toutes sortes et d'outils qu'il emporta.

Quand il eut terminé ses recherches sur le terrain de la hutte, il passa au hangar.

Celui-ci n'avait pas complètement disparu. Le vent,

en s'engouffrant, avait fait voler et emporté au loin la toiture tout d'une pièce. Les fourrages avaient été éparpillés au loin dans toutes les directions. La ruine de ce bâtiment avait été en somme bien plus l'œuvre du cyclone que le fait de l'incendie; tout y était tordu, brisé, disloqué, mais le feu n'avait eu qu'une part minime dans cette œuvre de destruction.

La trouvaille qui lui fit le plus de plaisir et à laquelle le jeune homme était loin de s'attendre fut un grand et profond mortier en pierre rose avec son pilon de même matière. Le pâtre avait dû s'en servir pour écraser son grain; Marcel se hâta de placer sur sa brouette ces deux précieux objets ; mais il ne les y mit pas sans peine, car le mortier était fort lourd. Marcel passa une dernière inspection de tous ces débris informes pour bien s'assurer qu'il n'oubliait rien et augmenta encore son bagage d'une poêle et quelques autres objets qu'il s'empressa de s'approprier. Il résolut enfin à quitter définitivement ces ruines. Il était près de cinq heures du soir et quatre fois déjà il avait accompli le trajet aller et retour pour transporter ses trouvailles à la grotte. Quand il passa sur le lieu où gisait le toit brisé du hangar, il résolut de faire un dernier voyage pour s'emparer des planches, la plupart intactes, qui formaient ces débris.

Il enleva tous les clous enfoncés à profusion dans les planches, sépara celles-ci les unes des autres, détacha les traverses en chêne qui les maintenaient et qu'il ne voulait pas perdre, empila le tout et partit. Le soir même, grâce à plusieurs voyages successifs, planches et traverses étaient toutes rentrées dans la nouvelle demeure.

CHAPITRE XVI

Où Marcel continue à trouver, à sa grande satisfaction, ce qu'il ne cherche pas.

QUELQUES jours suffirent à Marcel pour terminer la clôture de sa nouvelle construction et mettre en place les portes, les fenêtres, les impostes. Le grand travail, entrepris si vaillamment, était complètement terminé, au moins en ce qui concernait les agencements intérieurs. Grâce à des fatigues énormes et aux efforts de son intelligence, le jeune solitaire avait réussi à se créer une habitation spacieuse, chaude, solide, bien aérée, suffisamment éclairée ; il était sûr, dès lors, de pouvoir, à l'avenir, braver en sûreté, sans trop en souffrir, les intempéries et les froids aigus des hautes régions alpestres.

Il avait réservé pour les longues journées d'hiver les aménagements intérieurs ; pour les travaux du dehors, ils étaient à peu près terminés. Il restait à établir une basse-cour. Un hangar fermé par des portes et divisé en divers compartiments remplirait cet office. Là pourraient vivre en paix les lapins, les pigeons, les coqs de bruyère et les faisans, espoir de la cuisine de l'heureux propriétaire. Une étable pour les chèvres serait établie ; quant aux ours, aux chiens et aux loutres, Marcel les laisserait aller et venir à leur guise.

Depuis longtemps déjà, l'emplacement de la basse-cour avait été fixé. Elle serait attenante au bâtiment et y communiquerait par la porte de dégagement ménagée près des rochers où s'ouvrait l'entrée de la grotte. Un ruisseau assez large traversait en diagonale ce terrain, qu'il divisait ainsi en deux parties à peu près égales. Le jeune constructeur avait créé, à l'entrée et à la sortie de ce cours d'eau, des barrages de joncs, si bien tressés qu'ils rendaient impossible le passage d'un animal, si petit qu'il fût.

Pour plus de commodité, au moyen de deux planches réunies par des traverses et clouées sur des piquets solidement fichés en terre, il établit une passerelle, pour traverser le ruisseau. En dehors, et à soixante-quinze centimètres de la baie, il planta une double rangée de jeunes châtaigniers, au bout de laquelle il plaça des bancs sous un berceau. Ces arbres, déjà gros, donneraient de l'ombre dès la première année, et ne tarderaient pas à former une fraîche et charmante promenade.

Sa basse-cour complètement achevée, il s'occupa de niveler le devant de sa demeure. Il établit ainsi, sur toute la largeur de la façade, une rampe en pente douce qui lui permettait, sans recourir à des marches, d'arriver de plain-pied chez lui. Pendant les heures de loisir que lui laissaient ces importants travaux, il courait les rochers, dénichait les pigeons, et transportait les jeunes captifs dans son pigeonnier, qui fut bientôt suffisamment peuplé.

La basse-cour était construite, mais la logique commandait de songer à la garnir. Marcel n'avait à sa disposition ni poules, ni coqs, ni pintades ; en revanche, il avait pu s'assurer depuis longtemps que les faisans, les coqs de bruyère et les gélinottes abondaient sur la corniche. C'est là un gibier de choix qui ne figure guère que sur les tables riches. Il avait, en outre, l'espoir d'assister à l'émigration des oiseaux de passage, et de s'emparer de quelques-uns d'entre eux. Il était donc toujours aux aguets et ne sortait plus sans son fusil.

Entre temps, il se rappela les exploits cynégétiques

de son enfance et confectionna des collets en jonc, en osier et en fil de fer. Les lapins pullulaient partout sur ses terres ; il tendit, au déclin du jour, ses pièges devant l'entrée d'une douzaine de terriers, et, quand il revint, trois ou quatre heures après, cinq lapins étaient captifs. Il ne s'arrêta pas en si beau chemin et fouilla les terriers. Dans deux d'entre eux, il trouva des petits, déjà assez forts pour être emportés ; il les installa dans les cabanes préparées à cet effet, sur une litière bien chaude, et sa garenne fut fondée.

Cette chasse étant destinée à parer aux besoins de l'avenir, Marcel l'abandonna bientôt, se réservant d'ailleurs de rouler, de temps en temps, un lapin dans la clairière.

La basse-cour se peuplait peu à peu. Après y avoir introduit les pigeons et les lapins, Marcel aurait voulu s'emparer de quelques coqs de bruyère et de quelques gélinottes ; mais il ne fallait pas y songer avant le mois de février ; voyant combien il avait encore de temps à attendre, il se rejeta sur le faisan, dont la stupidité est proverbiale et qui se laisse prendre à tous les pièges.

Il partit un beau jour, suivi de Petiote, de Briffaut et de Ravaude, et alla fouiller l'épaisse forêt située à l'extrémité de son domaine. C'était une belle et très froide journée du commencement d'octobre ; il marchait d'un bon pas pour se réchauffer, et il était complètement masqué par le taillis, à une certaine distance de l'extrémité du lac, lorsque, tout à coup, le jour sembla s'obscurcir, et il entendit un grand bruit d'ailes.

Il leva machinalement la tête et poussa un cri de surprise. Il assistait à une passée d'oies sauvages en pleine émigration. Ces oiseaux volaient en rangs serrés avec une extrême vitesse et n'étaient guère élevés de plus de vingt mètres au-dessus du sol. Plusieurs centaines d'entre eux s'abattirent soudain sur le lac.

Marcel était un adroit chasseur. L'occasion qu'il

attendait s'offrait ainsi à lui au moment où il y pensait le moins. Il se garda de la laisser échapper. En quelques minutes, il eut abattu ou plutôt démonté huit oiseaux ; les autres s'envolèrent, effarés, poussant des cris de détresse, et rejoignirent la colonne d'émigrants, qui continuait à passer, impassible, sans presser son vol. Les chiens, admirablement dressés, s'étaient précipités à l'eau et avaient délicatement rapporté le gibier à leur maître. La plupart des oiseaux n'avaient que des blessures légères aux ailes ; mais, si leur vol en était rendu impossible, les plaies seraient aisées à guérir.

Marcel se hâta donc d'aller chercher sa brouette, et, après avoir fait un premier pansement aux malheureux blessés, les transporta dans son poulailler, non sans avoir pris, pour plus de sûreté, la précaution de leur couper les plumes des ailes.

Sauf une oie qui avait été plus gravement touchée, et dont le chasseur se régala, les autres furent guéries en quelques jours. Bientôt, elles furent apprivoisées et devinrent très familières. Sept oies, dont un jars, étrennèrent la basse-cour. Quelques semaines plus tard, un vol de canards sauvages permit à l'habile chasseur d'augmenter ses pensionnaires d'une douzaine de volatiles.

Marcel fut contraint alors de suspendre ses sorties : le temps était devenu affreux, le froid terrible.

De grands feux, allumés nuit et jour dans les deux cheminées, entretenaient dans sa demeure une température assez élevée.

Depuis longtemps déjà, pour ne pas perdre les habitudes hivernales de leurs congénères, mon ami Pierrot et madame Gigogne dormaient, blottis dans un coin retiré de la grotte.

Marcel mit à profit les journées de pluie et de neige, ainsi que les longues soirées d'hiver, pour terminer ses aménagements et compléter son mobilier, qui laissait fort à désirer. Sur une énorme bille de chêne qu'il avait sciée et roulée dans sa cuisine, il avait placé le mortier trouvé dans les ruines du hangar ; il s'occupa alors à faire de l'huile avec les faînes qu'il avait soigneusement récoltées.

Marcel étala ses faînes sur le pressoir et posa par-dessus le bloc carré de chêne, dont il augmenta le poids en entassant au-dessous de lourdes pierres ; la pression s'opéra, et l'ingénieux solitaire recueillit deux barils et demi d'huile de faîne et d'huile de noix, pour sa lampe et sa cuisine.

L'esprit inventif de Marcel ne s'en tint pas là ; il avait résolu, avec une certaine quantité de farine apportée de la hutte, de se fabriquer du pain. Ce n'était pas là d'ailleurs pour lui un coup d'essai, car, à la ferme des Alouettes, il avait appris l'art de la panification, au milieu de ses autres études. Broyer dans son mortier le blé pour augmenter sa provision de farine, séparer le son à l'aide d'un tamis, fabriquer un pétrin, fut pour lui œuvre facile ; il avait déjà le four. Une seule chose lui manquait, mais elle était indispensable, c'était du levain.

Il emplit un chaudron d'eau et le mit sur le feu ; puis il ajouta, en quantités égales, du froment, du son et du houblon, dont, dans ses moments perdus, il avait fait une ample récolte ; il fit bouillir le tout.

Cette décoction ne tarda pas à fermenter ; il y ajouta une assez grande quantité de son pour confectionner des boules très épaisses. Il les fit sécher à une chaleur douce et les serra dans un lieu très sec. Son levain était parfait et pouvait ainsi se conserver pendant une année entière.

Pour s'en servir, il ne restait qu'à briser quelques-unes de ces boulettes, les faire infuser dans l'eau bouillante, décanter l'eau et l'utiliser en la mêlant à la pâte. Certain d'avoir du pain quand cela lui plairait, il s'occupa de se confectionner des vêtements chauds, qui lui permissent de braver les froids excessifs de cette époque.

Nous devons ici réparer un oubli. Chaque fois qu'il écorchait un lapin, il en conservait la peau. Toute chaude encore, il l'étendait sur le sol ; il la clouait avec des chevilles de bois, la *crochetait*, suivant le terme employé ; puis, avec de la cendre et du sel gemme, dont ses chèvres lui avait fait découvrir des masses considérables dans les rochers, il frottait les peaux à outrance. Il les lavait ensuite, les épongeait et les faisait sécher. Quand elles ne conservaient plus d'humidité, il enlevait les chevilles et pliait la peau, qui restait souple au moyen de cet apprêt bien simple.

Marcel avait fait de même avec la peau de la loutre et celles des trois chevreaux qu'il avait mangés. Le moment était venu d'utiliser ces peaux. Voici comment il fit.

Il possédait deux pantalons de gros drap, en dehors des pantalons de toile ; il n'essaya pas d'en faire d'autres avec les peaux. Malgré tous ses efforts, il n'aurait réussi qu'à confectionner quelque chose de grotesque, d'une solidité douteuse, et qui lui aurait pris un temps considérable. Il fit mieux, il doubla à l'intérieur son plus mauvais pantalon, un gilet, une jaquette et sa limousine. Il mit deux paires de bas de laine, deux gilets de laine, chaussa ses grandes bottes de cheval, et endossa ses vêtements ainsi fourrés.

Certes ! ce costume n'était que médiocrement élégant ; mais, en revanche, il était très chaud et permettait à Marcel, même par la température la plus froide, de se risquer au dehors et de faire de longues excursions.

Ajoutons qu'il s'était confectionné avec la peau de la loutre une casquette qui lui couvrait les oreilles et le visage, ne laissant voir que les yeux. Il compléta ce costume excentrique par des gants en peau de lapin fourrés en dedans et en dehors; ces gants étaient à crispin, c'est-à-dire qu'ils montaient jusqu'aux coudes.

Ainsi accoutré, Marcel avait une ressemblance frappante avec mon ami Pierrot et madame Gigogne. Il en riait lui-même jusqu'aux larmes. Il y dépensa sa provision de fil, mais il y avait nécessité absolue.

L'hiver se prolongeait : il était d'une rigueur exceptionnelle. A des tempêtes effroyables et fréquentes succédaient des gelées de douze à quinze degrés au-dessous de zéro ; ces temps affreux le retenaient prisonnier dans sa demeure ; à peine pouvait-il sortir quelques instants, pour donner à manger aux animaux de sa basse-cour. Pour ces courtes absences, il s'enveloppait dans sa limousine et enfonçait sa casquette de loutre jusque sur sa nuque, réservant son costume d'ours — c'est ainsi qu'il nommait ses vêtements fourrés — pour les jours où il s'aventurait à la chasse ou à la promenade. Dans l'intérieur de son habitation, grâce à la température élevée maintenue par ses deux foyers, il se contentait de ses vêtements ordinaires.

Le temps lui semblait bien long, pendant ces réclusions forcées ; aussi essayait-il de l'utiliser en exécutant tout ce que lui suggérait sa fantaisie ; le travail seul parvenait à le préserver de l'ennui.

Aussi ne restait-il pas un instant inactif. Tous les trois jours, il fabriquait son pain par fournées d'une dizaine de miches de deux livres chaque, fort appétissantes, et qu'il partageait avec ses animaux. Il faut que tout le monde vive, dit le proverbe, et les compagnons du jeune solitaire lui rendaient trop de services pour qu'il les laissât pâtir.

Il avait fait, au printemps et en été, des conserves de morilles, plus tard, des provisions de sauce tomate, qu'il aimait beaucoup ; sa table était, en outre, bien fournie en légumes ; il avait des choux de toutes sortes, des navets, des raves, des oignons, des poireaux, sans

parler des haricots et des pois secs, des lentilles et des
fèves, des pommes de terre et des topinambours, des
châtaignes, des noix, des noisettes, des fruits séchés au
four, pommes, poires et cerises, qui constituaient d'excellents desserts. Dans son vivier, il n'avait qu'à se
baisser pour prendre des truites, des perches, des brochets et des carpes ; dans sa garenne, les lapins s'étaient
multipliés à foison ; parfois, il faisait rôtir un chevreau ;
la chasse lui permettait, de temps en temps, d'ajouter à
son ordinaire tantôt un lièvre, tantôt une brochée d'a-
louettes, tantôt quelques-uns de ces délicieux ortolans
de montagne qu'on ne rencontre que dans cette région,
où ils sont connus sous le noms d'*alpins*. Il n'avait,
hélas ! ni bœuf, ni veau, ni porc, ni mouton, et c'était
pour lui une grande privation, dont il avait bien été
forcé de prendre son parti. Les fruits et de délicieux
fromages, qu'il fabriquait avec le lait de ses chèvres,
complétaient ces repas très confortables.

On était presque à la fin de février ; les jours devenaient plus longs ; le temps, toujours très froid, était
cependant plus beau ; Marcel se livrait de temps en
temps avec ardeur à la chasse et rarement il revenait bredouille. Il constata l'arrivée sur la corniche
de divers oiseaux qui ne précèdent d'ordinaire la belle
saison que de deux ou trois semaines. Le printemps
n'allait donc pas tarder à donner le signal du réveil de
la nature. Les bois, silencieux et mornes pendant
l'hiver, recommençaient à se peupler et à se remplir de
chansons joyeuses.

Un matin des derniers jours de février, Marcel,
séduit par un beau soleil, revêtit son costume d'ours,
prit son fusil et quitta sa demeure dans l'intention de
se mettre à la recherche des faisans et des coqs de
bruyère.

La terre était couverte de neige et le lac gelé à une
grande épaisseur. Pour raccourcir son chemin, Marcel

traversa le lac sur son écorce durcie, et suivi de ses trois chiens, qui n'auraient eu garde de le quitter en une si belle occasion, il s'engagea gaîment dans la forêt de chênes séculaires qui s'étendait jusqu'à la limite extrême de son domaine.

Tout en marchant, il guettait avec soin et cherchait à apercevoir quelques-uns des volatiles qu'il convoitait, quand, tout à coup, en jetant les yeux sur le sol, il aperçut sur la neige les marques profondes des pinces d'un quadrupède ; il s'arrêta surpris, se baissa et examina attentivement ces traces.

Son expérience était trop grande pour qu'il pût prendre le change.

Hé ! fit-il, après quelques secondes d'examen, c'est une laie de sanglier ; ses pinces sont écartées, elle *marche gras*, la neige est rayée entre ses traces ; elle a des petits qu'elle allaite. Oh ! je la retrouverai, dussé-je aller jusqu'à sa bauge ; ses traces la dénoncent ; quand bien même elle m'éventrerait, il lui sera impossible de ruser en route.

Il glissa deux cartouches à balles dans les canons de son arme et suivit les empreintes de l'animal.

Les chiens aussi avaient éventé la laie et s'étaient mis sur sa piste. Ils allaient doucement, sagement, retenus par les ordres répétés de leur maître, qui ne voulait pas effrayer la bête poursuivie ; il craignait que celle-ci ne tentât de donner le change en prenant un grand parti et ne l'entraînât loin de la bauge où sans doute les petits trop faibles encore pour suivre leur mère, étaient demeurés en l'attendant. Les traces s'enfonçaient dans les parties les plus sauvages de la forêt, et par conséquent les plus inabordables. Marcel ne se découragea pas pour si peu ; il aurait suivi l'animal pendant vingt-quatre heures plutôt que d'abandonner une si belle proie.

Évidemment, la bête poursuivie se fatiguait. Selon

toute apparence, elle allait tout droit à sa bauge rejoindre ses petits. Il était temps que cette chasse se
terminât de façon ou d'autre, car les arbres et les taillis
formaient des fourrés de plus en plus épais. Cela continuant, le chasseur verrait bientôt son passage complètement intercepté.

Le jeune homme était fort perplexe, il ne savait à
quelle résolution s'arrêter. Peut-être même, à bout de
patience, allait-il définitivement renoncer à sa précieuse
capture et reprendre le chemin de sa demeure, lorsque,
tout à coup, au moment où il y songeait le moins, après
avoir à grand'peine franchi un tournant brusque de la
piste, un grognement menaçant se fit entendre à peu de
distance du point où le chasseur se trouvait. Celui-ci
tressaillit, mais dominant aussitôt son émotion, il jeta
autour de lui un regard calme et brillant d'audace. Un
second grognement se fit entendre, plus rauque et plus
provocateur. Marcel regarda : ce qu'il vit l'impressionna
vivement. A trente ou trente-cinq pas devant lui, s'ouvrait une étroite clairière comme on en rencontre souvent dans les forêts. Presque toute cette étendue était
couverte par une mare fangeuse dans laquelle plusieurs
marcassins, assez forts déjà, se vautraient avec délices,
fouillant le sol boueux de leur groin et poussant de
joyeux grognements. Sur la lisière de la forêt, une laie
véritablement monstrueuse, fièrement campée devant le
tronc d'un arbre mort, fixait sur le chasseur ses yeux
ardents et pleins d'éclairs. Marcel comprit qu'il touchait
au moment décisif ; une lutte suprême ne tarderait pas
à s'engager entre lui et le terrible animal. Il se tint
prêt, le fusil haut, et ses chiens rangés près de lui. La
laie fit entendre un grondement sourd et d'une expression singulière. A ce signal, car évidemment c'en
était un, les marcassins abandonnèrent subitement
la fange dans laquelle ils s'ébattaient, puis, s'élan-
çant tumultueusement vers leur mère, ils disparu-

rent presque aussitôt dans une énorme cavité de l'arbre mort.

Là se trouvait la bauge du redoudable animal; la pauvre mère y était accourue en ligne droite pour défendre ses petits contre le chasseur, dont depuis longtemps elle avait éventé la poursuite. Dès que ses petits eurent disparu, la laie, bondissant en avant avec une rapidité vertigineuse, s'élança sur Marcel; mais celui-ci ne l'avait pas perdue de vue et se tenait sur ses gardes.

— Allez! mes bellots, cria-t-il d'une voix retentissante.

Les trois énormes molosses poussèrent un aboiement strident et se ruèrent sur la laie.

Il y eut pendant près de deux minutes un pêle-mêle sans nom. L'animal sauvage avait disparu sous les trois chiens, qui aboyaient à pleine gueule en se bousculant. Marcel suivait attentivement leurs mouvements, le fusil à l'épaule, sans trouver un point qui pût servir de but à son arme, à travers ce pêle-mêle indéchiffrable de corps et de membres entrelacés et entraînés dans un mouvement de rotation fantastique. Soudain les aboiements cessèrent tous à la fois.

La laie apparut, coiffée à droite par Petiote, à gauche par Ravaude et portant Briffaud attaché à ses reins par la formidable étreinte de sa mâchoire transformée en étau. Maintenue, malgré ses efforts gigantesques, par les trois molosses qu'elle secouait sans réussir à s'en débarrasser, la bête furieuse et vaincue soufflait et grognait avec rage. Ses petits yeux brillant d'une lueur fauve se fixaient avec une expression étrange sur l'homme armé qui lui faisait face.

Marcel tira. La laie s'écroula, pour ainsi dire, foudroyée et sans pousser un cri. La balle avait pénétré dans l'œil droit et était allée se loger dans le cerveau. Le chasseur s'avança alors et ordonna aux chiens de lâcher prise; ils obéirent aussitôt. Le premier soin du

vainqueur fut de s'assurer la possession de son gibier.
Il fit pénétrer Petiote dans la bauge et lui donna l'ordre
de rabattre les marcassins ; au fur et à mesure qu'ils
sortaient de leur retraite, Marcel s'en emparait et les
garottait solidement. La capture dépassait les espérances
du chasseur ; les marcassins, tous d'une très belle venue,
étaient au nombre de neuf. Lorsqu'il se fut assuré des
petits, il revint à la mère et l'examina avec soin. C'était
une bête monstrueuse, fort bien en chair, ayant trois
pouces de graisse au bréchet et pesant de quatre-vingts
à quatre-vingt-dix kilogrammes, résultat superbe pour
une bête qui allaitait ses petits.

Deux voyages furent nécessaires ; au premier il emporta les marcassins, au second leur mère.

Il enferma provisoirement les marcassins grognants et
soufflants dans un compartiment isolé de sa bassse-cour,
puis, sans désemparer, il se mit en mesure d'échauder
et de dépecer le cadavre de la laie. Cela lui prit une
partie de la nuit ; mais les résultats qu'il obtint le
payèrent amplement de ses fatigues.

CHAPITRE XVII

**Où Marcel commence à sacrifier au confortable, après s'être
donné le nécessaire.**

QUELQUES jours avant, Marcel avait fabriqué une
seconde huche assez profonde, posée sur quatre
pieds et qu'il destinait à renfermer de la farine dont il

désirait faire une certaine provision à l'avance. Il fit de cette huche un saloir. Il mit de côté les soies de la bête, recueillit assez de saindoux pour en remplir un grand pot de grès ; puis il dépeça la laie avec l'habileté d'un charcutier et sala la viande du sanglier. Dès qu'il eut fini, il s'occupa des marcassins. Il pouvait sans inconvénient les garder quelques jours dans la niche où il les avait placés provisoirement, mais, avant un mois, ils seraient gros et auraient besoin d'air et d'espace. La température, qui s'adoucissait de plus en plus, permettait à Marcel, chaudement vêtu, de travailler en plein air ; d'autre part, la besogne qu'il voulait faire était urgente ; il résolut de s'y mettre tout de suite et il le fit d'autant plus volontiers qu'il avait de grands projets de culture et que bientôt il allait avoir à piocher et à labourer les terres qu'il comptait défricher. Il se mit immédiatement à l'œuvre ; il s'agissait de construire une habitation pour les marcassins.

Au sortir de la basse-cour, le ruisseau qui la traversait faisait une courbe assez prononcée et donnait naissance à une sorte de marais obstrué de plantes de toutes espèces. Ce marais avait environ une dizaine de mètres de tour ; le ruisseau reprenait au delà son lit normal et allait se perdre définiment dans le lac.

Cet endroit, éloigné d'une centaine de pas de l'habitation, parut à Marcel convenable pour ce qu'il voulait faire ; il limita à l'aide de piquets un espace assez vaste. Il s'agissait d'entourer les quatre façades de ce terrain d'un mur de six pieds de haut. A droite il élèverait une double cloison en pierre au milieu de laquelle il ménagerait une large porte et formerait ainsi une sorte de cabane qu'il recouvrirait de paille. Le sol de cette hutte et du reste de l'enclos serait pavé avec des pierres extraites du lac. Au bout de huit jours, cabane, enclos et pavage furent terminés.

Après avoir étalé une épaisse et moelleuse litière

dans la cabane, Marcel alla prendre les marcassins l'un après l'autre et les installa définitivement dans leur nouveau domicile. La première chose que firent les animaux fut de s'aller plonger dans le marécage, où ils se vautrèrent à qui mieux mieux, témoignant par des grognements de satisfaction leur plaisir de n'être plus enfermés dans une cage obscure. En moins de deux ou trois jours, ils étaient parfaitement habitués à leur demeure, et lorsque Marcel vint leur porter à manger, ils accoururent vers lui et lui firent fête en le regardant verser leur pâtée dans une grande auge enfoncée dans le sol.

Pendant qu'il était en train de maçonner, la pensée vint à Marcel d'exécuter un nouveau travail. Il songea à élever, en l'appuyant sur le mur de la porcherie, une cabane de deux mètres de haut, assez profonde, couverte en paille et pouvant être au besoin complètement close, surtout pendant l'hiver, et qu'il orienterait en plein midi. Il construisit sous cette cabane six espèces de supports en pierres cimentées, élevés de vingt centimètres du sol bien battu, en forme d'aire et d'une forme ronde.

Dès les premiers jours de son arrivée sur la corniche, Marcel avait aperçu beaucoup d'abeilles.

Pendant l'hiver, tout en se livrant à d'autres travaux plus importants, et pour occuper quelques rares loisirs, il avait construit en osier, avec une perfection rare, six ruches qu'il comptait bien utiliser.

Il manquait de sucre; c'était pour lui une grande privation, car il était gourmand à ses heures. Il comptait sur son ami Pierrot et madame Gigogne, au moment où ils sortiraient de leur sommeil hivernal, pour l'aider à découvrir des essaims et à se procurer du miel. Outre le sucre, les abeilles lui fourniraient de la cire, dont il saurait bien trouver l'emploi. C'était donc un rucher pour six essaims qu'il avait construit. Le moment venu,

12

.out serait prêt pour recevoir et loger les précieux hyménoptères.

Ces travaux terminés, Marcel résolut d'établir dans l'allée qu'il avait plantée trois volières pour y enfermer les oiseaux, faisans, coqs de bruyère, gelinottes, perdrix et cailles qu'il ne pourrait laisser courir librement dans sa basse-cour.

Après avoir choisi une bonne exposition, il procéda à la construction de ces volières; il les voulait fort grandes et carrées, ayant dix pieds de façade et douze pieds de haut. Voici comment il procéda :

Les fondations en furent établies en pierres cimentées, élevées de cinquante centimètres au-dessus du sol et larges de trente centimètres seulement. Les angles de chaque volière furent formés de solides pieux en chêne, arrondis et scellés dans la maçonnerie des fondations, le fond en planches assemblées et assurées par de fortes traverses en bois. A la hauteur de deux mètres, des cellules séparées par des cloisons et hautes de soixante-quinze centimètres serviraient aux oiseaux, pour y établir leurs nids quand ils voudraient couver. Chaque cellule aurait une entrée particulière. Au-dessous, des perchoirs seraient établis pour la nuit. Au moyen d'une saignée faite au ruisseau avant son entrée dans la basse-cour, une rigole, peu large et peu profonde, coulerait en diagonale sur le sol gazonné des volières et offrirait dans son lit, tout garni de plantes aquatiques, des bains d'eau claire et fraîche aux volatiles. Le corps même des volières serait en osier; elles se termineraient en dôme et seraient recouvertes en paille. Un ou deux arbres morts plantés à l'intérieur étendraient leurs branches et formeraient des perchoirs. Des volets pourraient envelopper les volières et les fermer complètement pour les mettre à l'abri des grands froids de l'hiver. Marcel employa tout le mois de mars pour terminer cette importante construction et le travail minutieux qu'elle nécessitait ; il en sortit complètement à son honneur.

Grâce à ses pièges, ses gluaux et quelques filets qu'il avait confectionnés pendant la saison d'hiver, Marcel eut la joie de posséder, après une dizaine de jours d'affût, une vingtaine d'échantillons de chacune des espèces qu'il convoitait. Ces oiseaux s'habituèrent promptement à une captivité d'autant plus douce qu'ils y trouvaient tout ce qui pouvait leur rendre la vie agréable.

Marcel avait fort à faire ; il passait ses journées entières à labourer, à piocher, à abattre des arbres, à ensemencer des champs nouveaux dont il se proposait de faire une ceinture à son habitation. Dès l'aube il était debout et donnait ses soins à ses cultures.

Il s'était fabriqué une herse et un rouleau, dont l'absence à l'automne lui avait été douloureuse et pénible et il se proposait, pour les faire traîner sur ses semis de printemps, d'utiliser le bon vouloir et la vigueur de ses deux ours.

Les graines rapportées de chez Pierre Morin vinrent aussi successivement agrandir par des récoltes nouvelles les richesses déjà si considérables de Marcel.

Dans ses moments perdus, ou à ses heures de rêverie, le jeune homme herborisait et faisait des provisions de plantes utiles et médicinales. Après les avoir fait sécher avec soin à l'ombre, il les enfermait dans une armoire spécialement construite à cet effet, afin de les avoir toujours sous la main si jamais le besoin venait de s'en servir. C'est ainsi qu'il s'approvisionna de fleurs de mauve, de violette, de pensée, de bourrache, de bouillon blanc. Les arbres lui fournirent la fleur de tilleul et la fleur de sureau. Il fit des provisions de racines de rhubarbe, de racines de guimauve et de la précieuse racine de gentiane.

Il mettait à chaque instant à profit ses connaissances botaniques. C'est ainsi qu'il sema devant ses ruches

encore vides un grand champ de sarriette dont il avait
trouvé des graines dans son sac ; il savait, en effet,
qu'en dehors de sa saveur et de son parfum qui rend
cette plante précieuse pour l'assaisonnement de certains mets, les abeilles en sont friandes, et c'est le suc
de ces fleurs qui donne au miel de Narbonne son goût
délicat et exquis.

Cette précaution ne fut pas vaine. Ce qu'il avait prévu
arriva. Ses ours lui firent découvrir plusieurs essaims
dans les bois. Il réussit à s'en emparer en les enfumant
et outre une provision de miel et de cire qui fut sa récompense, il transporta les abeilles fugitives dans ses ruches,
où elles ne tardèrent pas à s'habituer et à se plaire.
Marcel, à qui l'achèvement de ses travaux laissait
d'assez grands loisirs, résolut de mettre à exécution un
projet depuis longtemps conçu, mais qu'il n'avait pas
encore eu le temps de s'occuper.

Il s'agissait de tenter l'ascension des rochers d'où
sortait la cascade, et à la base desquels s'ouvrait la
grotte dans laquelle il avait établi sa demeure.

Cette masse énorme s'élevait à plus de cent mètres
au-dessus du sol de la corniche et devait être couronnée par une sorte de terrasse, car on voyait d'en bas
verdir à son sommet un grand nombre de sapins centenaires. De ce côté, ces rochers se reliaient à la montagne, mais ils étaient si escarpés qu'il était matériellement impossible de franchir leurs flancs abrupts et à
pic. Du côté du lac, il semblait qu'on pût en tenter l'es-
calade et atteindre le bois de sapins qui formait le point
culminant. Marcel s'était promis de construire sur le
sommet de cette aiguille une espèce d'observatoire. Il
entreprit donc un matin la périlleuse et difficile ascension. Les commencements furent rudes, mais peu à peu,
à sa grande surprise, et grâce à son agilité surprenante,
il vit les difficultés s'aplanir, et quand il fut parvenu au
but de ses désirs, il constata qu'un peu de travail lui

permettrait de se frayer un sentier commode sur les flancs rocailleux et d'atteindre le sommet sans de trop grandes fatigues.

Du point élevé où il était parvenu, il voyait se dérouler sous ses yeux un magnifique et immense panorama. Dans les lointains de l'horizon, blanchissaient çà et là les maisons blanches de nombreux villages. Plus près, mais encore éloignées, il apercevait, avec sa lorgnette d'approche, des taches noires et mouvantes qui ne pouvaient être produites que par des troupeaux. En effet, depuis quelques jours, la saison était venue où les grands troupeaux des plaines arides de la Crau, arrivaient dans les Alpes pour y passer toute la belle saison. Marcel demeura longtemps en admiration devant ce splendide et magique spectacle. Il ne pouvait en rassasier ses yeux. Enfin, par un effort suprême, il s'arracha à cette contemplation fascinatrice et se mit résolument à l'œuvre. Il abattit sans pitié tous ces arbres vétérans du sol, ne conservant qu'un bouquet touffu, presque impénétrable aux rayons du soleil. Au centre de cette sorte de remise, qui ne comptait pas moins d'une trentaine de mètres en carré, il construisit une cabane pour se mettre à l'abri de la pluie ; à l'entrée de la remise s'étendait un bosquet naturel où il ne conserva que les arbustes et à travers lequel il pouvait contempler l'horizon. Il garnit le bosquet et la cabane de bancs et d'escabeaux grossièrement construits, car il cherchait plus la commodité que le luxe.

Cela fait, grâce au système de cordes qu'il avait établi, et dont les extrémités tombaient sur l'esplanade, Marcel hissa, en guise de pavillon, la toile décousue d'un sac qui avait contenu du blé et qu'il avait trouvée dans la hutte du pâtre.

Au bout de quelques minutes d'efforts, il eut la satisfaction de voir flotter à une hauteur vertigineuse dans les airs ce drapeau singulier, qui devait, il l'espérait du moins, révéler à ses amis son existence et le lieu de sa réclusion. Dès lors ce signal fut hissé tous les matins au lever du soleil, et amené tous les soirs, à la nuit tombante. Cette installation ne fut pas faite en un jour. Marcel mit près de deux semaines à la terminer et à construire le sentier commode qui devait conduire à ce qu'il appelait complaisamment son belvédère.

Bien souvent, depuis cette époque, lorsque ses travaux lui laissaient quelques heures de loisir, il venait là, en compagnie de ses chiens, quelquefois même de ses ours, passer quelques heures, lire et rêver sous son bosquet. A de certains jours même il y apportait son déjeûner. Il se décida à y transporter, non sans peine, quelques sièges commodes, pour remplacer ceux, un peu trop primitifs, qu'il y avait placés d'abord.

Après son repas, les regards plongés dans l'espace, il se laissait aller à de douces ou mélancoliques rêveries, suivant les dispositions gaies ou tristes de son esprit.

Un jour qu'il était venu déjeûner à son belvédère, après avoir achevé son repas, il ouvrait un volume *des Essais* de Montaigne et se disposait à en savourer quelques pages. Tout à coup, il tressaillit, pencha son corps en avant et prêta attentivement l'oreille. Il lui semblait avoir entendu le *hâôou* des montagnards, se parlant d'une cime à l'autre. En effet, presque aussitôt, un second *hâôou* plus rapproché se fit entendre. Un tremblement nerveux s'empara de Marcel. La foule de pensées et de souvenirs qui envahit son cœur couvrit de pâleur son visage.

Il ne pouvait voir ceux qui s'appelaient ainsi à travers l'espace, et ne pouvait être vu par eux. Il subissait pourtant un sentiment d'émotion irrésistible. Il se leva, s'approcha des bords de l'esplanade, se pencha dans le vide, et, à son tour, il poussa à plein gosier un *hâôou* strident qui bondit à travers les airs et alla se répercuter aux échos des mornes. Presque aussitôt, la réponse se fit entendre de plusieurs côtés. Il y eut un court silence ; puis, tout à coup, plusieurs voix fortes et bien timbrées entonnèrent en chœur un chant montagnard, dont les paroles arrivaient nettement aux oreilles du solitaire. Les chanteurs invisibles étaient sans doute placés au-dessous de Marcel ; les voix montaient à lui, distinctes et vibrantes.

Rien ne saurait rendre l'émotion poignante que res sentit Marcel, en entendant chanter, si près de lui, cet air populaire.

Depuis quelques minutes, les voix mystérieuses s'étaient tues. Marcel écoutait encore, enfiévré par cette scène étrange. Tout à coup, cédant au désir d'entendre une fois encore le son de la voix humaine résonner à son oreille, il poussa un éclatant *h-iàou !*

La réponse lui arriva après un instant, mais faible et assez éloignée déjà. Sans doute, les chanteurs s'en retournaient. Le jeune homme revint, pensif, s'asseoir sous son bosquet. Il rêva longtemps à cette scène à la fois si émouvante et si douloureuse pour lui. Était-ce seulement le hasard qui avait conduit ces gens, sans qu'ils le sussent, assez près de lui pour qu'il pût les entendre et leur répondre ?

Ne seraient-ce pas plutôt ses amis, qui, ayant aperçu son signal, étaient venus pour s'assurer de son existence, et en lui montrant qu'ils ne l'avaient pas oublié, l'assurer qu'il pouvait compter sur eux ?

Un fait, peu important en lui-même, le faisait pencher vers cette dernière hypothèse. Les chanteurs avaient ajouté au refrain de la chanson le *hàâou*, qui n'en faisait pas partie.

Ce *hàâoulement* répété devait évidemment avoir un sens ; Marcel supposait qu'il s'adressait à lui.

Bientôt, cette croyance s'incrusta si bien dans son cœur, qu'à chaque instant il s'attendait à voir apparaître ses amis, ou, tout au moins, à recevoir de leurs nouvelles. Mais ce fut en vain qu'il s'établit presque à demeure à son observatoire ; il ne vit et n'entendit plus rien. Un calme majestueux continuait à régner partout.

Peu à peu, l'impression que lui avait causée cette scène diminua et finit par disparaître. Son esprit, préoccupé de mille choses relatives à ses travaux, s'attacha à de nouvelles pensées. Ce fait finit donc, sinon par s'effacer complètement de sa mémoire, mais, du moins, par ne plus lui apparaître que comme quelque fantaiste singulière du hasard.

Un mois plus tard, il constata que c'était l'anniversaire de son arrivée sur la corniche : un an, jour pour jour, s'était écoulé depuis la catastrophe qui l'avait jeté dans ce désert, meurtri, désespéré et presque dénué de tout. En songeant aux changements prodigieux opérés par son travail et son courage, il éleva son âme reconnaissante vers l'auteur de toutes choses, qui l'avait si constamment protégé. Il sentit alors redoubler son énergie et ses forces, pour lutter contre les calamités qui, peut-être, viendraient encore l'assaillir et lui imposer de nouvelles épreuves.

Il se sentait devenu un homme, parce que le malheur lui avait appris la patience et la résignation, en lui donnant l'expérience et la fermeté inébranlable.

L'enfant avait complètement disparu et avait cédé la place à l'homme, dans la sincère et véritable acception du mot.

CHAPITRE XVIII

Dans lequel Marcel fait à l'improviste une découverte étrange
et qui lui prouve
que toutes les légendes ne sont pas des contes.

MARCEL avait accompli, à lui seul, un véritable miracle qui rappelait les travaux mythologiques des géants. Il avait fait le travail de dix hommes. Vouloir, c'est pouvoir, dit un proverbe. Il avait voulu, et il avait accompli des prodiges.

Non loin de sa demeure, deux ruisseaux assez larges tombaient des rochers, en formant des chutes assez considérables. Il résolut de les utiliser et d'y construire deux *moulins à eau :* le premier destiné à scier des planches ; nous savons que Marcel possédait une scie ; ce travail était donc comparativement facile pour un ouvrier et un mécanicien habile comme l'était le jeune homme. L'autre, dont il voulait faire un moulin à farine, était d'une exécution plus difficile ; il ne désespéra pourtant pas d'y réussir. L'engin principal, la meule, lui manquait. Il résolut d'en fabriquer une. Grâce aux livres d'agriculture qu'il avait achetés à Grenoble, il avait pu compléter la science acquise qu'il avait déjà sur ces genres de travaux. Il étudia avec la plus sérieuse attention les plans et la coupe des deux moulins projetés par lui ; bientôt, il ne douta plus du succès ; la meule seule l'inquiétait ; en somme, c'était l'instrument essentiel du moulin à farine. La scierie fut construite entièrement, en moins de trois mois, et fonctionna à merveille. Marcel s'occupa du second problème.

Cette année-là, par une exception extraordinaire dans ces régions élevées, l'hiver fut très doux, en dehors de quelques orages. La température ne descendit guère au-dessous de six à huit degrés au-dessous de zéro, même au plus fort de l'hiver. Le jeune ingénieur put donc vaquer en toute liberté à ses occupations ordinaires sans souffrir du froid, ni être arrêté par les neiges, qui furent fort rares et fondaient presque aussitôt après être tombées. Le lac ne fut recouvert que d'une couche très mince de glace ; la plupart des ruisseaux ne gelèrent même pas.

Marcel, profitant de cette clémence inaccoutumée de la température, poussait vivement ses travaux et profitait du temps dont il pouvait disposer pour faire de longues et minutieuses explorations sur la corniche. Il l'étudia, pour ainsi dire, centimètre par centimètre, et la connut bientôt dans ses moindres détails. C'est ainsi qu'il fit, alors qu'il y pensait le moins, de précieuses découvertes, que rien ne pouvait lui faire pressentir.

Nous avons dit qu'il avait conservé son potager de la hutte, qu'il l'avait agrandi et l'avait entouré de terrains défrichés et ensemencés. Les cendres résultant de l'incendie, mises en tas, après avoir été fouillées et refouillées, avaient été employées comme engrais dans les nouvelles cultures. A l'époque des labours d'automne et des semailles, Marcel s'était mis à l'œuvre avec son ardeur accoutumée, transportant les cendres dans sa brouette, les étalant et les mélangeant avec soin aux terres fraîchement remuées.

Ce travail, assez fatigant, tirait à sa fin. Marcel chargeait la dernière brouette, et, avec sa pelle, il râclait la terre avec soin, lorsqu'il lui sembla que le fer de son outil, en grattant le sol, rendait un bruit singulier. Il crut s'être trompé et renouvela l'expérience en redoublant d'attention. Cette fois, non seulement la pelle rendit le même son, mais elle se heurta tout à coup contre

un corps dur, qui lui opposa une sérieuse résistance.
De plus en plus intrigué, le jeune homme s'arrêta et réfléchit. Après quelques instants, il se pencha vers l'obstacle, le déblaya, et, à sa grande surprise, vit un fort
anneau de fer.

Il demeura pensif, regardant autour de lui, essayant
de reconstituer dans sa mémoire la situation exacte de
la hutte, et la place que devait, avant l'incendie, occuper cet anneau de fer si singulièrement découvert. Sa
surprise était d'autant plus grande, que le sol de la cabane était une aire en terre battue; il se disait avec
raison que si, pendant qu'il habitait la demeure du
pâtre, cet anneau avait été à découvert, il n'aurait pas
manqué de l'apercevoir. Ce mystérieux anneau devait
donc être enterré ou dissimulé sous quelque meuble. A
force de se creuser la tête, Marcel finit par établir sa
place exacte. Il devait être dissimulé par le coffre servant de lit au pâtre; et, pour plus de sûreté, caché
sous une couche de terre plus ou moins épaisse. En
effet, s'il en eût été autrement, soit pendant qu'il bou-
leversait la paillasse de ce maigre grabat, soit lorsqu'il
l'avait enlevé, Marcel aurait évidemment découvert l'anneau placé à fleur du sol.

Il y avait donc là une trappe soigneusement cachée et
recouvrant, selon toutes probabilités, l'entrée d'une
cave, d'un souterrain quelconque, ou, tout au moins,
d'un caveau. Mais que renfermait ce caveau?

Les paysans méridionaux, surtout les Provençaux,
sont avares, méfiants et cachottiers. Ce sont là leurs
moindres défauts et leurs péchés mignons; Marcel les
connaissait de longue date et savait à quoi s'en tenir sur
leur compte.

— Il y a peut-être là tout un magasin très curieux,
murmura Marcel, qui s'agenouilla sur le sol et commença à enlever la terre avec précaution, tout autour
de l'anneau. Bientôt, ainsi qu'il l'avait prévu, à une

profondeur de quelques centimètres, il vit le bois apparaître. Il redoubla d'efforts, et, en moins d'une heure, toute la plaque fut mise à découvert sur un carré de 1m 25 de côté ; l'anneau formait le centre. Cette trappe était en bois de chêne. Recouverte de larges plaques de fer, elle reposait sur quatre rainures en ciment. Marcel nettoya les joints avec le plus grand soin et se releva, pensif.

— Ceci n'est pas l'œuvre d'un pâtre, murmura-t-il. Le travail est trop bien exécuté. Il y a là un mystère ! Dans quel but a-t-on pu faire, dans ces montagnes isolées, une cachette de ce genre ? Car, évidemment, c'est une cachette. Par qui a-t-elle été construite ? Qu'y a-t-on enfermé ?... Il saisit alors un levier en fer, en passa l'extrémité dans l'anneau et pesa fortement.

La trappe ne bougea pas ; il redoubla de vigueur, elle oscilla légèrement.

— J'y arriverai, dit Marcel ; seulement, je m'y suis mal pris. C'est à recommencer mais dans d'autres conditions.

Il alla chercher des pierres de différentes grosseurs, les plaça à sa portée, puis il reprit son levier. Mais, au lieu de le passer dans l'anneau, il en introduisit la pince dans un des joints de la trappe et il fit une pesée lente, de plus en plus vigoureuse. La trappe se souleva légèrement d'un demi-pouce au plus. Marcel poussa du pied une petite pierre qu'il introduisit dans la solution de la continuité qui s'était produite. Il recommença à peser, et, au fur et à mesure que la plaque se soulevait, il poussait des pierres plus grosses, afin de l'empêcher de retomber. Ce travail était lourd et extrêmement pénible. Marcel s'arrêtait, reprenant haleine et se remettait à l'œuvre avec une nouvelle ardeur. Après une heure d'efforts, la plaque était soulevée de cinquante centimètres environ. Le jeune homme passa une corde dans l'anneau, il disposa un lit de pierres formant une pente de quarante-cinq degrés, saisit la corde qu'il fit passer sur la maîtresse branche d'un pin placé à l'arrière de la trappe, et, réunissant toutes ses forces, il donna une secousse vigoureuse : la plaque, cédant, se leva toute droite. Marcel donna une secousse nouvelle, fila doucement la corde, et la trappe se coucha sur l'amas de pierres disposé pour la recevoir. Grâce à cette façon de procéder, rien ne lui serait plus facile que de refermer l'ouverture quand il le jugerait convenable. De plus, il ne risquait pas de la voir se refermer toute seule et à l'improviste. Il se hâta de se pencher sur l'orifice qui venait d'être mis à découvert. Il aperçut les premières marches d'un escalier ; mais ce fut tout. Une obscurité complète régnait au fond du trou béant. Cela ne l'inquiéta que médiocrement, il savait comment se procurer de la lumière ; en moins d'un quart d'heure, il eut confectionné une demi-douzaine de torches en sapin. Il les attacha en faisceau sur son dos, en alluma une qu'il tint à la main, et pénétra résolument dans le caveau, suivi fidèlement par ses chiens. L'escalier avait vingt marches ; Marcel les compta. Quand il atteignit le sol, il inspecta l'endroit ou il se trouvait. C'était une salle voûtée, assez grande, de forme circulaire, et haute de plus de trois mètres. Une centaine de sacs de ciment étaient empilés dans un coin. Près d'eux, des outils de maçon, auges, truelles, etc., etc. ; une meule à affuter des outils toute montée, des instruments de terrassiers destinés non seulement à transporter les terres, mais encore à creuser le roc. C'étaient des découvertes précieuses pour le solitaire, et une véritable bonne aubaine ; aussi ne regretta-t-il pas le rude travail que cela lui avait coûté. Cette salle était entièrement construite en quartiers de roche cimentés, le sol et l'escalier étaient fabriqués de même.

Une chose inquiétait sérieusement le jeune homme. Cette salle, si solidement et si soigneusement construite, n'avait, en apparence du moins, aucune autre issue que la trappe.

— Cela n'est pas possible, grommelait-il. Il y a là-dessous quelque rouerie qu'il importe que je découvre. Les gens qui ont construit ce caveau ne peuvent l'avoir fait tout exprès pour y serrer les outils et les matériaux qui leur servaient à cette œuvre. Une semblable hypothèse serait absurde. Il y a donc une issue secrète qu'il me faut trouver. Cherchons, puisque rien ne me presse.

Et il chercha. Partout la muraille lisse ne laissait apercevoir aucune solution de continuité.

Ses chiens le suivaient pas à pas, marchant quand il marchait, s'arrêtant quand il s'arrêtait. Il avait déjà fait plusieurs fois le tour de la salle, il commençait à désespérer. Cette issue secrète, sur l'existence de laquelle il n'avait aucun doute, continuait à échapper à ses recherches ; en désespoir de cause, il allait renoncer à ses investigations après avoir, avec un marteau, sondé l'épaisseur des murailles, quand tout à coup, Petiote s'arrêta subitement et tomba en arrêt devant une partie du mur située précisément en face de l'escalier, mettant le museau à terre et soufflant bruyamment en remuant la queue avec fureur.

— Il y a quelque chose, murmura Marcel ; Petiote a trouvé l'issue. C'est là, n'est-ce pas ? ajouta-t-il, en s'adressant à la bonne bête.

Petiote remua la queue de plus belle, fixa sur son maître un regard rayonnant d'intelligence et aboya joyeusement.

— C'est bien ! murmura son maître ; puisque vous le dites, Mademoiselle, je trouverai, dussé-je démolir la muraille. Merci, vous êtes une excellente fille.

Il s'approcha alors de la paroi, l'examina point par point avec une minutieuse attention, regardant pour ainsi dire comme avec une loupe les moindres accidents de la pierre.

Soudain il tressaillit et s'arrêta. Il avait aperçu, dessiné sur un moellon, un *I* gothique microscopique. Le point de cet i était formé par un clou dont la couleur se confondait presque avec la teinte de la pierre. Il appuya légèrement sur ce clou.

A sa grande surprise, un pan tout entier de la muraille tourna sur lui-même sans produire le moindre bruit, et démasqua l'entrée d'un souterrain.

— Oh ! oh ! murmura-t-il, cela se complique ; allons jusqu'au bout. Et il pénétra dans la galerie : elle était large de près de deux mètres, haute de trois au moins, creusée dans le roc vif ; elle formait plusieurs détours. Le sol était formé d'un sable jaune très fin ; l'air y pénétrait sans doute par d'imperceptibles fissures, car on y respirait à l'aise. Après avoir marché assez rapidement pendant au moins un quart d'heure et suivi tous les détours du souterrain, Marcel se trouva subitement arrêté par une muraille de roche calcaire.

— Bon ! encore la même plaisanterie, s'écria-t-il ; cette fois, je ne m'y laisserai pas prendre.

Et il recommença ses recherches. Presque aussitôt il découvrit un *A* gothique dont la pointe était faite d'un clou. Il le pressa, comme la première fois, et non moins silencieusement, la muraille tourna sur elle-même et démasqua un escalier. Il s'y engagea, et quand il eut franchi trente marches, il rencontra une porte secrète désignée par un *D* gothique.

Il pénétra alors dans une vaste caverne naturelle, divisée en plusieurs compartiments. Le premier regorgeait de vases d'église, croix, encensoirs, ostensoirs, candélabres, flambeaux. C'était le trésor d'une église ou d'une abbaye ; on y voyait étinceler des calices, des patènes d'or et d'argent, et, entassées dans des coffres, des monnaies d'or et d'argent de tous les pays. Les autres compartiments étaient pleins de meubles précieux, tapisseries de haute lisse, tableaux des anciens

maîtres de toutes les écoles, œuvres des peintres véni-
tiens, romains, français, hollandais, flamands, espagnols.
Là se trouvaient réunies d'incalculables richesses, des
vitreaux précieux et de nombreuses caisses remplies de
feuilles de verre.

D'où provenaient ces trésors ? Comment les avait-on
transportés là ? A force de se creuser la cervelle, Marcel
se rappela une légende qui avait cours dans la montagne et que les pâtres se racontaient le soir au coin du
feu. Il n'avait d'ailleurs jamais voulu en croire un
traître mot. Du temps de la grande révolution, disait-on,
plusieurs prêtres de Lyon et de Grenoble, réunis à des
religieux de la Grande-Chartreuse, croyant leur vie en
danger, s'étaient réfugiés dans la montagne.

Là, ils avaient vécu pendant près d'une année assez
tranquilles sous la protection des pâtres, qui pour-
voyaient à leur nourriture et achetaient pour eux des
vivres dans les fermes. Un jour, une bande de malfai-
teurs venus, on ne sait d'où, accoururent, dit-on, pour
profiter des discordes civiles. Ils avaient découvert la
retraite des fugitifs, l'avaient cernée pendant la nuit, et
avaient impitoyablement massacré tous les religieux
réfugiés dans la grotte. Cette légende semblait se rap-
porter assez bien à la découverte imprévue faite par
Marcel. Mais il rejeta bientôt cette explication.

— Les gens qui auraient massacré les proscrits,
pensa-t-il, auraient évidemment emporté avec eux ces
immenses richesses, ou tout au moins je retrouverais
les os blanchis de ces pauvres victimes.

Or, rien ne confirmait ces hypothèses. Meubles, tapisseries, tableaux, ornements d'église, etc., étaient là,
rangés dans l'ordre le plus parfait et aucun ossement
n'était visible.

Tout en faisant ces réflexions, Marcel découvrit une
nouvelle issue secrète aboutissant à une grotte naturelle,
large, haute et profonde, mais s'ouvrant par une vaste

entrée sur une plate-forme assez grande de la montagne.

Lorsqu'il eut promené ses regards investigateurs autour de lui, tout lui fut expliqué.

La légende était vraie.

Les ossements des prêtres et des religieux, blanchis par les ans, gisaient là, sans sépulture, et formaient de petits amas d'une blancheur mate, auxquels se mêlaient quelques lambeaux de serge noire jaunie par le temps.

Les cadavres étaient là où ils étaient tombés sous les coups de leurs assassins.

Marcel reconstitua en un instant, dans son esprit, ce lugubre évènement tel qu'il avait dû se passer et reprenant mot à mot la légende, il pensa :

Les prêtres et les moines refugiés dans la grotte, avertis, dit-on, du danger qui les menaçait, avaient-ils essayé de fuir? Quelque courageux que puissent-être des gens menacés de mort, leur premier mouvement comme leur premier devoir est de tâcher d'échapper à leurs assassins.

La première pensée des fugitifs avait donc été sans doute d'abandonner leur refuge pour en chercher un autre plus sûr; mais, abandonner la garde du trésor de l'église ne constituerait-il pas une véritable désertion? Ces richesses confiées à leurs soins ne deviendraient-elles pas la proie des bandits? Sans doute, dans cette perplexité, ils se mirent en prière, et se plaçant sous la garde de Dieu, ils attendirent les évènements.

Mais qui pouvait leur dicter ce devoir impérieux et cette abnégation sublime?

Nous allons dire en quelques mots comment Marcel s'expliqua les faits qui avaient dû avoir lieu.

Depuis la convocation des États-Généraux, le clergé français avait compris le mot de l'abbé Sieyès : « Nous combattons pour mettre au-dessus ce qui est dessous et au-dessous ce qui est dessus. »

Cette phrase si courte contenait le programme de l'avenir; il ne s'agissait plus de réformes plus ou moins sérieuses, mais d'une révolution complète à la suite de laquelle les vaincus, quels qu'ils fussent, seraient proscrits et mis hors la loi par les plus forts.

Le cardinal de Lyon, primat des Gaules, un des plus puissants seigneurs du royaume à cette époque, prévoyant l'orage, résolut de prendre ses précautions. Il s'entendit avec plusieurs évêques et ses suffragants. Dans une réunion secrète, on résolut de mettre sans retard, à l'abri de l'orage, les trésors les plus précieux de l'Église et d'attendre les évènements.

Le Général des Chartreux, aidé des Pères et des Frères du monastère placé au fond *du désert*, se chargea volontiers de faire construire, sur un plateau ignoré des Alpes, une cachette sûre dans laquelle on enfouirait les trésors précieux, au triple point de vue de la religion, des beaux-arts et de la richesse.

Cette cachette fut en effet construite dans les admirables conditions de sécurité que nous avons dites; le secret en fut scrupuleusement gardé.

Quatre ans furent nécessaires pour mener à bien cette œuvre difficile.

On s'occupa alors à mettre en sûreté ces richesses accumulées pendant des siècles dans les églises et les couvents. Le temps pressait; on était arrivé aux jours les plus difficiles de 1793. La France républicaine, envahie de toute part par les nations étrangères, déchirée chez elle par la guerre civile, la plus terrible et la plus dangereuse de toutes, la France blessée, meurtrie, presque aux abois, se défendait avec l'énergie du désespoir et l'enthousiasme de la liberté! Rendant coup pour coup; elle faisait arme de tout bois pour maintenir au-dehors l'intégrité de ses frontières et établir à jamais au-dedans les droits de l'homme et du citoyen.

Vingt-cinq prêtres furent délégués pour exécuter, dans le plus grand secret, le transport de ces richesses incalculables. A la plupart de ces pauvres religieux ou prêtres, on ne fit que des demi-confidences. Six d'entre eux, seuls, connaissaient le secret tout entier.

Lorsque le trésor eut été enfoui dans les entrailles de la terre, les chefs choisis par l'archevêque déclarèrent à leurs compagnons que tous avaient été désignés, en raison de leur vertu et de leur piété, pour veiller jour et nuit sur les objets sacrés confiés à leur garde.

Lorsque le secret de leur refuge fut connu par les bandits, qui profitaient de ces époques troublées pour promener partout le massacre et le pillage, les montagnards conseillèrent aux religieux de s'enfuir au plus vite et de gagner une autre cachette qui leur avait été préparée par leurs soins pieux. Les saints hommes, craignant que leur disparition n'exaspérât leurs ennemis et que dans la rage de les voir à l'abri de leurs poursuites, les bandits ne découvrissent le trésor et n'y portassent leurs mains sacrilèges, firent avec un dévoûment plus admirable que réfléchi le sacrifice de leur vie. Ils espéraient que leur froide résignation désarmerait les assassins et que ceux-ci, ne trouvant là que de pauvres prêtres désarmés et prêts à mourir, ne pousseraient pas plus loin leurs recherches.

Cette dernière partie de leurs prévisions se réalisa seule. Les bandits, furieux de ne rien trouver des richesses dont ils avaient espéré s'emparer, massacrèrent lâchement ces hommes sans défense et se retirèrent les bras rouges du sang de ces innocentes victimes.

C'est par suite de cet événement terrible que le trésor sacré avait été perdu pour tout le monde. Ceux qui seuls en possédaient le secret l'ayant emporté avec eux dans la tombe.

Plus tard, lorsque des temps plus calmes furent revenus, l'ancien cardinal-archevêque de Lyon était mort; son successeur fit faire, dans les Alpes, de minutieuses recherches qui restèrent infructueuses. Nul ne trouva rien.

Certaines parties des montagnes bouleversées par les ouragans et les éboulements avaient complètement changé d'aspect. Les quelques points de repaire que l'on avait notés, avaient disparu. Il fallait en prendre son parti et renoncer pour toujours, peut-être, à rentrer en possession de cet immense trésor.

Le hasard, comme on le voit, avait favorisé Marcel, en lui faisant, sans qu'il y songeât, retrouver ces richesses, si longtemps et si vainement cherchées.

Du reste, à quoi toutes ces choses précieuses pouvaient-elles lui être utiles dans la situation où il était placé. Il se rappela en souriant le coq de la fable qui a trouvé une perle et dont un simple grain de mil ferait bien mieux l'affaire. D'ailleurs, quand bien même il eut trouvé l'utilisation de ces trésors, son honnêteté lui imposait le devoir de le rendre intact à ses propriétaires dès que cela lui serait possible.

Le seul bénéfice réel qu'il retira de cette découverte, fut la provision de ciment, de plâtre, d'outils dont il s'empara, ainsi que de la meule à affuter, et les caisses de verre qui lui servirent à vitrer ses fenêtres et construire une serre chaude.

Après avoir pieusement donné la sépulture aux restes des infortunés religieux, il plaça une croix sur leur tombe. Il referma ensuite toutes les issues qui lui avaient livré passage, enleva le ciment et tout ce qui pourrait lui être utile pour ces constructions et transporta le tout dans sa grotte. Il se mit aussitôt à l'œuvre pour faire son moulin à farine.

Grâce à ses nouveaux outils, cris, leviers, palans, échaffaudages, il réussit à se fabriquer avec un quartier de roche dure une meule convenable d'un poids suffisant et très bien travaillée.

Deux mois plus tard, le moulin fonctionnait et Marcel, sur l'emplacement même de la trappe qui donnait accès dans le souterrain des religieux, avait construit un charmant kiosque en briques, de forme octogone, et y avait placé un plancher en bois dissimulant la trappe et ne la laissant à découvert que grâce à un système d'ouverture dont il avait le secret.

Il s'était ménagé ainsi un charmant retiro.

Il se réservait de faire une excursion dans la partie de la montagne qu'il avait découverte à l'issue du souterrain.

Peut-être trouverait-il là enfin un passage pour descendre dans les vallées.

CHAPITRE XIX

Où Marcel complète sa basse-cour dans des conditions
merveilleuses et pourquoi il construit un pont.

Disons-le tout de suite, le jeune solitaire n'éprouvait
plus un grand désir de trouver un passage.

Depuis près de deux ans que durait son exil, ses pensées s'étaient fortement modifiées à ce sujet.

La rude lutte qu'il avait été obligé de soutenir contre
les éléments conjurés, la peine qu'il avait eue pour se
faire une place convenable sur ce coin ignoré du monde,
l'avaient peu à peu, et pour ainsi dire sans qu'il y
songeât, identifié à cette terre qu'il avait transformée.
Pas un des ruisseaux, des rochers, des arbres, ne lui
était inconnu ; les prairies étaient son œuvre ou constituaient son domaine. Les oiseaux, les poissons, les
quadrupèdes, étaient devenus ses tributaires et ses associés. Les arbres lui fournissaient leurs fruits, les animaux leurs fourrures, leur chair et leur lait ; les volatiles leurs œufs et leurs plumes. La terre féconde,
habilement travaillée, donnait des récoltes magnifiques.
Tout ce qui vivait et végétait sur la corniche avait été
contraint de reconnaître la supériorité de l'homme et de
s'incliner devant sa volonté.

Après avoir été tour à tour maçon, charpentier, menuisier, ébéniste, fumiste, fabricant de briques, couvreur, boulanger, fabricant d'huile, de suif et de
graisse, charcutier, cuisinier, pâtissier, architecte, il
était devenu arpenteur, meunier, tourneur (car il s'était

fabriqué un tour), mécanicien, chandelier. Avec la cire de ses ruches, il avait moulé des bougies ; il s'était fait vannier, tonnelier et vitrier. Enfin, à force de patience, il était parvenu à se faire un métier, et il était devenu tisserand. Les plantes textiles ne manquaient pas sur la corniche ; Marcel, qui y avait cultivé le chanvre et le lin, savait comment les préparer, les rouir, les teiller, les battre, les filer. Les étoffes sorties de son métier primitif étaient solides, sinon d'une irréprochable finesse.

Rien ne lui faisait défaut. Grâce à son travail, à son courage, et à son habileté, il avait vaincu toutes les difficultés, renversé tous les obstacles qui dans le principe l'arrêtaient à chaque pas. Il avait travaillé d'abord pour se donner l'indispensable ; plus tard il avait trouvé l'utile ; maintenant il arrivait à se procurer le bien-être, le confortable et ce qu'on est convenu d'appeler le superflu.

Chose singulière ! Plus il travaillait, plus le travail lui semblait chose facile. Son esprit, tenu constamment en éveil, trouvait, sans effort apparent, la solution des problèmes les plus difficiles à résoudre : la construction et l'aménagement de sa serre chaude, en était une preuve indiscutable.

C'était comme en se jouant qu'il venait à bout des travaux les plus compliqués.

Plus on fait travailler son intelligence, plus elle grandit et embrasse un large horizon.

Et puis, au fur et à mesure que ses constructions et ses aménagements prenaient une forme, que ses champs et ses potagers s'étendaient, que la culture remplaçait les fourrés et les bois, que l'exploitation prenait des proportions plus considérables, Marcel se sentait pris d'un immense intérêt pour toutes les transformations magiques. Il était fier en pensant que ces améliorations étaient dues à son génie et que sa volonté, comme la baguette d'une fée, avait fait jaillir des trésors de ce sol jusqu'alors improductif.

Les bois, les champs, les prairies, les jardins, les ruisseaux, les rochers eux-mêmes de son vaste domaine lui étaient devenus chers.

Il aimait les animaux de toutes sortes réunis par lui, apprivoisés par ses soins. C'était avec une joie profonde qu'il les voyait accourir vers lui, le saluer chacun de son langage et lui témoigner, par leurs naïves caresses leur reconnaissance pour le bien-être qu'il leur avait donné. Les sangliers eux-mêmes l'aimaient ; les canards, les oies, les faisans, les coqs de bruyère, les gelinottes, les pigeons et tous les autres oiseaux enfermés dans la basse-cour ou dans les volières, battaient joyeusement des ailes à sa vue et recevaient avec des transports le pain qu'il émiettait pour eux.

Quand il sortait, même pour une simple promenade, ses chiens, ses ours, ses loutres le suivaient. Les abeilles voletaient autour de lui familières, s'embarrassaient dans ses cheveux, se posaient sur ses épaules, et jusque sur ses mains, faisant bruire leurs ailes sans jamais songer à lui faire de mal.

Les animaux sont créés pour être les amis et les collaborateurs de l'homme ; leur instinct les pousse à se mettre sous sa protection ; la méchanceté humaine seule les éloigne et en fait ses ennemis.

Le solitaire connaissait tous ses commensaux ailés ou autres ; il leur parlait et s'en faisait comprendre. Lorsqu'il sortait, il lui suffisait d'un mot, d'un geste, pour les appeler, ou les faire rentrer au logis. A son retour il les retrouvait l'attendant à certaine distance de la grotte et la bande joyeuse lui faisait cortège jusqu'au logis.

Il se sentait l'âme attendrie par ce dévoûment et cet abandon. Jamais il n'aurait consenti à accepter la liberté au prix d'une séparation avec les amis de sa solitude.

En un mot, la corniche si triste, si désolée, dix-huit

mois auparavant, était devenue pour lui un paradis ter-
restre. Sans y songer, il y avait ressuscité l'âge d'or.

Les premières souffrances de l'exil avaient donc complètement disparu. Il vivait là avec ses animaux, résigné
et content, comme s'il eut dû y passer sa vie entière.
Quand sonnerait l'heure de la délivrance, il la saluerait
avec joie, mais il en était arrivé à ne rien faire pour la
hâter.

Il se trouvait heureux, et il avait raison, car il avait
en partage tout ce que les conditions de la nature humaine permettent de bonheur.

« L'homme heureux, a dit un sage, est celui qui sait
se contenter de ce que lui donne la Providence. »

Marcel était dans ces conditions.

Comme ses travaux lui laissaient quelques loisirs et
qu'il ne pouvait rester les bras croisés, il avait fait un
journal.

Ce journal était des plus singuliers. Voici en quoi il
consistait :

Amplement muni de papier et de crayons, Marcel
avait fait avec une habileté remarquable une suite de
dessins à la plume, au crayon ou au fusain. Au bas de
chacun il avait écrit une légende se rapportant à un
des incidents les plus remarquables de son séjour sur la
corniche.

Rien de curieux comme ce panorama dont le premier
dessin représentait la catastrophe qui l'avait jeté dans
son désert. Ensuite se trouvait une vue d'ensemble du
paysage primitif: puis, en feuilletant les pages de l'album, l'aspect des lieux se modifiait ; au dernier feuillet
le paysage était complètement transformé. Chaque page
représentant un fait, on pouvait suivre, pour ainsi dire
pas à pas, les changements opérés et les circonstances
dans lesquelles Marcel s'était trouvé tour à tour.

Rien de saisissant comme certaines de ces feuilles, en
raison de scènes comiques ou sérieuses qu'elles repré-

sentaient. Le tout formait l'histoire la plus curieuse qu'on put imaginer.

Chaque jour, il ajoutait une page nouvelle à ce singulier journal. Les légendes en étaient tantôt tristes et tantôt gaies. Dans aucune on n'eût trouvé trace de désespoir et de découragement.

Lorsqu'il eut mis son album, ou, comme il le disait, son journal au courant, Marcel établit aussi le plan parcellaire de ses possessions.

Ce travail lui suggéra la pensée de visiter en détail le plateau sur lequel s'ouvrait la grotte dans laquelle les malheureux prêtres avaient été massacrés.

Peut-être ce plateau lui fournirait-il de nouvelles ressources ; il y trouverait probablement une route qui lui permettrait de descendre dans la vallée.

Ce point, nous l'avons dit, était de médiocre importance pour lui ; il n'entrait que pour mémoire dans ses combinaisons.

Quand il s'était mis un projet en tête, il l'éxécutait aussitôt.

Il résolut donc de faire le lendemain même cette longue excursion, si toutefois le temps était favorable.

On était au plus fort de l'hiver, mais la saison n'était pas rude.

Le soleil se leva radieux ; tout promettait une journée assez froide. Marcel, qui ne vit rien là d'effrayant, distribua à tous ses animaux la nourriture nécessaire pour la journée et avisa au moyen de les empêcher de souffrir de son absence si elle venait à se prolonger jusqu'au lendemain.

Après avoir fait sa toilette et déjeuné de bon appétit, il chargea son sac, rempli de provisions de bouche et de quelques outils, sur ses larges épaules, pendit sa hache à sa ceinture, mit son fusil en bandoulière, prit son bâton de montagnard, siffla ses chiens et se mit en route.

Le temps était froid, mais le voyageur était bien couvert ; comme il marchait d'un bon pas, il fut vite réchauffé. Il arriva au kiosque qu'il avait construit, souleva la table et pénétra dans le souterrain.

Parmi les objets qu'il y vit, beaucoup lui auraient été très utiles. Tels étaient les flambeaux, des sièges et des bahuts antiques et surtout un certain nombre de pièces de vin destinées sans doute aux repas des fugitifs, deux ou trois fûts d'eau-de-vie, des glaces, des vitraux et d'autres choses encore.

Il ne voulut ni s'approprier ces richesses, ni même y toucher. Ce trésor devait avoir un possesseur légitime, le cardinal-archevêque de Lyon. Il semblait à Marcel que s'emparer du moindre objet serait commettre un vol. Il était résolu, dès qu'il en trouverait l'occasion ou la possibilité, de rendre ces richesses intactes à leur propriétaire.

Il traversa donc les grottes d'un pas rapide, sans même jeter un regard distrait sur ces trésors amoncelés. Les outils, les caisses de verre et les matériaux entassés dans le vestibule suffisaient à ses désirs, et il n'avait eu aucun scrupule à s'en servir parce que cela ne faisai pas partie du trésor.

Il arriva ainsi jusqu'à la dernière grotte. Il en referma la porte derrière lui. Après avoir donné aux malheureux ensevelis là un adieu suprême, il sortit et commença son excursion.

Il fit presque aussitôt une remarque singulière.

Dans un angle de la grotte, il avait vu dès coquilles d'œufs et ces œufs étaient des œufs de poules.

Sans doute les religieux avaient apporté dans leur cachette quelques-uns de ces volatiles qui, après l'assassinat de leurs maîtres, avaient dû être abandonnés. Les poules s'étaient sans doute alors sauvées dans les bois ; Marcel ne désespérait pas, en cherchant bien, de découvrir leur perchoir.

Ce fut ce qui arriva en effet. Dans un bois touffu, éloigné au plus d'une portée de pistolet de la grotte, il découvrit ce refuge et il aperçut même quelques poules. Malheureusement, du plus loin qu'elles le virent, elles se sauvèrent en caquetant et disparurent dans le plus profond du fourré.

Il constata qu'elles étaient fort belles ; leur fuite ne l'inquiéta nullement ; il savait que, si sauvages qu'elles fussent devenues, il lui serait facile de s'en emparer. Dans son for intérieur, il se promit même d'en prendre le jour même le plus grand nombre qu'il pourrait.

Ces débuts lui semblaient de bon augure ; aussi continua-t-il gaîment sa route.

Le plateau qu'il visitait, fort boisé, était beaucoup plus étendu que celui sur lequel avait eu lieu son naufrage ; mais il n'était arrosé que par quelques maigres ruisseaux qui se précipitaient en cascades dans les vallées.

Le jeune homme y découvrit quelques traces fort anciennes de sentiers, mais, soit que les passages eussent été détruits par la main de l'homme après le massacre des religieux, soit plutôt qu'ils eussent été obstrués par des éboulements semblables à celui dont lui-même avait été victime, il ne trouva aucun sentier permettant soit de descendre soit d'atteindre le sommet de la montagne. Les prairies naturelles foisonnaient et couvraient toutes les parties du sol que les bois n'avaient pas envahies. Marcel y remarqua quelques traces de chèvres et de moutons ; enfin, à sa grande surprise, il découvrit trois ou quatre ânes sauvages.

Ces trouvailles l'avaient complètement dérouté. Ainsi qu'il le faisait toujours en pareilles circonstances, il s'assit sur un quartier de roche, plaça son fusil près de lui, ouvrit son sac, et se mit à manger tout en réfléchissant.

Il y avait là un problème à résoudre.

La même raison qui expliquait la présence des poules justifiait celle des autres animaux.

Lorsque les religieux s'étaient réfugiés sur la montagne, ils avaient emporté avec eux tous les objets de première nécessité dont il leur avait été possible de se fournir.

Marcel, en effet, dans le souterrain, avait découvert des lits très peu moelleux à la vérité, mais en somme suffisants pour y dormir, des vêtements, du linge et une batterie de cuisine assez complète. Le jeune homme ne s'était fait aucun scrupule de s'approprier ces objets sans valeur pour tout autre que pour lui. Les fûts de vin et de liqueur seuls lui avaient paru mériter d'être conservés intacts.

Ces bagages, forcément transportés à dos d'âne, avaient nécessité la venue des animaux qu'il avait aperçus sans réussir encore à s'en emparer. Livrés à eux-mêmes ils s'étaient réfugiés dans les bois, ils étaient peu à peu retournés à la vie sauvage et ce ne fut pas sans quelque surprise que le solitaire remarqua que leur voix avait changé et au lieu de braire, ainsi que le font les ânes domestiques, ils bramaient comme les cerfs.

La découverte de ces animaux divers était précieuse pour Marcel. Mais il s'agissait de s'en emparer et de les conduire sur la corniche.

Là, commençait tout une série de difficultés.

Pour les ânes il était impossible de songer à leur faire traverser les souterrains et à les hisser par l'escalier jusqu'à la trappe qui servait de fermeture.

Les poules et les moutons ne l'inquiétaient pas ; il les aurait, au besoin, transportés sur ses épaules. C'eût été fort long sans doute, mais il y serait parvenu. Comment donc entrer en possession des ânes dont l'aide lui serait si précieuse ?

Toutes les pensées convergèrent vers la solution de ces difficultés.

Son repas terminé, il serra ses provisions et se remit en route. Tout autour de lui, mais à distance respectable, ânes et moutons sautaient, gambadaient, le regardaient avec de grands yeux effarés et semblaient le narguer.

— C'est bon ! c'est bon ! grommelait le jeune homme en leur jetant un regard railleur. Moquez-vous de moi, mes gaillards ! J'aurai ma revanche. Rira bien qui rira le dernier !

Les ânes se cabraient, lançaient des pétarades et galopaient à qui mieux mieux.

— Quel malheur ! se dit Marcel en hochant la tête, que je n'aie pas découvert ce souterrain dès les premiers jours de mon arrivée sur la corniche ! Ces ânes auraient été pour moi de précieux auxiliaires. Ils m'auraient évité d'énormes fatigues ; mes travaux auraient été mieux et plus promptement terminés. Enfin ! Dieu l'a voulu ainsi, il faut bien se résigner ! Aujourd'hui leur secours n'est pas à dédaigner, je construirai des charrettes et des charrues, je labourerai et rentrerai plus aisément mes récoltes.

Tout en faisant ces projets, il continuait son exploration. Son esprit, disons-le, était autre part ; il se creusait la tête pour trouver le moyen de conduire ces utiles animaux sur la corniche.

Il marchait ainsi depuis deux heures, et il était arrivé sur les bords d'un précipice d'une profondeur vertigineuse, au fond duquel grondaient, avec de mystérieux murmures, des eaux invisibles.

Soudain, il s'arrêta et se frappa le front.

Il se trouvait devant la forêt de vieux chênes dans laquelle il avait tué la laie. Les derniers arbres de ce bois centenaire poussaient sur des roches placées à dix mètres à peine des lèvres du précipice près duquel il marchait.

La forêt interrompue par ce gouffre se continuait immense et touffue du côté où il était parvenu, c'est-à-dire sur le plateau des Religieux, ainsi qu'il l'avait nommé.

Plusieurs chênes énormes projetaient leurs branches jusqu'au dessus du précipice dont les deux bords étaient de niveau.

Marcel était l'homme des décisions rapides. Il grimpa sur un de ces chênes, l'ébrancha sur toute sa longueur, en fit autant à un second et un troisième. Ces arbres n'avaient pas moins de douze à quinze mètres de hauteur et du haut en bas ils avaient presque une grosseur égale, car il avait eu soin d'en trancher le faîte.

Après avoir soigneusement enlevé et mis en tas les branches, il reprit sa hache et attaqua vigoureusement le pied du premier arbre. C'était un rude travail, mais Marcel était vigoureux et il s'était juré à lui-même d'abattre ces trois géants avant le coucher du soleil.

Les trois arbres, en effet, l'un après l'autre, se penchèrent sous les coups répétés de la terrible hache, et se couchèrent en travers du précipice. Marcel avait si habilement dirigé leur chute, qu'ils semblaient soudés l'un à l'autre.

Ce n'était encore là, à la vérité, qu'une carcasse de pont ; mais il était solide et offrait une largeur de près de quatre mètres. Il restait beaucoup à faire pour en rendre le passage commode et accessible aux animaux.

Marcel était accablé de fatigue ; il remit au lendemain l'achèvement de cette œuvre, et, franchissant le pont inachevé, il se hâta de retourner à son logis. Ses chiens le suivirent, non sans une certaine hésitation.

Il lui fallut, contrairement à ses calculs et à l'impatience de ses désirs, près d'un mois pour terminer son pont, et l'amener au point de perfection qu'il désirait atteindre. Il interrompait, il est vrai, de temps en temps ce travail, soit pour préparer une bergerie et un parc, soit pour faire un poulailler, soit enfin pour établir dans de bonnes conditions une écurie assez vaste pour contenir une douzaine d'ânes, avec des greniers à fourrages au dessus.

Il lui fallut, de plus, établir, à travers la forêt, une route assez large, aboutissant d'un côté au pont, et venant, de l'autre, après de nombreux détours, se terminer à son habitation et à la basse-cour.

Cette route fut tracée un peu plus large que le pont; Marcel donna cinq mètres à son chemin, le garnit, à droite et à gauche, de fossés, l'empierra solidement et en fit une grande voie de communication, qui traversait son domaine de part en part et desservait les prairies et les cultures.

Ces travaux terminés, il surprit, par une nuit obscure, les poules au perchoir, les enferma dans un sac, et, au moyen de sa brouette, les transporta dans leur nouveau domicile, après avoir eu soin de leur couper les ailes.

Deux jours suffirent pour que les pauvres bêtes s'accoutumassent à leur poulailler et commençassent à devenir familières avec leur maître.

Pour les moutons, Marcel procéda à peu près de la même façon. Il les surprit endormis, leur attacha les pattes et les transporta dans la bergerie préparée pour eux. C'est ainsi qu'il devint propriétaire d'un fort joli troupeau de moutons et de brebis, dont la laine, le lait et la chair, devinrent pour lui d'un excellent rapport.

Sur la terrasse des religieux, il y avait aussi des chèvres sauvages. Marcel, ayant déjà un troupeau assez nombreux, les laissa libres et se réserva seulement de les chasser de temps en temps, pour les besoins de sa cuisine, et afin de ne pas les laisser se trop multiplier.

Avec les ânes, il fallut procéder avec plus de précautions et de finesse ; mais il finit le pont avant de s'occuper d'eux.

Maison de campagne de la Corniche (page 271).

Voici de quelle manière il procéda à cette construction.

Les arbres formant la carcasse du pont étaient fort gros ; leur longueur était double de la largeur du précipice ; il s'agissait de les faire dépasser des deux côtés les bords d'une longueur égale, c'est-à-dire de cinq mètres environ. Il vint donc avec ses chiens et ses ours, auxquels il fit traîner sa brouette chargée des prolonges. Grâce à ses efforts combinés avec ceux de ses animaux, et avec l'aide de ces prolonges, il parvint, non sans peine, au résultat désiré. Les arbres, débordant ainsi de chaque côté de l'abîme, et soigneusement rapprochés dans leur longueur, offrirent une solidité à toute épreuve ; pour les maintenir dans cette situation, Marcel enfonça profondément de longs pieux en terre, six à droite, six à gauche, de chaque côté du précipice. Les troncs de chêne, ou, pour mieux dire, le tablier du pont, furent ainsi maintenus sans qu'on eût à redouter un écartement possible.

A l'aide d'une herminette, Marcel aplanit les arbres sur la surface supérieure et fit ainsi disparaître les gibbosités du bois et éviter ainsi les faux pas. Ce travail important eut lieu sur toute la longueur du tablier.

Il noya ensuite les arbres dans un lit de ciment, puis, dans toute la longueur du pont dépassant d'environ cinquante centimètres le niveau du pont. Cette sorte de double muraille était destinée à maintenir un sol factice de terre battue et de pierres concassées ; si bien que lorsque cette aire fut terminée, elle avait le même aspect que la chaussée du chemin dont elle semblait être la continuation.

On comprend que ces travaux minutieux devaient être fort longs et surtout fort pénibles.

Mais ce n'était pas tout.

Le pont terminé, Marcel disposa de chaque côté de solides gardes-fous, à hauteur d'appui, composés d'une série de pieux cloués droits et reliés entre eux par d'autres pieux, en forme de croix de Saint-André.

Comme dernière précaution, afin d'éviter que les animaux du plateau des Religieux ne vinssent fourrager dans ses champs et endommager ses récoltes, il établit une porte à chaque extrémité du pont. Ces portes étaient solides, épaisses, larges et hautes; elles fermaient non seulement au loquet, mais elles étaient encore renforcées par une barre de sûreté en chêne, qu'aucun animal, si vigoureux qu'il fût, n'aurait réussi à forcer.

Cette dernière précaution fort sage était prise surtout contre les ânes sauvages dont Marcel se promettait de s'emparer, afin qu'une fois captifs, ils ne pussent regagner leur ancien domaine, et aussi pour que ceux qui resteraient en liberté ne pussent pénétrer sur la corniche et venir y ravager les moissons.

Ce pont, jeté sur un abîme en apparence infranchissable, cette nouvelle route établie et traversant toute l'exploitation, avaient complètement modifié l'aspect du paysage, et, loin de lui nuire, lui avaient donné un côté pittoresque et animé, qui faisait plaisir à voir.

Il s'agissait maintenant de se rendre maître d'une certaine quantité d'ânes. Marcel en avait, à plusieurs reprises, aperçu qui lui avaient semblé très beaux et très vigoureux. Il leur jetait, de temps en temps, des poignées de blé, d'orge et d'avoine.

Les animaux, remarquant qu'il n'avait pas l'air de s'occuper d'eux, s'étaient peu à peu habitués à sa présence. Ils mangeaient gaîment ce qu'il leur jetait, mais, au plus léger mouvement qu'ils lui voyaient faire, ils s'enfuyaient à fond de train.

Le jeune homme avait remarqué l'endroit où ils se remisaient pour passer la nuit; il usa, pour les surprendre, des procédés employés pour chasser les ours et les autres fauves.

Il creusa de larges fosses, profondes d'environ 1ᵐ 20, et larges de près de 2 mètres, dont les parois étaient complètement à pic. Il recouvrit ces fosses de branchages entrelacés, qui devaient céder au plus léger effort. Au-dessus, il plaça des grains en grande quantité.

Il fit une douzaine de fosses, sur plusieurs points éloignés les uns des autres, dans les parages préférés par les animaux dont il désirait s'emparer.

Ces pièges dressés, il attendit.

Constatons en passant qu'on s'est plû à faire à l'âne une réputation de stupidité complètement injuste. L'âne est rempli de grandes qualités : il est fort intelligent, très-modeste, très-docile et très-courageux. Il aime son maître et le sert avec un dévouement à toute épreuve, même quand il en est maltraité injustement. Il est sobre, patient et d'une prudence extrême.

En France, malheureusement, on semble avoir pris à tâche de battre les animaux sans rime ni raison. Cochers, charretiers etc., se font un plaisir de martyriser les pauvres animaux qu'on leur confie ; ils les abrutissent ainsi et n'en retirent pas, à beaucoup près, la somme de travail qu'on serait en droit d'en attendre, en les traitant avec plus d'humanité. Il en sera malheureusement long-temps ainsi, à moins qu'on ne se décide enfin à punir sévèrement les actes de cruauté commis envers ces utiles et excellents auxiliaires.

Aujourd'hui cette tâche est commencée ; on condamne les cochers et les charretiers pour les actes de brutalité excessive ; mais il y a encore beaucoup à faire. Grâce à la douceur encouragée par la Société protectrice des ani-maux, espérons que le but désiré sera enfin atteint d'une façon définitive.

Les ânes sont, quoi qu'on ait dit, intelligents et surtout très méfiants. Ces mets délicats qu'ils voyaient déposer çà et là, ne leur disaient rien qui vaille ; ils flairaient le sol, allongeaient le cou, mais soudain ils s'enfuyaient comme s'ils avaient pressenti un piège. Ils tournaient et gambadaient volontiers autour des fosses, mais ils se gardaient bien de se risquer dessus.

Une lutte s'était engagée entre leur gourmandise (bien que très sobres, les ânes sont gourmands) et leur méfiance.

La gourmandise semblait leur dire : « Ce blé est appétissant, cette avoine doit être de bon goût, que cette orge flaire bon ? Pourquoi ne pas y goûter?... » Mais la méfiance répondait aussitôt : « Pourquoi cet homme nous fait-il ces présents? Ils viennent sûrement de lui; c'est l'ennemi né de notre race; ses dons cachent un piège; gardons-nous d'y toucher, car il nous en cuirait ».

Ainsi devaient certainement raisonner les fortes têtes de la race asine, les vieux, les expérimentés. Quant aux jeunes, ils les croyaient et s'abstenaient.

Marcel, qui connaissait le caractère des ânes, ne parut plus sur le plateau ; pendant plusieurs jours, il s'abstint de traverser le pont.

Les ânes, ne le voyant plus, se rassurèrent, les jeunes surtout, que la gourmandise aiguillonnait.

Le résultat de ces discussions était facile à prévoir.

Une nuit, Marcel, un peu après le lever de la lune, traversa le pont et alla visiter ses trappes.

Toutes avaient été saccagées ; trois ou quatre étaient vides. Les animaux s'étaient sans doute aperçu à temps du piège et avaient pu fuir.

Les autres étaient habitées; trois contenaient chacune une ânesse avec son petit ; dans les autres, il y avait dix ânes jeunes et de la plus belle venue.

Les pauvres bêtes tremblaient de terreur ; elles mouraient littéralement de faim.

Quand elles aperçurent le jeune homme, elles gémirent lamentablement et n'essayèrent pas de résister. La faim et la terreur les avaient domptées.

Marcel les caressa, procéda à leur sauvetage, et, les

unes après les autres, se laissèrent mettre un licou. Elles suivirent docilement leur nouveau maître.

Au lever du soleil, tous les prisonniers étaient installés sur une moelleuse litière, dans l'écurie construite à leur intention, et mangeaient la provende placée dans les auges et les rateliers.

Dix jours suffirent pour les dompter complètement.

Marcel estima que le nombre de ses captifs était suffisant ; il laissa leurs camarades en liberté, certain que, s'il en avait jamais besoin, il lui serait aisé de remonter sa cavalerie.

Il lui fallait maintenant des charrettes ; il se mit à l'œuvre, avec l'intention d'en construire quatre. Les difficultés ne l'effrayaient pas. Il ferait des véhicules du modèle le plus primitif, avec des roues pleines et d'un seul morceau.

Cette fois, la corniche était devenue véritablement une grande exploitation agricole.

Rien n'y manquait, que des bœufs et des vaches ; mais les ânes et les chèvres pouvaient largement suffire aux besoins de la culture et à ceux de la cuisine.

Malheureusement, Marcel n'avait pas de débouchés pour écouler ses produits. Cela le peinait.

CHAPITRE XX

**Comment Marcel tomba malade, et fut guéri par un fantôme
qui lui fit, pendant la nuit, une visite amicale.**

Deux ans s'étaient écoulés depuis que Marcel était prisonnier sur la corniche.

Son domaine s'était considérablement accru ; l'annexion du plateau des Religieux en avait plus que doublé l'étendue ; et il avait suffi, pour opérer cet agrandissement, de construire un pont.

Le jeune solitaire faisait maintenant ses excursions et ses promenades, monté sur un âne magnifique, d'une douceur remarquable, auquel il avait donné le nom de Jean-Pierre.

La laiterie avait pris des proportions considérables : lait de chèvres, de brebis et d'ânesses. Le beurre et le fromage ne manquaient pas.

Il dressa ainsi l'état de ses animaux domestiques :

Cinq chiens (Petiote avait fait une nouvelle portée) : Petiote, Ravaude, Briffaut, Gamin et Lisette ;

Deux ours : mon ami Pierrot et madame Gigogne ;

Douze ânes, deux nouvelles ânesses ayant mis bas chacune un ânon. Chacun des ânes avait un nom particulier. Nous ne rappellerons pour mémoire que Jean-Pierre ;

Deux loutres : Jeannette et Mariette ;

Environ quatre-vingts moutons ;

Vingt-cinq chèvres ;

Une centaine de poules ;

Quinze sangliers domestiques. Marcel en salait deux pour l'hiver et en mangeait deux autres frais.

Une cinquantaine d'oies et de canards ;

Puis venaient les pigeons, les lapins, les faisans, les coqs de bruyère, le gélinottes, les perdrix blanches, rouges et grises, et une foule d'autres oiseaux : grives, ortolans, merles, cailles, râles, poules d'eau, etc., etc.

Son vivier rempli de poissons et six essaims d'abeilles complétaient sa richesse.

Comme on le voit, rien ne manquait à la ferme de Marcel.

Mais il fallait soigner et nourrir les animaux, et c'était un rude travail.

Depuis, il avait, jusque-là, faute de charrue et de bêtes de trait, dû faire tous ses défrichements à la bêche.

Le labourage n'avançait que lentement ; bientôt, il allait avoir une charrue, dont il ferait le soc en buis, faute de fer pour le fabriquer.

Déjà il possédait une herse et un rouleau auxquels il attelait des ânes, qui lui faisaient gagner du temps. Ses quatre charrettes lui permettaient de rentrer sa récolte en peu de jours.

Dès que ses grains étaient mis en grange, il établissait ses moutons dans des parcs.

Ses ânes lui servaient encore à battre le blé en galopant sur l'aire. Les grains vannés étaient enfermés dans des sacs, et, à leur défaut, dans de grandes corbeilles.

Il récoltait, en outre, des châtaignes, des noix, des noisettes, des sorbes, des pommes, des poires, des airelles, des faines, du colza, des pommes de terre, des topinambours, des tomates, des carottes, des choux, des navets, etc., etc. Tout cela constituait une si grande somme de travail, que le jeune homme, sans aides, n'avait pas un instant de libre.

Il lui fallait moudre son blé, faire de l'huile, du cidre, de la chandelle, des bougies de cire, filer le chanvre, le lin ou la laine, tisser des étoffes, construire des barils pour l'huile, des sacs de toile, des vêtements de drap, récolter le miel, préparer des conserves pour l'hiver, faire le cidre et bien d'autres choses encore.

L'existence du solitaire était donc des plus actives. Il s'était construit, sur le plateau des Religieux, une maisonnette en briques (il avait la rage de la construction) très coquette et très solide, et l'avait appelée sa maison de campagne ; il l'avait meublée, et il y passait parfois la nuit, lorsque le mauvais temps le surprenait loin de la ferme, ainsi qu'il nommait son logis habituel, ou s'il se sentait trop fatigué pour aller plus loin.

Il connaissait à fond la flore de ses deux domaines ; il avait réuni une grande quantité de plantes médicinales, qu'il avait fait sécher avec soin et qu'il avait emmagasinées dans un compartiment séparé de la grotte, auquel il avait donné le nom de pharmacie.

Deux ou trois fois, à de longs intervalles, tandis qu'il était assis dans le kiosque du belvédère, il avait entendu se renouveler les chœurs des chanteurs invisibles. Toujours, il les avait écoutés avec émotion et y avait répondu. Ce faible lien qui le rattachait à la société des autres hommes était pour lui une sorte d'encouragement à la patience et une espérance, bien fugitive à la vérité, d'une délivrance possible, dans un avenir plus ou moins éloigné.

Un jour, il lui vint une pensée, celle de correspondre avec ses amis invisibles.

Cette pensée, il la mit aussitôt à exécution.

Il écrivit une relation très abrégée de ce qui lui était arrivé, de la vie qu'il menait, des ressources qu'il avait su se créer. Il ajouta à ce récit le plan topographique de la corniche et du plateau des Religieux, dont il mentionna la découverte, sans cependant souffler mot de ce qu'il avait trouvé dans le souterrain. Il termina en disant que, malgré ses efforts, il lui était impossible de trouver un passage, et que sa délivrance ne pourrait venir que du dehors. Il priait enfin la personne qui lirait cet écrit de le communiquer au propriétaire de la ferme des Alouettes.

Cela fait, il plia le papier, l'enveloppa soigneusement dans une peau de lapin, noua le tout à une lourde pierre, qu'il attacha à des lianes solidement tressées et dont il avait fait une corde d'au moins cinquante mètres. Il fila ce câble dans l'espace et attacha, à un quartier de roche surplombant sur le précipice, le bout qu'il avait conservé dans la main.

Cela fait, la chose lui parut si élémentaire et si simple, qu'il s'étonna de ne pas y avoir pensé plus tôt.

Parfois, la solitude lui pesait lourdement

Pendant ces heures de mélancolie, quelque affectueuses et empressées que se montrassent ses bêtes, il sentait que leur société n'était pas suffisante pour lui, car il ne pouvait causer avec elles et échanger ses idées. Cependant, à aucun prix, il n'eût consenti à se séparer d'amis si dévoués.

Il ne désirait pas précisément sa délivrance, mais il aurait voulu pouvoir communiquer à son aise avec ses amis du dehors, et sans abandonner son domaine, avoir la possibilité d'aller et venir de la montagne à la vallée. Ce sol, qu'il avait défriché, fertilisé, lui était devenu cher, et, si ceux qu'il aimait eussent été près de lui, il eut volontiers consenti à ne jamais rentrer dans la société des autres hommes.

Instruit par l'expérience, il était devenu une sorte de philosophe pratique, sans ambition ; ses désirs se bornaient à vivre dans la médiocrité qu'il s'était faite, et de partager cette modeste aisance avec les amis de son enfance.

En faisant une exploration minutieuse des confins du plateau des Religieux, il avait, à plusieurs reprises et à divers endroits, trouvé les traces d'anciens passages. Ces voies avaient été détruites peut-être par les religieux mêmes, désireux d'assurer la sûreté de leur refuge ; en d'autres endroits, on reconnaissait aisément que les orages et les cyclones avaient détruit les anciens chemins.

Certains de ces passages pourraient peut-être, à force de travail et de patience, être rétablis.

Marcel en avait noté un surtout, et l'avait tracé sur son plan. C'était sans doute le seul que les fugitifs avaient conservé pour se garder une issue. Il faisait mille détours enchevêtrés les uns dans les autres de la façon la plus bizarre ; c'était par ce sentier sans doute qu'étaient arrivés les assassins. Ceux-ci, leur crime commis, furieux de n'avoir pas trouvé les richesses qu'ils convoitaient, avaient dû, en se retirant, détruire le passage, afin de ne laisser aucune trace de leur crime horrible.

Ce chemin n'était interrompu que sur une trentaine de mètres. Il ne s'agissait donc que de creuser à nouveau le roc sur ce point et de rétablir cette partie de rampe détruite. Ce travail, en raison des dangers qu'il présentait, ne pouvait, en aucun cas, être accompli par un homme seul ; mais évidemment une vingtaine d'ouvriers habilement dirigés auraient aisément réussi à le terminer en moins de quinze jours.

Toutes ces hypothèses et ces espérances reposaient sur les documents écrits par Marcel et suspendus dans l'espace. C'était une chance bien aléatoire.

La pierre à laquelle ils étaient attachés serait-elle re-cueillie, ou irait-elle s'enfouir à jamais au fond d'un précipice inabordable ? En admettant même qu'elle fût recueillie, tomberait-elle entre les mains d'un homme sachant lire ?

Cela admis, cet homme ajouterait-il foi à un écrit si invraisemblable, le porterait-il à sa destination au lieu de le déchirer ou de le brûler avec dédain ?

Le solitaire se livrait à cette série de pensées, se de-mandait encore si, en admettant même que son papier tombât entre des mains amies et bien intentionnées, les recherches que ses révélations provoqueraient ne s'éga-reraient point, et si, devant un premier insuccès, ceux qui voudraient le sauver ne désespéreraient pas ?

Toutes ces hypothèses fort logiques tenaient son esprit dans un état de tension perpétuelle.

En jetant son papier dans l'espace, il avait dit ce mot, écho de ses appréhensions :

— A la grâce de Dieu !

Dieu seul, en effet, pouvait le sauver et faire tomber cette frêle preuve de son existence en des mains amies.

Cependant le temps s'écoulait ; les jours succédaient aux jours. Dès qu'il avait un instant, Marcel montait à son belvédère et visitait sa corde ; elle était toujours ten-due, et la pierre continuait à se balancer à son extré-mité.

Cette préoccupation incessante avait altéré la santé du solitaire ; ses nuits s'écoulaient sans sommeil ; sou-vent, il se sentait, dans la journée, envahi par des fris-son et un indéfinissable malaise.

Néanmoins, à chacune de ses visites, il ajoutait quel-ques mètres de corde ; elle ne tarda pas à atteindre une longueur de cent mètres.

Un jour, vers trois heures de l'après-midi, Marcel

gravissait péniblement les pentes, assez douces pourtant, qui devaient le conduire à son poste d'observation, qu'il n'avait pas visité depuis près de deux semaines ; il lui sembla entendre au loin une détonation qui lui parut être un coup de fusil.

Il tressaillit et alla en courant jusqu'à la lèvre de l'abîme.

Il saisit la corde de liane avec une anxiété fébrile et la tira à lui.

La corde flottait dans l'espace.

Il se hâta de la ramener sur la terrasse. Elle était coupée au tiers de sa longueur par une section aussi nette que si elle eût été faite à l'aide d'un rasoir.

Naturellement, la pierre et l'écrit avaient disparu. Au moment où la dernière brasse de la corde arrivait sur le rocher, un hââou strident s'éleva des profondeurs de l'abîme et sembla dire au solitaire :

— Sois tranquille ! Ta lettre est tombée entre bonnes mains.

Marcel se coucha sur le sol, pencha sa tête sur le précipice et répondit par un hââou puissant, dont les vibrations stridentes furent répétées à l'infini.

Épuisé par cet effort désespéré, il sentit que sa vue se troublait ; il se rejeta vivement en arrière et perdit connaissance.

Son évanouissement fut long ; quand, enfin, il en sortit, grâce aux caresses affectueuses de ses chiens : il crut avoir rêvé.

Il était étendu sur son lit, dans sa chambre, en proie à une fièvre brûlante.

Il se demanda en vain comment il était venu là ; à défaut d'autre explication possible, il supposa que madame Gigogne, qui l'accompagnait, l'ayant vu tomber comme foudroyé, l'avait relevé, placé sur ses puissantes épaules et transporté sur son lit, dans son domicile.

Il faisait presque nuit.

Les chiens, les ours et les loutres, entouraient la couche où était étendu le malade et fixaient sur lui des regards anxieux. Petiote et Ravaude lui léchaient les mains et le visage.

C'étaient ces caresses qui lui avaient fait reprendre connaissance.

Il remercia chaleureusemt ces bonnes et intelligentes bêtes.

Puis il se mit sur son séant et essaya de se lever. Il réussit, mais à grand'peine ; ses jambes flageollaient et se dérobaient sous lui.

Cependant, en s'appuyant sur mon ami Pierrot et se soutenant à tous les meubles, il réussit à allumer une lanterne (il en avait fabriqué une demi-douzaine) ; puis il atteignit à grand'peine sa pharmacie, et se prépara quelques boissons rafraîchissantes, qu'il plaça sur sa table de nuit.

Après avoir donné à manger à ses animaux, il se recoucha. Ses volières et sa basse-cour étaient munies de grains pour plusieurs jours.

A peine couché, et sous la pression d'une fièvre brûlante, il tomba dans un sommeil profond.

Quand il s'éveilla, il était en sueur ; sa faiblesse était extrême.

Il tenta en vain de se lever et ne put y réussir.

Cinq jours s'écoulèrent ainsi. Il était en proie à un délire constant.

Le sixième jour, un ouragan terrible se déchaîna ; le vent faisait rage, il sifflait avec des plaintes presque humaines ; la pluie fouettait le sol ; les roulements continus du tonnerre, les éclairs verdâtres qui se succédaient, augmentaient encore la fièvre du malade. Il avait des hallucinations et parlait d'une voix métallique à des êtres créés par son imagination en délire, et que seul il voyait.

Vers minuit, l'orage s'apaisa subitement, ainsi que cela arrive souvent dans les hautes régions. Le vent tomba, la pluie cessa, et les roulements de tonnerre, s'éloignant de plus en plus, ne tardèrent pas à se taire tout à fait.

Un air frais remplaça subitement l'atmosphère embrasée et vint rafraîchir délicieusement la poitrine haletante du malade.

Il but à petites gorgées une tasse de tisane et se laissa retomber avec une expression de bien-être indicible sur sa couche humide de sueur.

La chambre n'était éclairée que par une lanterne, dont la lumière, tamisée par une gaze, ne répandait qu'une lueur incertaine.

Ses animaux, couchés, entouraient son lit.

Accablé par la fièvre et brisé par l'orage, il avait fermé les yeux et cherchait le sommeil.

Soudain chiens, ours et loutres, poussèrent à l'unisson un gémissement étouffé, et ils se glissèrent en rampant sous le lit, où ils se tinrent immobiles, tremblant de tous leurs membres et soufflant avec terreur. Marcel ouvrit les yeux.

Alors, il vit, ou plutôt il crut voir, car lui-même n'aurait pu dire s'il était le jouet d'une hallucination de la fièvre, ou si ce qui s'offrait à ses regards était une réalité.

Marcel vit une ombre, émergeant des profondeurs de la grotte, marcher ou plutôt glisser sur le sol et se diriger vers lui. Les pas de ce fantôme, quel qu'il fût, ne rendaient aucun son en se posant sur la terre battue.

Plus l'ombre approchait, plus Marcel croyait la reconnaître. Les contours de l'apparition se faisaient plus distincts, devenaient plus nets et mieux arrêtés.

Enfin, le fantôme s'arrêta au chevet du malade ; celui-ci, les yeux démesurément ouverts, le regardait s'approcher et suivait tous ses mouvements, appuyé sur son coude et le haut du corps penché en avant.

Il y eut un instant de silence lugubre. Les animaux gémirent sourdement.

Enfin, le spectre parla d'une voix douce, claire, empreinte d'une admirable expression de tendresse.

— Me reconnais-tu, Marcel ? demanda-t-il.

— Oui, mon vieil ami, répondit le malade. Vous êtes l'homme au burnous. Oh ! je ne vous ai pas oublié !

— Merci ! ni moi non plus, je ne t'ai pas oublié !

— Vous étiez heureux, vous !... Moi, je souffrais, reprit Marcel avec quelque amertume.

— Ce reproche est injuste, mon jeune ami, tu le reconnaîtras bientôt.

— Dieu le veuille !

— Dieu sait tout et peut tout. Tu souffres donc bien, pauvre enfant ?

— Oui, mais ma douleur est essentiellement morale. Je souffre d'être loin de tous ceux que j'aime. Hélas ! peut-être m'ont-ils oublié ?

— Cette pensée est mauvaise, Marcel ! Je m'étonne de la voir éclore en toi.

— Vous avez raison, j'ai tort ; mais, depuis bientôt trois ans, je vis seul et oublié sur cette corniche.

— Oublié ! Non pas, Marcel ! Pas un jour, pas une heure, nous n'avons cessé de penser à toi et de chercher les moyens de te venir en aide.

— Soyez donc bénis pour cette constante amitié !...

Mais avouez que, jusqu'à ce jour, les résultats en ont été négatifs, ajouta-t-il avec une ironie triste.

— Marcel, reprit le fantôme avec émotion ; comment, toi qui es un cœur fort, une âme d'élite, peux-tu parler ainsi ?

— Parce que je souffre, que la fièvre m'énerve, que je ne sais même pas, en ce moment, distinguer le rêve de la réalité !

— Pauvre enfant ! reprit l'autre avec une douceur émue, prends courage ; tu as souffert le plus fort de ta passion. Bientôt, tu seras libre.

— Libre ! murmura Marcel, libre ! après tant de temps ! Non, c'est impossible !

— Prends garde, enfant, le doute est le commencement du désespoir.

— Non ! s'écria le malade. Je ne le crains pas ; si j'avais près de moi mes amis, je ne consentirais pas à m'éloigner de ce plateau, où j'ai tant souffert, il est vrai, mais où, maintenant, je suis si heureux, au milieu des prodiges qu'à force de volonté et de travail j'ai réussi à accomplir ; je ne désirerais qu'une seule chose pour être complètement heureux.

— Laquelle ? demanda anxieusement l'ombre, retourner aux Alouettes ?

— Oui, mais avec la facilité de revenir ici quand cela me plairait. Le seul désagrément de cette corniche, si étendue et si riante qu'elle soit aujourd'hui, c'est de ne pouvoir en sortir et y rentrer à volonté.

— Oui, l'homme est ainsi fait, murmura le fantôme d'un air pensif. Tout ce qui lui est imposé est pour lui une gêne. Tel n'est jamais sorti, depuis son enfance, de la maison qu'il habite dans une grande ville ; condamnez-le à ne pas s'éloigner au delà de vingt lieues de sa demeure : cet homme, sédentaire par humeur, par habitude et par tempérament, sera immédiatement pris d'un

amour effréné pour les voyages, qu'il faudra qu'il satis-
fasse n'importe comment. Tu es cet homme, Marcel.

— Non pas, reprit vivement le jeune homme. Si je
l'avais bien sérieusement désiré, peut être, sur le plateau qui avoisine celui-ci, aurais-je pu me frayer un
passage pour descendre dans les vallées.

— Pourquoi ne l'as-tu pas fait? Tu aurais ainsi rejoint tes amis que ton absence désespère, et qui auraient
été si heureux de te revoir?

— C'est vrai, répondit Marcel en hochant la tête,
mais si j'avais fait cette tentative et si j'avais réussi,
j'aurais, il est vrai, comblé de joie mes amis et moi-
même, mais...

— Mais?

— Mais j'aurais condamné à une mort inévitable les
pauvres animaux dévoués dont j'ai peuplé ma solitude,
ces humbles amis dont le concours précieux ne m'a
jamais manqué. La plupart d'entre eux m'ont sauvé la
vie à plusieurs reprises et ont chaque fois été récom-
pensés par une caresse. La solitude agrandit l'âme en
tuant l'égoïsme; la souffrance m'a appris la bonté et la
reconnaissance; il n'y a pas d'animal, si petit qu'il soit,
qui ne se fasse avec joie l'ami et le serviteur de l'homme,
lorsque celui-ci sait lui prouver, par ses soins, qu'il
n'est pas ingrat; je souffre horriblement, je l'avoue,
d'être séparé de mon père et de ma mère adoptifs, de
ma sœur, de mes amis de la ferme, de vous, mon vieil
ami, en particulier. Tous, vous souffrez de cette séparation, je le sais, je le sens, mais mon cœur me défend
d'abandonner les amis de ma solitude, si humbles qu'ils
soient. Ils se sont donnés à moi tout entiers, sans ar-
rière-pensée. Mes amis de la ferme, si grand que soit
le chagrin que leur cause mon absence, peuvent attendre;
ceux que j'abandonnerais ici mourraient de chagrin et
de douleur de ne plus me voir. En les quittant ainsi vo-

lontairement, je commettrais une mauvaise action, une lâcheté. Mon cœur se révolte à cette seule pensée. Si je ne puis les emmmener avec moi, ou établir une voie de communication qui me permette d'aller et venir d'ici à la ferme et de la ferme ici, à ma guise, je suis résolu, bien que mon cœur se brise à cette pensée, à rester ici, près de mes bêtes. Je ne veux pas payer par la plus noire ingratitude le dévoûment sans bornes dont ils se sont si souvent montrés prodigues envers moi.

Il y eut un court silence.

— C'est bien, dit enfin le fantôme. Tu as parlé en homme de cœur et de caractère. Je ne l'oublierai pas; Tout sera fait selon tes désirs. Je ne te dis pas: courage, enfant! Le tien est à toute épreuve. Je te dis : patience et bon espoir !

— La patience n'est qu'une forme de la résignation. J'ai, depuis longtemps, appris à être patient en me résignant.

— Tu sembles souffrir, Marcel?

— Beaucoup. Depuis cinq jours et cinq nuits, la fièvre me tient cloué sur cette couche.

L'homme au burnous, ou le fantôme, comme il plaira au lecteur, examina un instant le jeune homme avec la plus sérieuse attention ; puis il fouilla dans sa gibecière, en retira une boîte oblongue en chagrin, l'ouvrit au moyen d'une clé microscopique. Le malade aperçut alors une douzaine de petits flacons soigneusement bouchés à l'émeri et alignés dans des compartiments séparés.

L'homme mystérieux choisit un de ces flacons, emplit une tasse d'eau, puis y laissa tomber quelques gouttes de liqueur. L'eau prit aussitôt une teinte jaune d'or. L'être étrange reboucha le flacon et referma la boîte, qu'il remit dans sa gibecière.

Tout cela fut fait lentement, presque d'une façon

automatique. Puis, prenant la tasse et la présentant à Marcel.

— Bois, lui dit-il affectueusement.

Le jeune homme prit la tasse et but, puis il la rendit à demi vide à l'homme au burnous qui la replaça sur la table de nuit.

Au fur et à mesure qu'il buvait, il sentait un bien-être indicible se répandre dans tout son corps et dans toutes ses articulations.

— Maintenant, dors ! reprit le fantôme. Quand tu t'éveilleras, tu seras guéri, pauvre enfant !

Marcel retomba sur son lit, avec un soupir de bien-être. Ses yeux se fermaient ; cependant, entre ses pau-pières mi-closes, il suivait, tant que cela lui était pos-sible, les mouvements de son étrange visiteur.

Il lui semblait que celui-ci s'éloignait de son pas de statue, silencieux et automatique, vers le fond de la grotte ; mais ses idées se brouillèrent presque subite-ment ; il perdit le sentiment et s'endormit profondé-ment.

Lorsqu'il s'éveilla, il faisait grand jour. Le soleil lan-çait ses flèches d'or sur toute la nature ; un air frais et embaumé pénétrait dans la chambre ; le temps était magnifique.

Les chiens, les ours et les loutres, assis gravement autour du lit de leur maître, épiaient son réveil d'un air anxieux.

Marcel se sentait tout regaillardi, il n'éprouvait plus la moindre souffrance. Il était gai et heureux.

Il caressa chaleureusement ses bonnes bêtes, leur parla et sauta joyeusement hors du lit.

Il fit sa toilette avec le plus grand soin, puis il sortit pour donner la pâture à ses animaux, qu'il avait, bien malgré lui, négligés depuis cinq jours.

Il fut accueilli avec des cris de joie et des battements d'ailes. Quand tout fut remis dans l'ordre habituel, il monta sur Jean-Pierre et fit une longue promenade à travers ses plantations, afin de constater les dégâts causés par l'orage de la nuit.

Ces dégâts étaient insignifiants. Deux ou trois heures suffiraient pour tout réparer.

Il rentra alors au logis, et, après avoir remis Jean-Pierre à l'écurie, il se hâta de préparer son déjeûner. Il se sentait un véritable appétit de convalescent.

Tout en mangeant et en distribuant de friands morceaux à ses commensaux ordinaires, il réfléchissait.

Il était fort intrigué par son aventure de la nuit. Il ne se rappelait que très vaguement l'entretien qu'il avait eu avec l'homme au burnous. Il se demandait si cette entrevue fantastique était réelle, ou si ce n'était qu'un rêve, une hallucination de la fièvre ; l'un était aussi possible que l'autre, d'autant plus que son système nerveux, surexcité par l'orage et la fièvre intense qui le dévorait, pouvait très bien avoir produit ce rêve bizarre ; cependant, sans se souvenir positivement de ce qui s'était dit entre lui et l'homme au burnous, ou le fantôme créé par son imagination surexcitée, il se souvenait que cet entretien avait duré pendant très longtemps, et que son interlocuteur l'avait terminé en lui présentant une boisson rafraîchissante préparée par lui, en lui disant : « Bois ; demain, tu seras guéri ; » puis le fantôme avait semblé s'évanouir vers le fond de la grotte ; du reste, la prophétie de l'apparition s'était complètement réalisée, puisqu'il était, en effet, complètement guéri.

— Ce rêve, si c'en est un, est bien singulier, dit Marcel. Il y a, au fond de tout cela, quelque chose d'étrange et de bizarre qui m'échappe. Oh ! fit-il tout à coup, en se frappant le front, je vais savoir tout de suite si cette entrevue est réelle ou si ce n'est qu'un rêve ; la potion que l'homme au burnous m'a présentée et dont, je me le rappelle très bien, je n'ai bu que la moitié, était d'une admirable teinte jaune d'or, d'un goût piquant et aromatique. Le reste est dans la tasse... Voyons !

Il se leva et ne fit qu'un bond jusqu'à la table de nuit.

La tasse était là, à moitié pleine, mais ce qu'elle contenait était une simple infusion de violettes préparée par Marcel lui-même, et sa couleur était d'un bleu un peu violet.

— Allons ! s'écria le jeune homme avec quelque dépit, j'ai rêvé ; il est évident que j'ai eu une hallucination.

Puis il ajouta en souriant, tout en se remettant à déjeûner :

— C'est égal ! hallucination ou non, ce qui est certain, c'est qu'elle a si profondément frappé mon imagination que, ma foi ! j'ai été subitement guéri. Ne pensons plus à cela et reprenons nos habitudes. J'ai fort à faire en ce moment, et cette maladie ne m'a pas mis en avance.

CHAPITRE XXI

**Comment Marcel découvrit enfin un passage et préféra rester
sur la corniche.**

MARCEL demeura assez longtemps préoccupé de cette
étrange hallucination, dont tous les détails lui
étaient peu à peu revenus en mémoire.

Mais il avait des occupations tellement multiples, son
esprit était rempli de tant de choses importantes,
qu'il finit par renoncer à déchiffrer cet insoluble problème.

D'ailleurs, il n'était pas homme à perdre son temps
dans des rêveries creuses. Il finit par oublier complètement cet incident bizarre.

Depuis quelque temps, un événement assez sérieux le
préoccupait.

Nous avons dit qu'il s'était construit sur le plateau des
Religieux un coquet pavillon, qu'il avait appelé sa maison de campagne, et dans lequel, rarement à la vérité,
mais au moins une fois ou deux par mois, il passait la
nuit. Marcel, à côté de l'agréable, plaçait toujours
l'utile, c'était chez lui un principe arrêté ; en conséquence, tout autour de cette demeure, il avait défriché
une assez grande étendue de terrain dont il avait fait

un jardin d'agrément d'abord, puis un jardin potager. Il y avait joint un champ de pommes de terre et avait environné le tout d'une épaisse haie vive de houx.

Tout venait à souhait ; le potager était en plein rapport ; les cerisiers, les poiriers, les abricotiers, qu'il avait greffés, poussaient à ravir. Les pommes de terre promettaient d'être magnifiques.

Un matin, Marcel s'aperçut, avec une désagréable surprise, que sa haie avait été trouée, et que ses pommes de terre avaient été bouleversées. Il pensa immédiatement que le sanglier mâle qu'il avait fait veuf deux ans auparavant venait de se venger tout à coup.

On se rappelle que, deux ans auparavant, Marcel avait tué dans la forêt de chênes une laie, dont les marcassins avaient été le point de départ du beau troupeau de sanglier qu'il nourrissait maintenant dans sa basse-cour et qui lui était fort utile sous bien des rapports.

Il s'était bien promis de tuer au plus vite le sanglier qu'il avait fait veuf ; mais, soit que celui-ci se fût méfié des intentions meurtrières du jeune homme à son endroit, soit que le chasseur eût mal pris ses mesures, il est certain qu'il ne réussit pas à retrouver le sanglier et finit même par ne plus s'occuper de lui ; de son côté, le sanglier — rendons-lui cette justice — ne fit rien pour se rappeler au souvenir du jeune homme.

Les choses avaient duré ainsi pendant deux ans. Puis, tout à coup, à l'improviste, le sanglier mal avisé révéla sa présence sur le plateau des Religieux.

Tourmenté et effrayé par les défrichements opérés par Marcel, et se trouvant mal à l'aise et peu en sûreté dans la forêt de chênes où il avait établi sa demeure ; il avait profité d'une belle nuit, alors que la pont, non terminé, n'avait pas encors ses portes, pour le traverser et émigrer sur le plateau des Religieux où il espérait sans doute vivre plus tranquille.

Les glandées ne lui manquaient pas ; la nourriture était à foison ; le solitaire aurait pu vivre et mourir paisiblement sans que le chasseur songeât à le tourmenter. La gourmandise le perdit ; il prit fantaisie de goûter aux pommes de terre de Marcel et les paya cher.

Que de malheurs n'a pas déjà causés la gourmandise depuis le commencement du monde ! Le malheureux sanglier vint encore augmenter la liste de ces infortunés ; ayant tout à souhait, s'il n'avait pas voulu, lui aussi, goûter au fruit défendu, peut-être serait-il mort de vieillesse.

Marcel s'embusqua dans la maisonnette avec ses cinq chiens, redoutables animaux, presque aussi gros que des ânes, admirablement dressés et capables de ne faire qu'une bouchée du sanglier, si leur maître le leur avait permis.

Celui-ci n'était pas un ennemi à dédaigner. Il était haut sur pieds, armé de défenses formidables et arrivé à cette époque où les animaux de son espèce, ayant achevé leur croissance, jouissent de toute leur vigueur.

En sus de son fusil au bout duquel il avait emmanché la baïonnette, Marcel avait un fort couteau à lame droite et large.

Pendant quatre nuits, il guetta la bête sans la voir paraître.

Comme il lui importait d'en finir au plus vite, Marcel, qui savait la finesse, le flair et la prudence de ces animaux, comprit que le sanglier l'avait éventé et qu'il avait changé de quartiers pour se dérober à ses poursuites.

Marcel résolut de se mettre à la recherche de l'animal, puisque celui-ci s'obstinait à ne pas se montrer.

Vers quatre heures du matin, il quitta son affût et se

mit résolûment en route, afin de relever les passées du sanglier. Il eut soin de lui couper la retraite du côté de la corniche, pour le cas où il tenterait d'y fuir. Les deux portes du pont furent fermées.

Une heure après, les chiens avaient la piste.

Cela fait, la chasse commmença ; elle fut menée rondement. Une heure à peine après s'être mis en route, les chiens reconnurent les passées du sanglier et se lancèrent sur sa piste.

Elle fut suivie jusqu'au fort du solitaire. Mais celui-ci, averti par les aboiements formidables de la meute, avait deviné le danger, il avait aussitôt décampé en piquant une pointe tout droit devant lui.

L'animal était très vigoureux. Il se fit battre longtemps en plaine ; puis, par un crochet soudain, il se lança sous bois, où la chasse recommença avec un nouvel acharnement.

Pendant cinq heures, ce fut à peine s'il se laissa apercevoir. Mais enfin ses forces s'épuisèrent ; il devint lourd et commença à raser.

Enfin, et se sentant perdu, le pauvre animal revint à son fort, où il tint désespérément tête aux chiens. Ceux-ci le coiffèrent si rudement que Marcel, ne pouvant se servir de son fusil, lui plongea son couteau jusqu'au manche dans le cœur.

Il fit la curée aux chiens, puis il songea à conduire sa proie à la grotte.

Ce n'était pas chose facile, car l'animal était énorme et pesait près de trois cents kilogrammes.

Il fallut l'emporter dans une charette que Marcel alla chercher.

Aussitôt arrivé, il flamba, échauda le sanglier et le prépara pour le saloir.

Le saloir, lorsqu'il était plein, était placé dans la cuisine. Celle-ci étant déjà fort encombrée d'objets de toutes sortes, sans compter le fourneau et le four, qui tenaient une grande place, Marcel, pour se débarrasser, avait relégué le saloir vide dans un compartiment assez éloigné au fond de la grotte.

Dès que le sanglier fut préparé, le jeune homme alluma une lanterne et s'enfonça dans les profondeurs de la grotte.

Soudain, il poussa un cri étouffé de surprise et se pencha vivement vers le sol, qu'il examina avec la plus scrupuleuse attention. Il marchait avec précaution, le corps presque courbé en deux et les yeux obstinément fixés à terre.

— C'est singulier! murmura-t-il à plusieurs reprises. Sur ma foi, je n'y comprends rien, dit-il tout à coup ; est-ce que ce serait vrai? Terminons d'abord notre affaire. Cette nuit, j'aurai tout le temps de me livrer aux recherches que je jugerai nécessaires. Commençons par le plus pressé.

Il chargea le saloir sur sa brouette et le transporta dans la cuisine, où il l'installa à sa place accoutumée.

Il le lava, le nettoya avec soin; puis procéda au salage, qui lui prit un temps considérable. Il était un peu plus de sept heures du soir, quand il eut terminé ce travail.

Il remit tout en ordre, prépara son dîner et se mit à table. Tout en mangeant de bon appétit, il était en proie à une surexcitation nerveuse, qui allait croissant à mesure que la nuit se faisait plus profonde.

Enfin il leva la tête.

— Je suis fatigué, murmura-t-il. Cette exploration peut être longue ; car jamais la pensée ne m'est venue de m'assurer de l'étendue de cette grotte. Cette fois, quoiqu'il arrive, je la parcourrai tout entière. Je veux avoir le cœur net de cette affaire. Je vais dormir jusqu'à une heure du matin. Ce repos de quelques heures me donnera les forces nécessaires. Près de quatre heures de sommeil, c'est plus qu'il ne m'en faut.

Là-dessus, il s'étendit tout habillé sur son lit et s'endormit presque aussitôt.

A une heure précise, il s'éveilla.

Il sauta d'un bond hors du lit et fit, en toute hâte, ses préparatifs de départ. Il mit des provisions de bouche dans sa gibecière, attacha sa hache américaine à sa ceinture, passa son fusil en bandoulière et prit son bâton de montagnard. Au lieu de sortir du logis, il se dirigea vers le fond de la grotte, une lanterne allumée à la main.

Il siffla ses chiens et appela ses ours; les uns et les autres accoururent; mais quand les ours virent la direction que prenait leur maître, ils hésitèrent d'abord, refusèrent d'aller plus loin, et, finalement, retournèrent se coucher.

— Voilà qui est étrange, murmura Marcel. Tout prouve cependant que c'est par cette voie que ces animaux sont venus ici. Que signifie la répugnance qu'ils éprouvent à refaire un chemin qu'ils doivent connaître. Les ours ont la mémoire longue. Ceux-ci ont peut-être été chassés et n'ont échappé que par miracle à ceux qui les ont blessés. Ce doit être cela. Qu'ils dorment tranquilles; je n'ai pas besoin d'eux pour me guider. En avant!!

Et il se remit en marche.

Où allait-il, et comment cette pensée, qu'il n'avait jamais eue jusqu'alors, lui était-elle venue si subitement d'explorer la grotte dans toute son étendue? Comment surtout cette idée avait-elle surgi à l'improviste et presque subitement dans son esprit?

C'est ce que nous allons, en quelques mots, faire savoir au lecteur.

Plus de deux mois s'étaient écoulés depuis l'orag
pendant lequel il avait eu ou cru avoir l'hallucination
Il n'y songeait plus, lorsqu'en allant prendre le salo
dans le compartiment éloigné où il était relégué, il ava
tout à coup aperçu, sur le sable fin de la grotte, des pa
d'homme profondément imprimés. Les uns se dirigeaier
vers la sortie, les autres, au contraire, s'enfonçaient dan
les profondeurs de la grotte.

Marcel avait le pied étroit, un peu long et fortemen
cambré ; il était chaussé de bottes sans clous. Les pa
qu'il avait aperçus étaient un peu larges, assez petits e
portaient l'empreinte de souliers ou de bottes à talon
garnis de clous nombreux, de même que les semelles
Ces traces n'étaient donc pas les siennes ; d'ailleurs, s'i
avait hésité en les apercevant près du compartiment, l
doute n'était plus permis, car jamais, depuis qu'il ava
découvert la grotte, il ne s'y était enfoncé aussi profon
dément qu'il l'était en ce moment.

Il n'avait donc pas rêvé ; il n'avait pas eu d'halluci
nation. L'homme au burnous avait réussi, Marcel igno
rait encore par quels moyens, à parvenir jusqu'à lui ; e
le long entretien qu'il avait eu avec son vieil ami étai
bien réel.

L'homme au burnous lui avait donné la potion qu'i
avait bue ; il avait ensuite vidé la tasse lui-même, afi
de laisser le malade dans le doute et lui faire croir
qu'il avait été le jouet de la fièvre.

Mais pourquoi avait-il agi ainsi? Pourquoi, depui
deux mois, n'était-il pas revenu? Le chemin qu'il ava
suivi s'était-il écroulé ou bien lui-même s'était-il égar
dans cette grotte, dont les dimensions paraissaient alo
immenses à Marcel? Y était-il mort misérablement e
s'en retournant?

L'inquiétude du jeune homme était grande. Quoiqu'
en fût, les traces laissées dans le sable étaient profonde
bien marquées ; la pointe du bâton ferré du vieux mor

tagnard formait une série de trous placés à distances égales.

Dans cet immense souterrain où l'air ne circulait que difficilement et en quantité tout juste suffisante pour permettre de respirer sans souffrir, ces traces devaient durer un siècle sans s'effacer. Marcel n'avait qu'une chose à faire pour découvrir la vérité, c'était de les suivre servilement, sans s'écarter ni à droite ni à gauche ; il le fit.

Après une heure de marche environ, il atteignit une espèce de carrefour sur lequel plusieurs galeries s'ouvraient dans des directions différentes. Là, l'homme au burnous s'était arrêté ; il s'était assis sur une pierre assez large, sur laquelle, avec du charbon, il avait marqué certaines lignes correspondant avec d'autres semblables tracées sur les parois d'une galerie.

Le vieillard cherchait évidemment son chemin. Il tâtonnait et prenait, autant que possible, des points de repère, afin de ne pas s'égarer.

Du reste, pendant son exploration, Marcel trouva plusieurs indications semblables tracées au charbon sur les parois des galeries. Il découvrit même, de distance en distance, plusieurs torches à demi consumées.

Il continua à suivre ces traces et arriva à un second carrefour presque semblable au premier. Seulement les galeries étaient moins nombreuses, et les voûtes étaient plus basses.

Il s'arrêta pendant une demi-heure, pour changer la bougie de sa lanterne et surtout pour se reposer un peu. Il marchait depuis plus de trois heures sous ces voûtes humides et commençait à se fatiguer sinon physiquement au moins moralement ; il lui semblait qu'il n'arriverait jamais au bout de cette course fantastique ; de plus, l'air lourd et vicié lui donnait des nausées et lui causait des bourdonnements dans les oreilles.

Il avala d'un trait un grand verre de cidre, ce qui le remit complètement.

Il repartit alors, suivi par ses chiens. Les bonnes bêtes semblaient tristes ; elles ne couraient pas et ne jouaient pas comme elles en avaient l'habitude. Les fidèles animaux subissaient aussi l'influence du lieu dans lequel ils se trouvaient.

Le souterrain avait du reste pris bientôt un aspect tout nouveau. Au sol sableux avait succédé des amoncellements de quartiers de roches qui rendaient la marche très difficile. Marcel, depuis longtemps déjà, entendait par intervalles de sourds grondements ressemblant, à s'y méprendre, aux roulements continus d'un tonnerre lointain.

Ces bruits, d'abord très éloignés et à peine perceptibles, augmentaient à chaque instant d'intensité et se changèrent bientôt en un effroyable grondement, dont le fracas dépassait de beaucoup l'éclat foudroyant de plusieurs batteries d'artillerie de gros calibre tirant ensemble à pleine volée.

Les traces au charbon marquées sur le mur continuaient à lui tracer la route, quand, tout à coup, il s'arrêta et poussa un cri d'admiration devant le spectacle grandiose et majestueux qui s'offrit soudain à ses regards.

Il avait débouché à l'improviste dans une salle immense, dont la voûte était si élevée qu'elle n'était pas visible. Au fond de cette salle toute constellée de stalactites, la lumière se reflétait dans les innombrables facettes de ces diamants féeriques et répétait toutes les nuances du prisme. D'une hauteur de sept à huit mètres tombait une nappe d'eau écumante, large de cinq mètres au moins et formant sur le sol une espèce de lac, d'où sortait en grondant un ruisseau large et profond, qui, quelques pas plus loin, se subdivisait en plusieurs autres cours d'eau.

D'où venait cette majestueuse chute, cette source inconnue ? Marcel l'ignorait ; il ne chercha même pas à le deviner, certain d'avance qu'il ne trouverait pas d'explication suffisante.

Il continua à suivre le cours d'eau principal jusqu'à une autre salle où il se subdivisait encore et suivait des directions sensiblement parallèles.

Plus il avançait, plus la voûte s'abaissait ; elle n'avait plus que trois mètres de hauteur à peine.

Les indices du passage de l'homme au burnous continuaient. Marcel plongea sa main dans le ruisseau. Cette eau, d'une transparence inouïe, était d'un froid glacial, qui le fit frissonner.

Il arriva à une salle basse, où le ruisseau, assez large, ne laissait, à droite et à gauche, qu'une étroite bande de terre.

Il s'arrêta.

Il réfléchit quelques instants et se trouva assez embarrassé. Devait-il aller plus loin ? Il s'était mis en marche à une heure du matin, et sa montre marquait sept heures et demie. Depuis près de sept heures, il marchait ainsi dans les ténèbres. Le chemin qu'il avait fait devait être considérable, et il n'avait encore fait que constater l'immensité de la grotte, dont il n'occupait qu'une partie insignifiante. Il s'attendait à d'autres surprises ; les traces marquées en noir contre la paroi l'engagèrent à continuer et à aller jusqu'au bout.

— En somme, se dit-il, je dois avoir fait la plus grande partie du trajet. Puisque l'homme au burnous l'a accompli tout entier, pourquoi, moi qui suis jeune et vigoureux, n'en ferais-je pas autant que ce vieillard que rien n'a pu rebuter ? Je suivrai cet exemple, ne fut-ce que pour savoir à quel point aboutit cet immense souterrain. L'eau que je suis depuis si longtemps s'est évidemment creusée une issue ; c'est cette issue qu'il m'importe de découvrir. Plus tard, je pourrai en avoir besoin et être heureux de m'en servir.

Bref, le jeune homme, toutes réflexions faites, résolut de continuer son aventureuse exploration.

Il se remit en marche.

Le souterrain se rétrécissait de plus en plus ; la bande de terre sur laquelle il s'avançait avait à peine un mètre de large. Du côté opposé, l'eau s'avançait jusque contre la paroi. La voûte s'abaissait de telle sorte que, pendant près d'un quart d'heure, il fut contraint de marcher presque courbé en deux. Le sol était devenu humide, boueux et glissant ; Marcel n'avançait qu'avec une difficulté extrême, et c'était uniquement grâce à son bâton qu'il parvenait à conserver l'équilibre.

Tout à coup, sans que rien ne le lui fît prévoir, la voûte se releva presque subitement à une grande hauteur, et le jeune homme déboucha dans une vaste salle, au milieu de laquelle le ruisseau, assez large en réalité, paraissait être fort étroit.

Là, une surprise l'attendait. Sur le sol redevenu sableux, au lieu des pas uniques de l'homme au burnous, Marcel découvrit les traces de plusieurs personnes, huit ou dix au moins, parmi lesquelles il reconnut les empreintes mignonnes de pas de femmes.

Ces personnes, quelles qu'elles fussent, avaient accompagné l'homme au burnous ; elles s'étaient arrêtées là ; elles s'y étaient assises sur des quartiers de roche, y avaient pris un repas ; Marcel s'en assura en remarquant une grande quantité de reliefs de toutes sortes, que les chiens se hâtèrent de faire disparaître. La trace des pas, parfaitement marquée sur le sable humide, indiquait que la société entière, après un séjour plus ou moins prolongé, avait repris la même route qui l'avait amenée en ce lieu.

Seul, l'homme au burnous s'était aventuré plus loin ;
il n'avait dû revenir qu'après le départ des autres personnes, car la marque de ses pas se superposait à
celles de ses compagnons, et souvent même les effa-
çaient.

— Bon ! murmura Marcel, mon vieil ami n'a pas
tenté seul son expédition ; d'autres personnes qui s'inté-
ressent à moi ont voulu le suivre. Sans doute, ce n'est
qu'ici que, sur ses instances, elles ont renoncé à pour-
suivre plus loin une exploration fatigante et périlleuse
et se sont décidées à rebrousser chemin. Quelles sont les
femmes qui faisaient partie de cette troupe ? Ma sœur
sans doute, et ma mère adoptive, cette chère maman
Jeannette, et Mariette, ma sœur de lait. Elles seules
m'aiment assez pour me donner cette preuve de dévoûment. Pauvres chères adorées, ajouta-t-il les yeux pleins
de larmes, qu'elles soient bénies pour cette amitié
qu'elles me conservent !... Mais où suis-je donc ici ? A
quel endroit débouche cette grotte, pour que mes amis
aient eu la pensée de l'explorer ? Je veux le savoir.
Allons, courage, et en avant !

Et il se remit en marche avec une nouvelle ardeur.

Il n'était plus seul. La pensée de ses amis lui tenait
compagnie ; leurs traces semblaient lui dire.

— Courage, Marcel. Nous ne t'avons pas oublié ; nous
t'aimons toujours.

Il riait et pleurait à la fois sans se rendre compte
du sentiment de bonheur qui faisait tressaillir tout son
être.

Sa fatigue était oubliée. Les yeux fixés sur les empreintes qui apparaissaient de temps en temps dans les
parties sablonneuses qui séparaient les entassements
de quartiers de roches, il allongeait le pas sans regarder
ni à droite ni à gauche ; il voyait et vivait, pour ainsi

dire, en ce moment, avec les yeux du cœur. Toute sa
vie passée se retraçait en caractères de feu dans sa pensée. Parfois, il avait envie de crier, d'appeler ses amis,
se figurant qu'ils étaient là, invisibles, et répondraient à
son appel.

Il traversa ainsi plusieurs salles, sans presque s'en
apercevoir, et tout à coup il vit le jour devant lui, assez
près, et dans plusieurs directions à la fois.

Il s'arrêta ; la sueur coulait sur son visage ; son
cœur battait à rompre sa poitrine ; la respiration lui
manquait.

Il se laissa tomber sur un des quartiers de roches qui
encombraient la galerie et retardaient sa marche, et il
attendit que l'émotion qui le maîtrisait se fût un peu
calmée.

Au bout de dix minutes, il se leva et se remit en
route.

Un quart d'heure plus tard, il traversait une vaste
salle soutenue par un colossal pilier naturel et s'ouvrant
sur le ciel tout ensoleillé ; puis il parvint sur une plate-
forme, au-dessus d'une magnifique cascade qui bondis-
sait de roc en roc et descendait dans une admirable vallée cerclée de hautes montagnes.

Surpris, enivré, par le magnifique paysage qui se déroulait sous ses yeux, il aspirait par tous les pores l'air
frais et embaumé du matin.

Tout à coup, il poussa un cri de joie et de surprise.

Ce panorama splendide lui était depuis longtemps
familier. Il venait enfin de le reconnaître.

— La vallée d'Entremont ! s'écria-t-il, la montagne
du Haut-du-Seuil, les sources du Quiers-Vif !

« Ces sources dont personne ne connaît le point d'ori-
gine, je les ai vues, je les ai côtoyées pendant plusieurs
heures, dans les entrailles de la terre. C'est dans la

grotte même où elles prennent naissance que j'habite !
Quelle singulière destinée que la mienne ! J'avais là,
près de moi, à ma disposition, le moyen de sortir de
ma captivité, et jamais la pensée ne m'est venue d'explorer ce mystérieux souterrain, à l'entrée duquel la
Providence m'avait, pour ainsi dire, conduit par la
main ! Mais, puisque Dieu en avait décidé autrement,
que sa volonté soit faite !

Il s'assit sur la plate-forme et regarda sa montre.

— Neuf heures ! fit-il. Il m'a fallu huit heures
d'une marche ininterrompue pour atteindre l'issue
du souterrain. Maintenant, je puis me reposer à mon
aise.

Il ouvrit sa gibecière et étala ses provisions devant
lui.

— J'ai faim, dit-il en riant ; j'ai bien gagné mon déjeûner.

Il mangea, entouré de ses chiens ; mais il était
distrait, s'arrêtait à chaque instant pour admirer le
paysage et nommer, les uns après les autres, les endroits
qu'il connaissait. Puis il devenait pensif et se laissait
aller à de longues rêveries.

Il demeura ainsi longtemps, car il ne se lassait pas
d'admirer ce splendide spectacle.

Enfin, un peu avant midi, il referma sa gibecière et
se leva.

Au même instant, il vit quelque chose briller dans
l'herbe ; il se baissa vivement et ramassa une petite
croix d'or bien simple. Il la reconnut aussitôt. Lui-
même l'avait donnée à sa sœur de lait, lorsqu'elle avait
fait sa première communion.

— Chère petite croix ! dit-il avec émotion, en la bai-
sant à pleine bouche ; oh ! je te conserverai sur mon
cœur ! Mariette doit être bien triste de l'avoir perdue !
Si elle savait que c'est moi qui t'ai trouvée, elle serait

heureuse, car elle m'aime bien, la chère et douce ! Je te rendrai moi-même à ta propriétaire, jolie petite croix !

Il s'arrêta.

— Que dois-je faire ? murmura-t-il. Si je le veux, je puis être aux Alouettes dans quelques heures. Comme ils seraient heureux de me revoir !

Il fit un mouvement comme pour s'engager dans le sentier qui s'étendait en longs lacets perpendiculaires à la cascade et descendait dans la vallée ; mais il s'arrêta aussitôt.

— Non ! dit-il, je ne puis faire cela. Si je partais, qui sait quand je pourrais revenir ? Mes animaux mourraient de faim. Ce serait, de ma part, une mauvaise action, un crime. Je connais la route maintenant ; il me sera aisé de revenir ici quand je le voudrai ; mais je ne dois pas oublier ceux qui m'ont aidé à supporter la douleur et m'ont sauvé du désespoir. Peut-être trouverai-je le moyen de les emmener avec moi. Sinon, j'attendrai. Ce n'est pas pour rien d'ailleurs que l'homme au burnous est venu me trouver ; ce n'est pas en vain qu'au lieu de m'engager à le suivre, il m'a dit en me quittant : « Sois patient !... » Je serai patient ; je ne veux pas me créer des remords pour l'avenir. Il ne s'agit que d'animaux, cela est vrai ; mais ceux-là se sont montrés pour moi des frères, des amis dévoués. Nous devons vivre ou périr ensemble.

« N'ai-je pas, pour me faire prendre patience, les paroles de mon vieil ami et surtout la petite croix d'or de ma chère Mariette. Quand je serai triste, je n'aurai qu'à baiser ce bijou adoré, et mon courage renaîtra. Donc, pas de faiblesse ! Le devoir avant tout ! Je suis homme, j'agirai comme doit le faire un homme de cœur. »

Il ôta son bonnet, se tourna à demi du côté de l'horizon, où, derrière les hautes montagnes, se cachait la ferme des Alouettes, et cria à pleine voix :

— Vous tous que j'aime, à bientôt ! Au revoir !

Il siffla alors ses chiens et rentra résolûment dans la grotte.

Marcel avait remporté une grande victoire sur lui-même, et, comme il l'avait dit, il venait de prouver qu'il était bien véritablement un homme.

Il ne tâtonna pas, cette fois. Les points de repère étaient nombreux, et son chemin était tout tracé.

Au retour, le chemin lui parut plus court qu'à l'aller. Quand il fut au tiers du souterrain, il rencontra ses ours et ses loutres, qui, inquiets de sa longue absence, s'étaient mis à sa recherche. La vue de ces animaux si aimants, et dont la joie en le retrouvant fut si grande, lui causa une profonde émotion.

Il arriva à sa demeure vers huit heures du soir.

Il prépara son dîner, fit une tournée dans la basse-cour, l'écurie, la bergerie et les volières. Après s'être acquitté des devoirs pressants, s'être assuré que tout était en ordre et avoir renouvelé à chacun ses provisions de bouche, il se mit enfin à table.

Comme il avait grand appétit, il mangea bien, partageant son repas et causant, selon sa coutume, avec ses commensaux ordinaire ; puis, le dîner terminé, au lieu de prolonger sa veillée, ainsi qu'il le faisait chaque soir, il se mit aussitôt au lit et ne fit qu'un somme jusqu'au lendemain.

Jamais, depuis son arrivée sur la corniche, il n'avait si bien dormi.

Le lendemain, il se leva frais et dispos et reprit ses travaux ordinaires, comme si rien d'extraordinaire n'avait eu lieu.

Depuis qu'il avait trouvé une issue, sa captivité ne lui pesait plus, car il était maître de la faire cesser quand cela lui plairait.

Une prison n'existe qu'à la condition qu'on ne puisse pas en sortir, si grande qu'elle soit du reste. Un rocher d'une lieue carrée, au milieu de la mer, n'est pas une prison pour qui peut en sortir et y rentrer à sa guise. Parfois même, il semble trop grand.

CHAPITRE XXII

Comment Marcel, selon la coutume, célébra la fête des souvenirs, et comment cette fête se termina.

CERTES, nous n'affirmerons pas que Marcel, après son long voyage de découverte à travers les grottes du Guiers-Vif, avait conservé la même placidité d'esprit qu'auparavant, c'est-à-dire qu'à l'époque où il ne croyait pas à la possibilité d'une délivrance. Son caractère était trop solidement trempé pour que cet incident imprévu réussît à changer sa manière d'être. Cependant, s'il était resté bon, facile, bienveillant pour son entourage, sa gaîté avait presque entièrement disparu. Souvent, il soupirait, et, quelque soin qu'il prît pour tenter de réagir contre ses préoccupations, les journées lui semblaient parfois d'une longueur interminable. Il ne faudrait pas conclure de là qu'il regrettât la généreuse et virile résolution qu'il avait prise.

Bien au contraire; c'est cette résolution même qui le soutenait et lui donnait le courage d'attendre. Un secret pressentiment l'avertissait qu'il allait recevoir un secours du dehors, bien qu'il lui fût impossible de comprendre comment cet aide promis lui arriverait.

Ce n'était pas sa solitude qui le faisait souffrir. Le

sentiment qu'il éprouvait, il ne se l'expliquait pas lui-même. En somme, il était homme, dans la meilleure acception du mot ; mais, s'il possédait la plupart des bonnes qualités de l'espèce, il possédait aussi quelques-uns de ses travers, et il en est un très grand, dont la généralité de la race humaine est atteinte au plus haut point, sans même s'en douter.

Nous allons essayer d'analyser ce singulier travers.

Un grand philosophe, mort depuis longtemps déjà, a dit que tout homme est doublé sans le savoir, d'un comédien, et que, dans toutes les actions bonnes ou mauvaises de la vie, l'homme se laisse, malgré lui, aller à jouer la comédie.

Un autre philosophe, non moins grand que le premier, mais bien vivant encore, grâce à Dieu ! a tranché d'un seul mot presque cynique la question, en disant tout nettement à ses contemporains, très peu flattés du compliment : « L'homme procède du singe, son ancêtre. »

Le mot est dur. Est-il vrai ? Nous ne discuterons pas cette hypothèse, quand ce ne serait que par galanterie pour nos gentilles et aimables lectrices. Malheureusement, les conséquences de cet aphorisme brutal sont terribles. Ces deux philosophes, malgré leur notoriété, nous semblent, à nous, modestes écrivains, bien sévères pour l'humanité. On ne se dit pas de ces vérités à soi-même ! On les laisse deviner, tout au plus, et encore avec des ménagements extrêmes !

Nous savons fort bien que les hommes aiment le clinquant, les broderies, les panaches, les livrées, enfin tout ce qui brille ; qu'ils sont passés maîtres en fait de courbettes, de sourires, de grimaces de toutes sortes, et qu'en ce genre, beaucoup d'hommes que nous connaissons rendraient des points aux singes les plus experts.

Mais il ne suit pas forcément de là que nous procédions en droite ligne de la race simienne.

L'homme, nous le savons, éprouve comme malgré lui le besoin de *poser*. — Nous demandons pardon pour ce néologisme que l'Académie répudie ; mais il rend si bien notre pensée, que nous nous en servons néanmoins et à nos risques et périls. — Ce besoin de *poser*, c'est-à-dire d'étonner ses contemporains est tellement inné chez l'homme, qu'il *pose* pour tout et à propos de tout, aussi bien pour le mal que pour le bien, et même plus pour le mal, tant sa vanité et son orgueil ont besoin de se satisfaire à n'importe quel prix. Les héros et les grands scélérats *posent*, les premiers devant l'histoire, dont ils sollicitent l'admiration : c'est pour cela qu'on dit qu'il n'y a pas de grand homme pour son valet de chambre, et cette boutade est plus vraie qu'elle n'en a l'air. Les grands scélérats *posent* devant le public, qu'ils se plaisent à terroriser par le récit d'effroyables crimes, souvent imaginaires. Ces misérables, rentrés dans leur cellule, tremblent, pleurent et deviennent aussi faibles, aussi craintifs, qu'ils se sont montrés arrogants et sanguinaires devant leur auditoire effaré.

La comédie jouée, avec ou sans succès, le héros, en bien ou en mal, disparaît, et il ne reste plus, le plus souvent, qu'un être vulgaire, qui possède peut-être de grands talents de comédien, mais n'est jamais un homme d'esprit.

Ce qu'il y a de plus bizarre dans ce singulier travers, c'est que l'homme est tout le premier victime de cette rage de *pose*. Si le public lui manque, s'il est seul, il *pose* devant lui-même, joue, à son propre bénéfice, cette comédie d'admiration, et, ce qu'il y a de plus singulier, c'est qu'il le fait avec conviction, et que, pour nous servir d'une autre expression tirée de l'argot des théâtres, *il croit que c'est arrivé.*

Arrêtons-nous dans cette voie scabreuse où nous nous sommes engagés un peu à la légère. Peut-être finirions-nous par donner raison aux deux grands philosophes cités plus haut, et nous en serions véritablement désespérés.

Marcel en était là. Il *posait* malgré lui; mais, comme il manquait forcément d'un public admirateur, il *posait* devant lui-même et se faisait des raisonnements à perte de vue, pour se prouver que la résolution qu'il avait prise de rester dans son désert était admirable. Pour un peu, il aurait dit sublime. Disons qu'en réalité elle était grande et belle, et que nous ne voudrions l'amoindrir pour rien au monde. Marcel était d'autant plus méritant qu'il n'y avait de sa part aucun calcul, mais un véritable élan de bon cœur et l'horreur d'une lâcheté. S'il lui avait été possible de faire ses confidences à un ami quelconque, cela eut suffi à son bonheur; mais, hélas! ses animaux, si intelligents et si dévoués qu'ils fussent, étaient entièrement incapables, sinon de lui savoir gré de ce qu'il avait fait, mais de lui en exprimer leur reconnaissance par la parole.

De là, sa tristesse et son ennui. On l'eût certes fort étonné et surtout fort scandalisé, si on lui eût analysé, ainsi que nous venons de le faire, les causes cachées de l'état dans lequel il se trouvait.

Heureusement, après avoir, pendant assez longtemps, cédé à ce sentiment étrange, il avait peu à peu repris le dessus.

Le travail forcé auquel il était contraint de se livrer chaque jour, du matin jusqu'au soir, était peu favorable à la rêverie, et lui rendit, en cette circonstance, un éminent service en détournant son esprit de ces pensées nouvelles.

Pas une seule fois, il ne lui vint à l'esprit de faire une nouvelle excursion à travers la grotte. Au contraire, à l'entrée proprement dite des souterrains, c'est-à-dire à la bouche même du long boyau aboutissant à la première grande salle, il apporta avec sa brouette une quantité de briques, de ciment, etc., et il construisit un mur épais, montant jusqu'à la voûte. Il ferma ainsi hermétiquement le passage, en ayant bien soin de ne ménager aucune porte.

Il aménagea ensuite cette partie de sa demeure avec un soin particulier ; il y transporta ses fûts de cidre de première qualité, ses barils d'huile, de vinaigre, de graisse, de cire, ses chandelles, ses bougies. Il en fit, en un mot, son entrepôt le plus important.

Il est vrai que, s'il avait absolument voulu pénétrer de nouveau dans l'intérieur du souterrain, une journée de travail lui aurait plus que suffi pour rétablir un passage. Il le savait et ne prétendait pas s'enlever les moyens de partir quand cela lui plairait. Il voulait tout simplement se mettre à l'abri d'une fantaisie subite ou d'un coup de tête qu'il redoutait. Pendant qu'il ferait le travail nécessaire pour rétablir le passage, il aurait le temps de la réflexion et pourrait corriger l'ardeur d'un premier mouvement. S'il partait, ce ne serait donc qu'après avoir bien pesé et bien mûri, dans son esprit, sa détermination. Ce calcul, fort sensé de la part d'un homme de cet âge, prouvait une grande maturité d'esprit, une grande force de caractère, et surtout la résolution bien arrêtée de tenir loyalement la promesse qu'il s'était faite à lui-même.

Il fit plus encore. Un matin, il monta à son observatoire, et il amena définitivement le drapeau qui, depuis si longtemps, flottait à la pointe de son mât de pavillon.

Que lui importait maintenant ce signal ? Il lui devenait inutile, puisque ses amis, renseignés par l'homme au burnous, savaient, à n'en pas douter, la position exacte de l'endroit où il avait trouvé un refuge.

Lui-même n'avait-il pas découvert un passage qui lui permettrait de quitter la corniche, quand le moment de le faire serait arrivé ?

Maître désormais de sa destinée, il jugeait inutile et

indigne de lui d'attirer l'attention d'étrangers dont les secours arriveraient trop tard.

On était aux premiers jours du mois du mai.

Dix mois s'étaient écoulés depuis la visite fantastique que lui avait faite l'homme au burnous, pendant une nuit d'orage, et huit mois depuis le jour qu'il avait exécuté l'exploration des souterrains au fond desquels se trouvaient enfouies les sources du Guiers-Vif.

Il avait vingt-un ans et demi. C'était un homme. Sa vie accidentée, en plein air, les travaux auxquels il se livrait constamment, avaient considérablement développé chez lui la vigueur physique et la force morale. Il paraissait beaucoup plus âgé qu'il ne l'était en réalité. Il était doué de cette beauté mâle qui caractérise les hommes véritablement forts. Sa physionomie, douce et énergique à la fois, était éclairée par un regard franc et un peu rêveur ; sa barbe, fauve, touffue, molle et fine, se joignait aux longues boucles soyeuses de ses cheveux blonds tombant à profusion sur ses épaules et lui donnait une ressemblance saisissante avec un lion au repos, on sentait l'étincelle prête à jaillir sous les longs cils dont ses yeux bleus étaient à demi voilés.

Chaque année, il célébrait le triste anniversaire de sa séquestration sur la corniche. C'était une cérémonie bien triste par les souvenirs qu'il rappelait, mais il avait su la rendre pieuse et presque gaie en en faisant la fête des souvenirs.

Ce jour-là, par la pensée, il conviait tous ses amis à sa table, s'entourait d'eux, mettait le couvert de chacun. Malheureusement, ce couvert restait vide, mais le souvenir de celui qui devait l'occuper y venait prendre place. Les amis de Marcel étaient donc là, près de lui ; il les servait, causait avec eux, les interrogeait, souriait à leurs réponses. En un mot, pendant plusieurs heures que durait ce repas fantastique, dont lui seul, non seulement faisait les honneurs, mais prenait en réalité sa part, il vivait dans un rêve dont son cœur se faisait le complice. Cette feinte, au lieu de l'attrister, augmentait son énergie, en lui faisant faire un salutaire retour sur lui-même et en le rappelant dans le passé.

Le repas terminé, il se levait, saluait ses hôtes invisibles avec un sourire trempé de douces larmes, et leur donnait rendez-vous pour l'année suivante, par cette phrase qui contenait une espérance.

— Merci de vos conseils et de votre inaltérable amitié, vous tous qui m'êtes si chers. Dieu permettra peut-être qu'à notre prochaine réunion, nous soyons plus heureux encore que nous ne l'avons été cette fois, et que le nuage qui nous sépare sera dissipé pour toujours.

Le soir, il enlevait les couverts et les sièges, et, pendant toute l'année, il ne se servait ni des uns ni des autres.

N'était-ce pas une simple et touchante cérémonie ? Ne prouvait-elle pas une foi profonde dans l'avenir de la part de ce malheureux si tristement délaissé dans ce désert ?

Pour la troisième fois, il allait donc célébrer l'anniversaire de son abandon, ou, comme il le disait, la fête des souvenirs.

Cette fois, plus que les autres, il avait fait de grands préparatifs. Cinq ou six jours à l'avance, il avait préparé les éléments d'un repas froid et chaud, dont un grand cuisinier aurait été jaloux.

Il était devenu, non seulement un excellent boulanger, mais encore un cuisinier et un pâtissier émérites. Il avait confectionné trois pâtés, un de sanglier, un de gélinottes, un de faisan. Venaient ensuite des côtelettes, un gigot de mouton, un lièvre rôti, un quartier de sanglier, des cailles, des perdrix, une oie grasse, des poissons de plusieurs sortes, truites, brochets, etc.

Des légumes, petits pois, haricots verts, pommes de terre, petits pois hâtifs, champignons. Ces primeurs, aussi bien que les fraises et les cerises du dessert, étaient venues en serre, car Marcel, nous l'avons mentionné plus haut, avait, depuis un an, construit une serre chaude fort bien disposée, grâce à une assez grande quantité de verre qu'il avait trouvée dans le trésor des religieux et dont il avait cru pouvoir se servir. Des fromages, de la crème et des gâteaux de toutes sortes complétaient le dessert, dont la variété et l'ordonnance auraient fait venir l'eau à la bouche des gastronomes les plus en renom de cette gourmande contrée.

Les boissons laissaient à désirer. Le cidre seul et le lait en faisaient les frais ; car, pour rien au monde, le solitaire n'aurait consenti à toucher aux vins et aux liqueurs trouvés par lui dans le trésor de l'église.

Mon ami Pierrot et madame Gigogne, parfaitement dressés à ce service, dont ils s'acquittaient à merveille, étaient chargés de changer les assiettes, de verser à boire et de placer tour à tour les plats sur la table.

On voit qu'il ne s'agissait pas d'un banquet vulgaire. Marcel avait résolu, cette année, de célébrer la fête des souvenirs dans la maisonnette du plateau des religieux, c'est-à-dire, pour employer son langage, dans sa maison de campagne. Il s'y était installé deux jours à l'avance avec ses ours, ses chiens et ses loutres, les fidèles amis dont il ne se séparait jamais, et il avait fait transporter dans une charrette, par Jean-Pierre, tout ce qu'il supposait devoir lui être nécessaire pour la fête.

Depuis un an, le plateau des religieux avait subi de très grands changements.

Marcel avait tracé une large route à travers la forêt, de la maisonnette à la grotte des religieux. Il avait reculé considérablement la lisière des bois et avait défriché de grands espaces de terrain, dont il avait fait des prairies artificielles. Poussé par nous ne savons quel pressentiment, il avait, autant que possible, rétabli, jusqu'à une trentaine de mètres au dehors, la pente du chemin détruit par les bandits, après l'assassinat des fugitifs. Malheureusement, il n'avait pu aller au delà à cause des difficultés, insurmontables pour un homme seul, qui s'étaient dressées à l'improviste devant lui. Il avait entrepris ce travail, il ne savait trop pourquoi, et il l'avait abandonné sans regret.

Il ne visitait d'ailleurs que très rarement cette partie du plateau. Il l'évitait même, à cause des souvenirs tristes et lugubres qu'elle lui rappelait, et dirigeait ses travaux d'un autre côté.

La maisonnette, maintenant, était le point central d'une étoile formée par cinq routes, qui, toutes, y venaient aboutir. Ces routes se terminaient par d'immenses prairies, les unes naturelles, les autres artificielles. Marcel, en effet, avait besoin d'une grande quantité de fourrage pour nourrir, l'hiver, ses chèvres, ses moutons et ses ânes, aussi semait-il à foison les sainfoins, les vesces, la luzerne et les trèfles. Les animaux restés à l'état sauvage ne s'en faisaient pas faute, à la vérité, mais le solitaire ne leur cherchait pas noise, sachant bien qu'il faut que tout le monde vive, et que ces troupeaux, d'ailleurs, constituaient pour lui des réserves pour l'avenir.

Le jour de la fête des souvenirs était donc arrivé. Marcel cuisinait depuis le matin. Il avait, dès huit heures, transporté à la maisonnette une fournée entière de petits pains tout chauds, dorés et croustillants, de l'aspect le plus engageant. Il était dans son coup de feu.

Il y avait quelque chose de touchant et d'étrange à la fois dans l'ardeur et le soin qu'il mettait à préparer ce repas, auquel, il ne le savait que trop bien, lui seul, de tous les convives, répondrait à l'appel. Mais il n'avait pas l'air de s'en douter; dès le lever du soleil, il avait été comme transfiguré ; le rêve commencé au réveil devait durer jusqu'au soir, sans que rien ne vînt l'interrompre.

Vers dix heures, il s'occupa à mettre le couvert. Ce n'était pas une petite affaire. Les places étaient fixées chaque année de la même façon ; Marcel s'y prenait à l'avance afin de n'être pas en retard. Le banquet devait commencer à midi précis ; c'était un peu tard pour déjeûner.

— Mais, disait le jeune homme avec un bon sourire, plusieurs de mes amis viennent de loin, il faut leur donner le temps d'arriver.

Et il procédait à l'arrangement du couvert avec autant de soin et de minutie que s'il eût véritablement attendu ses fantastiques convives.

Ceux-ci, en comptant Marcel, était au nombre de quatorze ; ils comprenaient tous ses amis, ceux de son père et son père lui-même, car il n'avait jamais voulu croire, malgré le long silence gardé par celui-ci, qu'il fût mort.

Voici comment les convives devaient se ranger à table.

Michel Sauvage, le père de Marcel, présidait le banquet ; Jacques Chrétien occupait sa droite et Marcel sa gauche. En face de Marcel se plaçait l'homme au burnous ayant à sa gauche Claire Sauvage et à sa droite Mariette Chrétien. A gauche de Marcel était placée Jeannette Chrétien, sa mère adoptive, puis maître Corbon, le notaire, Jérôme, le forestier et M. Paquet, qui se trouvait ainsi auprès de Mariette. A la droite de Jacques, Mme Paquet, le docteur Cavalier, Madeleine, la femme de Jérôme, puis Pierre Morin, qui devenait ainsi le voisin de Claire Sauvage.

Cette fois, lorsque les places eurent ainsi été désignées, Marcel s'aperçut que Jérôme et M. Paquet se

rouvaient placés l'un auprès de l'autre, et que cela
rompait la symétrie entre les convives. Il se frappa le
front et ajouta un couvert, celui de Mlle Paquet, la sœur
de lait et l'amie dévouée de sa sœur, qu'il plaça entre
les deux hommes.

Au lieu de quatorze convives, il y en avait donc
quinze.

Ce changement opéré, Marcel se hâta de charger la
table de hors-d'œuvre, beurre, radis roses, poissons
conservés à l'huile, saucisson de sanglier, etc. Puis il
plaça les pâtés et les autres grosses pièces froides.

Depuis quelque temps, tout en mettant son couvert,
il était forcé, presque à chaque instant, de faire taire
ses chiens, qui, contrairement à leurs habitudes, gron-
aient sourdement en mettant le museau à terre et
soufflaient avec force. Préoccupé par ce qu'il faisait, il
n'apportait à cela aucune importance. Ses chiens, d'ailleurs, se calmèrent bientôt d'eux-mêmes. Petiote, qui
avait semblé d'abord la plus inquiète, s'était tue tout à
coup, et s'était mise à remuer la queue avec fureur. Les
petits cris qu'elle poussait furent imités aussitôt par les
autres chiens.

— Quelles bêtes excellentes et dévouées, murmura
Marcel d'un air attendri. Ne croirait-on pas qu'elles
comprennent que je prépare une fête et ne semblent-
elles pas s'associer à la joie que je ressens en envoyant,
à travers l'espace qui nous sépare, un souvenir à ceux
que j'aime et qui m'aiment.

Il caressa affectueusement les braves animaux, et
comme le temps pressait, il se remit à la besogne sans
se préoccuper davantage des manifestations singulières
de la chère Petiote et de ses enfants.

Il supposait en avoir deviné le motif.

Lorsque la table fut complètement dressée et chargée
de tout ce qu'elle pouvait matériellement contenir,

Marcel y jeta un dernier et sérieux coup d'œil afin de s'assurer que rien ne manquait et que tout était en ordre.

Nous constaterons avec notre impartialité de narrateurs qu'en réalité cette table avait l'aspect le plus réjouissant et le plus confortablement appétissant, en fait de victuailles. Certes, bien des commerçants, même de Lyon et de Grenoble n'auraient pu lutter comme somptuosité et bon goût avec ce repas servi par l'industrie active et intelligente d'un seul homme, au milieu d'un désert, et par conséquent avec ses seules ressources.

Son dernier examen fait, Marcel retira de son gousset sa montre, dernier et précieux souvenir de son ancien professeur, Pierre Morin.

La montre marquait juste midi.

Marcel avait fixé d'avance tout un cérémonial pour cette solennité, il n'eût voulu s'en écarter sous aucun prétexte.

Voilà en quoi consistait le cérémonial :

Dès qu'il eut constaté à sa montre que l'heure réglementaire avait sonné, il se rapprochait de quelques pas de la porte et il disait à voix très haute en s'adressant à ces convives fictifs.

— Je suis heureux de vous annoncer, mes amis, que l'heure de notre réunion est venue. Veuillez donc entrer, je vous prie, et prendre votre part du simple déjeûner que je suis si heureux de vous offrir et qui vous attend.

Cette première phrase prononcée du ton le plus affectueux, le jeune homme attendait pendant trois ou quatre minutes, comme pour donner à ses amis le temps de pénétrer dans la salle, puis il reprenait :

— Soyez les bienvenus, mes amis. Les distances n'existent pas pour ceux qui s'aiment. Vous connaissez vos places ; veuillez vous asseoir et tout en déjeûnant, nous causerons, cœur à cœur, des jours passés qui peut-être, hélas ! ne reviendront plus !

Mais cette fois les choses se passèrent autrement.

A peine Marcel avait-il prononcé sa première phrase de bienvenue, que plusieurs voix joyeuses d'hommes et de femmes répondirent du dehors :

— Nous voici, cher Marcel, nous voici.

La porte s'ouvrit alors et ses amis, Jacques Chrétien, l'Homme au burnous, Pierre Morin et tous les autres firent gaîment irruption dans la salle, joyeusement salués par la meute. Ils entourèrent le jeune homme avec les élans de la joie la plus vive.

Marcel, à cette apparition subite de ses amis qu'il était si loin d'attendre, devint blême : un tremblement nerveux agita tous ses membres ; il chancela et tomba sur une chaise sans voix, presque sans souffle et jetant autour de lui des regards égarés.

Cet homme si fort et si brave contre la douleur était vaincu par la joie ; la sueur perlait sur son front, des sanglots déchiraient sa poitrine et de grosses larmes qu'il ne songeait pas à essuyer coulaient le long de ses joues pâles.

Ses amis effrayés de son état et désespérés de le voir ainsi quand ils croyaient lui causer une si agréable surprise, s'empressèrent à qui mieux mieux, pour le secourir, et pour le rendre à lui-même.

Mais la réaction se fit vite dans cette noble et généreuse nature. Par un effort immense de sa toute-puissante volonté, Marcel maîtrisa l'émotion qui lui serrait la gorge et le cœur ; il se redressa presque aussitôt fier et rayonnant :

— Merci, mes amis ! dit-il d'une voix tremblante. C'est passé maintenant ! Pardonnez-moi cette faiblesse. J'ai failli mourir. C'était trop de joie pour moi après tant de douleurs. Maintenant, je suis heureux, oh ! bien heureux, je vous le jure, de me voir entouré par tous ceux que j'aime tant. Que Dieu soit béni pour la récompense, qu'il me donne, après tant de misères et de douloureuses angoisses. Enfin, je vous revois ! Vous êtes-là près de moi ! Nous sommes enfin réunis !

— Pour toujours, garçon ! s'écria Jacques Chrétien.

— Et tu seras heureux, ajouta Pierre Morin.

— Car nous ne nous séparerons plus ! s'écria l'homme au burnous avec élan.

— Merci, s'écria Marcel, les yeux pleins de larmes. Oh ! je savais bien que vous ne m'oublieriez pas !

— Jamais ! s'écrièrent-ils d'une seule voix.

Marcel se jeta dans les bras de sa mère adoptive, il embrassa tous ses amis et fut tour à tour embrassé par eux. La joie de tous était aussi vive que la sienne, et tous pleuraient comme lui. Mais ces larmes étaient bonnes et faisaient du bien. C'était des larmes de bonheur.

Lorsque la première émotion fut enfin calmée, chacun prit place et l'on se mit à table dans l'ordre désigné d'avance.

— Malheureusement, mes amis, dit Marcel, notre joie ne sera pas complète. Une place restera vide au milieu de nous, celle de mon aimé et vénéré père, et...

— Ne lui en veux pas de son absence, interrompit vivement Jacques Chrétien ; il lui a été impossible de venir comme il le désirait, mais bientôt, sois tranquille, tu le.....

— Que veux-tu dire ? Au nom du Ciel, père ? s'écria Marcel, avec une indicible émotion... Mon père !... Serait-il donc de retour !

— Oui, garçon, réjouis-toi, ton vrai père est revenu et sa plus grande joie sera de te revoir.

— Oh ! tout de suite, tout de suite, s'écria le jeune

homme dont l'émotion étranglait la voix. J'aurais été si heureux de le revoir, lui que j'aime au-dessus de tout. Ignore-t-il donc ?...

— Ton père n'ignore rien, Marcel, dit affectueusement l'homme au burnous ; il sait que ton amour pour lui est un culte. Voilà pourquoi il a eu le courage de ne pas venir et de te priver ainsi d'une immence joie. Il a redouté pour toi les conséquences d'une reconnaissance trop brusque.

— Et il a eu cent fois raison, interrompit Pierre Morin, ce qui s'est passé à notre arrivée nous le prouve.

— La joie t'aurait tué cette fois, pauvre enfant ! dit Jeannette avec tendresse.

— C'est vrai ! murmura le jeune homme. Je n'aurais pu supporter un si grand bonheur.

— Mais à présent que tu es averti, que tu sais que ton père n'est qu'à une courte distance, que tu le reverras bientôt, dit Pierre Morin, tu te conduiras en homme et tes amis n'auront rien à redouter de cette entrevue.

— Je te le jure, Pierre, dit le jeune homme avec un sourire radieux. A présent je serai fort.

Peu à peu la conversation reprit son cours normal et la gaîté la plus franche et la plus cordiale ne cessa de régner. Parfois seulement les dames poussaient de petits cris d'effroi, lorsque les pattes velues des singuliers serviteurs de Marcel changeaient leurs assiettes ou remplissaient leur verre.

Mais mon ami Pierrot et madame Gigogne s'acquittaient de leur emploi avec un sérieux si convaincu et si divertissant, qu'elles ne tardèrent pas à rire et à bourrer de chatteries les deux ours qui se laissaient faire d'un air béat.

Marcel, à la prière de ses amis, leur fit le récit de tout ce qui lui était arrivé depuis la catastrophe qui l'avait relégué sur la corniche ; il raconta tout franchement, sans forfanterie, les joies et les douleurs, ses espérances et ses déceptions ; les travaux qu'il avait accomplis, les moyens employés par lui, le résultats obtenus. Il arriva enfin à la découverte du souterrain des religieux, à l'immense trésor qu'il avait trouvé et auquel il s'était bien gardé de toucher.

Pour mieux intéresser ses auditeurs, il faisait au fur et à mesure passer sous leurs yeux le journal qu'il avait non pas écrit, mais dessiné.

Il était près de cinq heures lorsqu'on se leva enfin de table pour procéder à la visite des bâtiments.

Cette visite ne put être terminée le jour même. Les dames s'installèrent tant bien que mal dans la maisonnette et les hommes s'établirent les uns dans l'habitation, les autres dans la grotte. Marcel offrit en vain tour à tour son lit à son père adoptif, à l'homme au burnous et à Pierre Morin. Ceux-ci déclinèrent nettement cette offre et le jeune homme coucha dans son lit.

Au lever du soleil, ils étaient tous debout et Marcel fit visiter ses domaines.

Quand ils eurent tout vu, les écuries, les bergeries, inspecté les champs en plein rapport, les deux moulins à eau, Marcel s'excusa et les engagea à prolonger sans lui leur promenade pendant qu'il préparait le déjeûner dans l'annexe, afin de ne pas déranger les dames encore endormies. Il n'était en effet que six heures du matin.

— Non pas ! dit vivement Jacques Chrétien, ce soin nous regarde. Nous avons hier accepté ton excellent déjeûner, aujourd'hui tu accepteras le nôtre, garçon. Ne t'inquiète de rien et conduis-nous à ce fameux trésor dont tu nous as parlé. D'ailleurs, nous avons, notre vieil ami, l'homme au burnous, Pierre Morin et, moi, à te parler de ton père.

— Parlez donc, dit-il vivement parlez, mon second père.

— Bien, mon garçon, mais la parole, tu le sais, n'est pas mon fait, si tu me le permets, je passerai procuration à notre vieil ami qui t'expliquera la chose.

— De quoi s'agit-il donc ;

— Tu vas le savoir, curieux, dit en riant Jacques Chrétien. Seulement, conduis-nous au caveau.

— Comme il vous plaira. Suivez-moi.

— Mon cher Marcel, dit alors l'homme au burnous, ton père est de retour en France depuis plusieurs années.

— Comment, il serait possible? Et il m'a laissé ignorer.

— Il avait pour cela des raisons sérieuses. mon ami, reprit doucement l'homme au burnous. Ton père voulait faire de toi un homme : il surveillait tous tes pas, était instruit de tout ce que tu faisais. Le souvenir ardent que tu avais conservé de lui dans ton cœur le comblait de joie. Le jour où, à ton retour de Beaurevoir, il t'attendait aux Alouettes, résolu à se faire enfin reconnaître par toi, car il souffrait plus que tu ne saurais l'imaginer de ce long incognito ; il voulait enfin t'ouvrir les bras et te dire : enfant, moi aussi je t'aime ; je reviens pour ne plus te quitter.

— Oh ! je n'ai jamais douté de l'amour de mon père. Monsieur me disait combien il m'aimait, et le cœur ne trompe jamais, ajouta-t-il. avec un sourire radieux. Pauvre bon père ! qui a souffert de si horribles douleurs ! Oh ! je le consolerai, moi, je lui rendrai le bonheur !

— Tu le lui as déjà rendu, enfant. reprit l'homme au burnous avec une émotion profonde. Il sait ce que tu vaux et il est fier de toi. Ta disparition a failli le rendre fou de douleur. Il était revenu d'Amérique plusieurs fois millionnaire ; il voulait partager avec toi ses immenses richesses, mais…

— Que m'importent ses richesses. C'est lui seul que je veux, lui seul que j'aime. Que mon père me soit rendu et ses baisers me feront riche plus que tout l'or du Nouveau-Monde ! s'écria le jeune homme avec élan.

L'homme au burnous serra avec énergie la main de Marcel.

— Brave cœur, dit-il. Et il continua : tous ses plans furent brusquemet renversés par la catastrophe qui te relégua ici. Mais ni lui ni les autres ne désespérèrent. Ils cherchèrent sans relâche et enfin ils te découvrirert. Les chants que tu as entendu étaient ceux de tes amis. La pierre attachée par toi à une tresse de liane fut abattue d'un coup de fusil par ton père lui-même.

— J'avais deviné presque tout cela.

— Ta position bien établie, les montagnes furent examinées. Enfin, après de longs tâtonnements et après m'être bien orienté, je résolus de m'engager à tous risques dans les grottes du Guiers-Vif. Je fis part de ce projet à mes amis ; tous voulaient tenter l'épreuve ; mais l'idée était de moi ; on fut contraint de me la laisser exécuter. On ne me laissa néanmoins pas seul ; on m'attendit dans les grottes mêmes. Tu sais comment je parvins jusqu'à toi par une nuit orageuse. Tu gisais sur un lit, brûlé par la fièvre ; tu me pris pour un fantôme. Quelques paroles échappées à ton délire me firent comprendre que tu étais parvenu sur un second plateau où jadis, disait-on, s'était passée une horrible tragédie. Tu me racontas même à peu près cette légende et tu ajoutas que c'était de ce côté que tu espérais te frayer un passage, non seulement pour toi, mais pour tes animaux qu'à aucun prix tu ne voulais abandonner.

— C'est vrai ! et aujourd'hui encore, s'écriat-il vivement, malgré la joie ineffable qui inonde mon cœur…

— Laisse-moi terminer, enfant, dit avec autorité le vieillard. Je rejoignis nos amis, après avoir fait disparaître, je le croyais du moins, toutes les preuves de mon passage. Je ne voulais pas te laisser un espoir qui peut-être ne se réaliserait pas et je pensais qu'après ton réveil tu croirais à un rêve ou à une hallucination causée par la fièvre.

— En effet, je l'ai cru longtemps, dit Marcel en souriant.

— Je rendis compte de ma mission à ton père. Il approuva ta résolution, mais en même temps il jura de te sauver coûte que coûte. Aujourd'hui cette aurore de délivrance est enfin accomplie après huit mois de travaux gigantesques.

— Que voulez-vous dire, mon vieil ami?

— Bientôt tu jugeras par tes yeux du travail que ceux qui t'aiment ont fait pour te sauver.

— Nous voici au kiosque où s'ouvre le caveau, dit Marcel.

— Un instant encore. Écoute-moi patiemment, ami.

— Parlez, parlez.

— Ton père a acheté cette corniche aussi bien que le plateau des Religieux. L'exploitation commencée par toi sera continuée par Jérôme auquel ton père a signé en ton nom un bail. Ces deux plateaux sont ta propriété. Ton père suppose que cette corniche où tu as tant souffert doit t'être chère et que tu seras heureux d'en rester le maître. Tu pourras ainsi y exécuter toutes les améliorations que tu jugeras nécessaires.

— Bon et excellent père, murmura Marcel.

— Tu résideras, si cela te plaît à Beaurevoir qui est la propriété de ton père. Il te la donne.

— Beaurevoir à moi !... Et Pierre Morin, mon ami...

— Bien Marcel ! tu penses à ton ami. Ton père y a

17.

pensé aussi. Il sera ton voisin et propriétaire d'une très belle ferme, limitrophe de la tienne. Demain il y sera installé.

— Oh ! je reconnais la justice et l'inépuisable bonté de mon père ! Sans doute il habitera avec moi.

— Peut-être ! Cela dépendra de toi, Marcel. Vous vous consulterez à ce sujet quand tu le verras. Ce sera ce soir dans la magnifique propriété qu'il a achetée dans la vallée du Graisivaudan.

— Mais comment partirons-nous ?

— Tu le verras. Descendons dans le caveau.

Marcel souleva la trappe, et après avoir allumé une lanterne, on descendit dans le caveau.

La visite commença. Les visiteurs examinèrent avec le plus sérieux intérêt les travaux exécutés pour assurer le trésor contre la cupidité des bandits de toute sorte qui pullulaient sur nos frontières à ces époques troublées.

— Oh ! oh ! dit en riant Jacques Chrétien, tu possèdes du vin qui a quatre-vingts ans de date et tu nous as fait boire du cidre ?

— Père, ce cidre était-il bon ? demanda Marcel en souriant.

— Excellent, garçon, je dois en convenir.

— Vous savez que je n'ai jamais été un grand buveur.

— C'est vrai.

— Donc ce vin ne m'était pas indispensable. Je pouvais m'en passer et le laisser à ses propriétaires.

— C'est juste, dit l'homme au burnous. Tu as agi en honnête homme.

— Le cardinal-archevêque de Lyon, sera agréablement surpris en retrouvant ces immenses richesses qu'il supposait à jamais perdues, dit Pierre Morin.

— Elles appartiennent aux églises. Avant quarante-huit heures, l'archevêque sera averti de leur découverte par Marcel lui-même, dit Jacques Chrétien.

— Oh ! pourquoi ferais-je moi-même cette démarche ? dit le jeune homme.

— Ce sera la récompense de ta loyauté, enfant, dit l'homme au burnous d'une voix austère.

On atteignit enfin la grotte.

Marcel poussa un cri de surprise. L'esplanade n'était plus reconnaissable. Des bœufs, des vaches et des chevaux de traits, attachés à des piquets mangeaient leur provende, sous la surveillance d'une vingtaine de vigoureux métayers. Plusieurs charrettes, charrues et autres instruments de labour attendaient rangées en bon ordre.

Des chevaux harnachés mangeaient à part, près d'un élégant char-à-banc. Sur les charrettes étaient entassés des meubles de toute sorte, des objets de literie, etc. etc,

— Oh ! dit Marcel, si j'avais eu à ma disposition...

Mais l'homme au burnous lui coupa la parole.

— Les outils qui étaient nécessaires, tu les as faits toi-même, grâce à ta volonté et à ton courage. Cela ne vaut-il pas mieux ?

— Vous avez raison comme toujours, mon ami. Je suis ingrat, car Dieu m'a aidé et soutenu.

Le couvert était mis, sur une table abritée par une tente en coutil.

On voyait une route large et bien empierrée qui descendait en serpentant sur les flancs de la montagne.

Le soleil était radieux ; tout souriait dans la nature. C'était une splendide journée.

Au moment où Marcel et ses amis sortaient de la grotte, les dames venant du côté opposé apparaissaient sur l'esplanade.

— Chère Mariette, dit Marcel à sa sœur de lait, tu as

perdu aux cascades du Guiers-Vif, la croix d'or que je t'ai donnée.

— Oui, Marcel, répondit-elle, les yeux pleins de larmes.

— Console-toi, mignonne, je l'ai retrouvée.

— Bien vrai ? s'écria-t-elle toute joyeuse. Où est-elle ?

— Là, sur mon cœur. Je t'en donnerai une autre plus belle.

— Oh ! garde-la, mon bon Marcel ; je suis heureuse que tu l'aies retrouvée.

Et les deux jeunes gens s'embrassèrent du meilleur de leur cœur.

On déjeûna. Mon ami Pierrot et madame Gigogne ne servaient pas cette fois, mais ils ne furent pas oubliés, ni les chiens ni les loutres qui avaient, eux aussi, rejoint leur maître.

Après le repas qui fut court, Marcel s'entretint pendant quelques instants avec Jérôme et Madeleine. Il mettait tout ce qu'il laissait à leur disposition, ne se réservant que certains objets auxquels il tenait particulièrement, et qu'il pria Jérôme de transporter dans sa maison de campagne, dont il entendait conserver la jouissance. Il recommanda à plusieurs reprises la basse-cour et tout le reste aux soins de la gentille Madeleine et de son mari.

Puis Jean-Pierre, mon ami Pierrot, madame Gigogne, les deux loutres et tous les chiens, sauf Petiote, furent placés dans une charrette recouverte d'une bâche qui les dérobait aux regards des curieux. Ces braves animaux s'installèrent sur une moelleuse litière. Jacques Chrétien céda son cheval à Marcel et se chargea de conduire la charrette.

Les hommes montèrent à cheval ; les dames se placèrent dans le char-à-bancs, et après avoir fait de chaleureux adieux à Jérôme, à sa femme et à ses métayers, on se mit enfin en route.

Il était dix heures du matin.

Petiote ouvrait la marche en aboyant comme une folle.

Ce ne fut pas sans une certaine émotion que Marcel quitta cette montagne où il avait tant souffert et où il avait été si heureux aussi.

Pendant près d'une heure, il demeura pensif, presque sombre, absorbé par le flux de pensées qui du cœur lui montaient au cerveau, mais l'espoir de revoir bientôt son père, dissipa enfin cette tristesse que ses amis respectaient. Il redevint gai et complètement en possession de lui-même.

Mais il se promit de revenir souvent à sa corniche.

Vers cinq heures du soir, les voyageurs atteignirent la vallée du Graisivaudan. La route s'était faite trop lentement au gré de Marcel qui bouillait d'impatience d'embrasser son père.

Depuis une demi-heure surtout, l'homme au burnous ne réussissait qu'à grand peine à le calmer. Marcel était en proie à une émotion profonde. Plus il approchait du but, plus son impatience croissait.

Enfin la petite caravane fit halte devant la grille d'une élégante maison de campagne, presque enfouie sous des massifs de feuillage.

— Ah ! enfin ! s'écria Marcel en sautant d'un bond à bas de son cheval. Je vais donc embrasser mon père !

Chacun mit pied à terre au bas d'un double perron ; une foule de serviteurs vêtus d'une livrée sévère étaient accourus au devant des arrivants.

— Je ne vois pas mon père ! s'écria Marcel d'une voix anxieuse.

— Viens, lui dit le vieillard en l'entraînant dans l'intérieur de la maison.

Les amis de Marcel le suivirent.

Ils pénétrèrent dans un vaste salon luxueusement meublé.

D'un regard le jeune homme s'assura qu'il n'y avait personne.

Il se laissa tomber avec découragement sur un siège.

— Oh ! s'écriat-il avec désespoir, en cachant sa tête dans ses mains, vous m'avez trompé ? vous vous êtes joué de ma tendresse filiale !

— J'ai eu tort de pousser cette épreuve si loin, murmura l'homme au burnous.

— Au nom du Ciel, je vous en supplie, dites-moi où est mon père ?

Par un geste rapide comme la pensée, le vieillard se débarrassa du burnous dans lequel il s'était si soigneusement enveloppé jusque-là ; et d'une voix éclatante :

— Me voici, Marcel, mon enfant bien-aimé !

— Cette voix ! s'écria Marcel en tressaillant.

Il releva brusquement la tête. Devant lui, les yeux brillants de larmes et lui ouvrant les bras, le vieillard reprit avec une douceur étrange :

— Mon fils !

— Mon père ! oh ! mon père ! s'écria le jeune homme avec une joie délirante.

Il ne put en dire davantage. Le bonheur, la surprise le suffoquaient. Il tomba dans les bras de son père et cacha en sanglotant sa tête dans sa poitrine.

L'étreinte des deux hommes fut longue et passionnée. Ils ne voyaient et n'entendaient rien ; hors d'eux-mêmes, le monde n'existait plus pour eux ; ils étaient tout entiers à cette réunion achetée par tant d'angoisses et de douleurs !

. . . .

. . . .

. . . .

Quelques mois plus tard deux mariages furent célébrés le même jour et à la même heure à Saint-Jean, l'église cathédrale de Lyon.

Ces mariages étaient : celui de Marcel Sauvage avec Mariette Chrétien, et celui de Pierre Morin avec Claire Sauvage.

S. E. le Cardinal-archevêque de Lyon avait voulu officier lui-même *in pontificio*, et donner la bénédiciion aux nouveaux époux.

Les jeunes couples étaient radieux. Tout le monde admirait leur vrai bonheur.

Le soir, au repas de noces, on but du vin provenant du trésor des Religieux.

Sur l'ordre exprès de l'archevêque, quelques jours auparavant, les précieux futs avaient été déposés dans les caves de l'hôtel que Michel Sauvage possédait sur la place Belcour et dans lequel il s'était installé avec ses enfants.

Monsieur Pierrot, madame Gigogne, les loutres, Jean-Pierre, Petiote et ses enfants regrettent la corniche, les braves animaux ne peuvent s'habituer à l'existence étriquée et mesquine de la ville : ils étouffent dans les grandeurs pour lesquelles ils ne sont pas nés. Ils réclament le grand air, le soleil, l'espace et la liberté.

Très souvent sous prétexte de donner un peu de joie à ses animaux, Marcel va s'installer avec sa chère Mariette dans sa maison de campagne du plateau des Religieux.

Et pendant deux ou trois mois, il vit heureux, entouré de ses bêtes ; recommence son existence d'autrefois ; se fait l'aide et le conseil de Jérôme, qui, grâce aux sommes mises à sa disposition, a métamorphosé ce désert en une exploitation agricole de premier ordre.

Seulement tous les bâtiments construits et élevés par le solitaire, pendant sa réclusion, ont été respectés.

C'est là seulement que Marcel au milieu de tous ses souvenirs se trouve heureux, et oublie les soucis du présent, en revenant dans le passé.

Marcel Sauvage est devenu un des hommes les plus éminents et les plus justement estimés des départements de l'Isère et du Rhône.

Nous redirons en terminant ce que nous avons dit au début.

Cette histoire est vraie..... seulement, pour certaines raisons de convenance, nous avons changé les noms, les lieux et les dates.

FIN

TABLE DES MATIÈRES

IMP. GEORGES JACOB, — ORLEANS.

BIBLIOTHÈQUE

DE VOYAGES, DE CHASSES ET D'AVENTURES

VOLUMES EN VENTE

MAYNE REID	Les Enfants des bois. 1 vol....	**2 fr.**
—	Le Chef blanc. 1 vol..........	**2 fr.**
—	Les Chasseurs de Chevelures. 1 vol............	**2 fr.**
—	Les Chasseurs de la baie d'Hudson. 1 vol..............	**2 fr.**
VICTOR TISSOT	De Paris à Berlin. 1 vol........	**2 fr.**
FENIMORE COOPER.	A toutes voiles. 1 vol..........	**2 fr.**
	Le Tueur de daims. 1 vol......	**2 fr.**
LOUIS GARNERAY	Voyages, aventures et combats 2 vol...........	**4 fr.**
—	Mes Pontons. 1 vo.............	**2 fr.**
CH. ROWCROFT	A la recherche d'une Colonie. 1 vol....	**2 fr.**
—	Prisonniers des Noirs. 1 vol....	**2 fr.**

Pour recevoir chacun de ces ouvrages franco par la poste ou le chemin de fer, il suffit d'envoyer en mandat-poste ou autre valeur, 2 francs par volume, à M. Henri GAUTIER, éditeur, 55, quai des Grands-Augustins, à Paris.

Paris — Typ Ch. Unsinger, 83, rue du Bac.

www.ingramcontent.com/pod-product-compliance
Ingram Content Group UK Ltd.
Pitfield, Milton Keynes, MK11 3LW, UK
UKHW021852070726
13613UKWH00001B/119